建设工程纠纷

律师办案高阶指引

任自力 ◎著

知识产权出版社

全国百佳图书出版单位

—北京—

图书在版编目（CIP）数据

建设工程纠纷：律师办案高阶指引／任自力著 . —北京：知识产权出版社，2022.3
ISBN 978－7－5130－8047－7

Ⅰ.①建… Ⅱ.①任… Ⅲ.①建筑工程—经济纠纷—案例—中国 Ⅳ.①D922.297.5

中国版本图书馆 CIP 数据核字（2022）第 008844 号

责任编辑：彭小华　　　　　　　　　　责任校对：王　岩
封面设计：智兴设计室·索晓青　　　　责任印制：刘译文

建设工程纠纷：律师办案高阶指引

任自力　著

出版发行：**知识产权出版社**有限责任公司	网　　址：http：//www.ipph.cn
社　　址：北京市海淀区气象路 50 号院	邮　　编：100081
责编电话：010－82000860 转 8115	责编邮箱：huapxh@ sina.com
发行电话：010－82000860 转 8101/8102	发行传真：010－82000893/82005070/82000270
印　　刷：天津嘉恒印务有限公司	经　　销：新华书店、各大网上书店及相关专业书店
开　　本：720mm×1000mm　1/16	印　　张：16.75
版　　次：2022 年 3 月第 1 版	印　　次：2022 年 3 月第 1 次印刷
字　　数：336 千字	定　　价：88.00 元

ISBN 978－7－5130－8047－7

自　序

　　建设工程案件因其专业性强、法律关系复杂、争议金额大、争议解决周期较长等特点被不少法律人视为律师代理业务中的"高端业务"，建设工程纠纷也是国内法院或部分商事仲裁机构处理的最为常见或最为重视的案件类型之一。因为，不论是对代理律师还是对裁判机构而言，案件争议金额高通常意味着可以收取更多的律师费或案件处理费用（诉讼费、仲裁费）；对于裁判者或法律服务提供者而言，在同等时间与精力成本下，成功处理大标的争议案件所能够带来的收益或成就感通常也会更高一些。因此，近年来，国内法律服务市场中，关注建设工程纠纷处理的人日益增多，指导建设工程法律争议处理的专业书籍也日渐增长。但整体而言，国内能够高质量从事建设工程法律纠纷处理的专业律师人数仍十分有限，因为建设工程法律实务通常疑难复杂，对律师业务能力的要求较高。建设工程争议的处理通常要求律师应具备一定的工程技术专业知识，而国内绝大多数律师均系文科出身，很少有人同时具备工程技术知识储备。尤其是在国际建设工程领域，企业界对于熟悉国际建设工程法律规则、兼具外语能力和工程专业知识的法律服务人员的需求十分迫切，而国内的适格人才数量十分有限，相关法律服务报酬优厚但主要为国外律师所把持。这种人才缺口现状导致现有的少数精通建设工程法律业务的律师的收入远高于从事其他法律服务的律师，并吸引了越来越多的年轻人不断涌入建设工程法律服务领域，希望能够从中受益。

　　就一个典型的建设工程项目而言，其建设通常会涉及项目的勘查设计、招投标、合同签署、项目施工、中间验收、竣工验收、工程质保与维修等环节，并会涉及土地规划、项目建设方案审批、施工许可、资质准入、环境评价与保护、工程质量监测、施工安全管理等许多方面。作为一个建设工程大国，近几十年来中国颁布了大量与建设工程有关的法律法规、部门规章或政策性文件，最高人民法院针对建设工程合同争议的处理也出台了一系列相关的司法解释，相关法律法规或规章等也存在一个随着建设市场变化而不断修改完善的过程。建设工程法律服务提供者必须能够随时学习更新的相关规定，并深刻理解工程项目的合同约定，才能够更好地服务当事人。对于国际建设工程争议法律服务提供者而言，还需要熟悉国际建设工程领域占主导地位的英美法规则与国际商事仲裁规则。从实践来看，建设工程纠纷可分为建设工程合同效力纠纷、招投标纠纷、结算纠纷、工程质量与保修纠纷、工期纠纷、设计纠纷、监理纠纷等不同类型的纠纷。其中合同效力与工期索赔纠纷比较常见，亦较多涉及主体适格性、管辖等程序性问题。

根据中华全国律师协会发布的建设工程法律业务指引，建设工程可分为土木工程、建筑工程、线路管道和设备安装工程及装饰、装修工程等。从服务性质上来看，建设工程法律服务可分为诉讼业务和非诉业务（包括仲裁服务和其他非诉法律服务）。律师不论是提供何种性质的法律服务，其服务内容均可能涉及建设工程的招投标、承发包合同管理、工程的勘察设计、工程的质量与保修、工程保险以及工程的造价管理等内容，几乎每一个环节都存在大量的专业性规定，律师若缺乏必要的经验和专业知识储备，通常很难提供令当事人满意的服务。

本人在过去20多年的律师执业中，有幸代理过不少建设工程案件，从常见的施工合同纠纷、设计合同纠纷、监理合同纠纷到招投标争议、工期索赔、质保维修争议、保险争议等均有涉及，其中多数是国内建设工程案件，也有部分国际建设工程案件。按照"一万小时定律"，即要成为某个领域的专家，需要10 000小时：如果每天工作8小时，每周工作5天，要成为一个领域的专家至少需要5年。过去20多年中，本人在处理建设工程案件中投入的时间早已超出1万个小时。尽管仍存在许多未知的领域，但在处理相关案件过程中，却也积累了不少经验和教训，在与诸多业内资深同人交流过程中，也学到了不少经验和窍门，故本书的写作过程，也是一个进行自我梳理总结和思考学习的过程。相信相关总结和思考对于有志于从事建设工程法律服务（也包括其他法律服务）的后来者快速提升自身法律服务水准能够有所助益。

本人在2004—2010年，曾作为执行主编和组稿人在法律出版社主持出版有一套由业内资深律师撰写的《中国律师·办案全程实录》（总主编江平），包括房地产开发与销售、资产并购、股票发行与上市、外商投资、知识产权诉讼、商事仲裁、劳动仲裁、保险诉讼等约20本，是法律出版社的常销品牌图书，并帮助不少朋友赚了不少钱（近年时常有朋友告诉我通过看这些书赚了不少律师费，我想这应该是对我努力的最好褒奖）。因此，为确保本书内容的实践性和有用性，本书继续采用类全程实录的方式写作。

本书以笔者处理的三个典型建设工程案件的代理过程为主线，分别从建设工程诉讼、建设工程国内仲裁、建设工程国际仲裁三个视角，全程再现律师办案的每一核心步骤和细节，通过真实案件展现，传授处理建设工程法律业务之"经验"（其中亦融合有其他专家的部分经验），让广大法学学生、法律从业人员、初级律师、仲裁员、建设工程企业法务人员等了解资深律师办理建设工程案件的真实过程，使其读此书就如同亲身体验整个办案过程，熟悉每一办案核心环节及注意事项，深入掌握办案技巧、间接获得实践经验，帮助其大大缩短在法律实务操作与经验积累方面的漫长成熟过程，同时为社会公众了解相关法律案件处理经过提供一个真实的窗口。

在上述案件代理过程中，本人有幸与国内建设工程领域的多位资深专家就相关疑难问题进行过深入交流，并从他们身上学到很多，包括崔军博士、邱闯博士、天津大学张水波教授、南开大学何红峰教授、中国建筑国际法律部的李志永总经理、北京德恒律师事务所贾怀远律师、北京盈科律师事务所田志方律师等，北京仲裁委员会/北京国际仲裁中心则以其在建设工程法律领域的深远影响力和对建设工程专家的强大汇聚作用为本人与相关专家的深入交流提供了巨大便利，在此一并致谢。当然，因作者理论积累与实践经验局限所致本书中观点存在的偏差或疏漏全由本人负责，同时欢迎各位专家同行或读者朋友的不吝指教，在此预致谢意。本人电子邮箱为：rzl7127@sina.com。

任自力

2021 年 12 月 10 日

目　录 / CONTENTS

第三编　国际建设工程仲裁案件办案实录

'01

第一编

国内建设工程诉讼案件办案实录

第一章

争议的产生

第一节　合同的签订过程

2011 年年初，万和房地产开发有限公司（以下简称万和公司）① 获得了山西省太原市东岗片区棚户区改造项目的开发竞标资格，因万和公司自身并不具备独自进行该项目开发的资金实力，故其经人介绍，找到李某根等三位自然人作为合作方，李某根等三人均拥有广泛的社会人脉和较强的筹资能力。经友好协商，双方于 2011 年 10 月 14 日签署了案涉合作协议——《太原市东岗片区棚户区改造项目合作开发协议》（以下简称《合作开发协议》），协议约定：该房地产开发项目计划投资总额约 8 亿元，项目开发所有手续（包括项目范围内全部已有房屋的征收安置工作）由万和公司负责办理，以万和公司名义签署项目所涉地块的国有土地使用权出让合同，取得项目的合法土地使用权手续，李某根等人则应按约定负责筹措土地出让金等项目开发所需资金，双方并约定了项目完成后的收益分配具体方案。《合作开发协议》的具体内容如下。

一、《合作开发协议》示例

太原市东岗片区棚户区改造项目
合作开发协议

甲方：万和房地产开发有限公司

住所地：太原市杏花岭区凯旋街 256 号

法定代表人：王某锋

乙方：李某根、马某山、赵某军

---

① 为避免泄露当事人隐私或商业信息，本书所涉三个案件中争议各方的姓名或名称均为化名，请勿对号入座。

鉴于：

1. 甲方于 2008 年 9 月 17 日成立，该公司注册资本 5 000 万元，主要从事房地产开发经营活动；

2. 甲方与太原市迎宾区政府达成协议对太原市迎宾区东岗路的东港片区棚户区进行改造；

3. 甲乙双方联合成立项目部"万和房地产开发有限公司东港片区棚户区改造项目部"（以下简称项目部），并以甲方名义参与东岗片区一期项目的合作开发，以取得双赢的结果。

为此，根据《中华人民共和国合同法》等有关法律、法规及太原市关于棚户区改造的相关政策规定，甲乙双方本着平等自愿、互惠互利的原则，就合作开发位于太原市迎宾区东岗路的东港片区棚户区改造项目及相关事宜，达成如下协议条款，共同遵守。

一、项目概况

1. 本协议项下的开发项目位于太原市迎宾区东岗路，项目全称为"太原市居民棚户区改造（东岗片区）"，其中一期开发地块为东岗第二、四、五号地块（以下简称本项目），规划建设用地面积约为 40 019.9 平方米（具体以规划部门审批为准）。

2. 截至本协议签署之日，根据甲方提供的资料显示，本项目计划开发总建筑面积约为 261 169 平方米，其中地上 181 169 平方米，地下车库二层约 80 000 平方米；地上商品住宅面积 162 169 平方米，商用面积 19 000 平方米；住宅面积含回迁安置房 70 000 平方米、廉租房 10 000 平方米。

3. 东岗路以东道路拆迁由迎宾区政府负责征收，因政府资金问题，迎宾区政府同意本项目变更规划手续，变更后总建筑面积不低于 33 万平方米，具体事宜由甲方负责。

二、合作方式

1. 甲乙双方共同成立项目部，项目部成员由甲乙双方联合组成，该项目部独立核算、自负盈亏，不承担甲方其他债权债务。

2. 项目部设立财务室，负责该项目财务管理核算。

3. 项目部为该项目唯一销售部门，甲乙双方收益所得房屋均由项目部统一销售，甲方其他部门不得对该项目另行销售，否则视为违约；销售收入按月核算，各自收益所得房屋销售收入入各自账户。

4. 项目部负责该项目人员管理、组织施工、房屋销售、财务管理等工作。

5. 该项目所有资料、合同、协议等一切文件由项目部负责保管。

三、项目投资

1. 本项目计划投资总额约 8 亿元，甲乙双方按照本协议约定承担相应的职责。

2. 本项目开发所有手续均由甲方负责办理，本协议签订之前费用由甲方承担，本协议签订之后的正常收费由乙方承担。

3. 本协议签订之日起7个工作日内乙方将3 500万元一次性汇入甲乙双方共管账户，甲乙双方共同刻制一套项目部公章、财务专用章、法定代表人章（委托）、合同专用章等印章，该等印章仅限于本项目使用，不得在其他项目和地方使用，并由双方共同保管。同时将共管账户预留印章变更为新的印章。

本协议签订后，甲方向乙方承诺，甲方公司的其他印章除本项目手续办理外不得以任何形式使用于本项目，也不得以本项目对外承诺，否则造成本项目损失或乙方资金或财产损失的，由甲方承担全部责任。

4. 本协议签订后，甲乙双方按本协议约定承担本项目发生的费用。

5. 本协议签订时，甲乙双方共同拟订本项目资金需求计划（详见附件）。

6. 乙方须确保资金来源合法，并持续到位。不得擅自变更合作主体。

7. 乙方必须按照本协议约定，保证后续资金足额到位，否则造成项目停工或停建达到6个月以上的，乙方无条件退出该项目合作，前期投资经核定后，由甲方负责在20个工作日内不计利息退还乙方。

四、房屋征收安置

1. 本协议签订后，除乙方投入甲方的2 000万元房屋征收保证金外，乙方应再投入房屋征收拆迁资金1 500万元、合计3 500万元。该资金专项用于支付给本项目拆迁户的征收补偿费用，超出部分由甲方承担；

2. 甲方保证在2012年3月1日前，完成本项目范围内全部房屋的征收安置任务，否则，造成延期3个月不能进场的，每延期一天，甲方赔偿乙方损失30万元人民币，时间从3月1日起计算（分地块平均计算）。

五、土地出让手续办理

1. 甲方保证在2012年6月31日前，以甲方名义与土地管理部门签订本项目所开发地块的国有土地使用权出让合同，取得东岗一期项目的合法土地使用权手续，并确保土地用途为商住两用。

2. 本项目开发需向政府部门缴纳的土地出让金由乙方投入，并以甲方名义缴纳。

3. 土地管理部门为甲方颁发本项目所有开发地块的国有土地使用权证书后，根据国家、山西省和太原市棚户区改造相关规定，甲方确保东岗一期项目土地出让金的65%缴纳后，由太原市财政局在15日内予以返还甲方。甲方保证在收到财政部门返还土地出让金后10日内，将上述财政局返还的65%土地出让金一次性全额返还给乙方。

4. 各方确认，竞拍过程中需要缴纳的土地出让金总额超过1.5亿元的，各方同意可以不再竞拍。此前乙方投入的3 500万元资金依照太原市有关规定，政府部门返还甲方的土地征收拆迁补偿费用归乙方所有。

5. 甲方取得项目土地使用权及后续报批报建及办理销售手续等，均由甲方负责办理，向政府部门缴纳规费由乙方负责投入并以甲方名义缴纳。

6. 除资金设定的竞拍上限因素外，导致甲方未能竞拍到本项目土地使用权的，则依照太原市有关规定，政府部门返还甲方的土地征收拆迁费用全部归乙方所有。如果返还不足3 500万元，由甲方负责补齐并支付资金占用利息损失500万元。

7. 乙方必须确保该项资金按时足额到位，如因乙方资金不能到位，不能与政府部门签订国有土地使用权出让合同的，合作终止，乙方向甲方支付违约金500万元，乙方已经投入的资金在扣除违约金后，不计利息退还乙方。

六、建筑面积规划变更

1. 甲方向乙方承诺，保证在2013年6月1日前以甲方名义申请规划审批部门将本项目总建筑面积由目前的261 169平方米变更为不低于33万平方米，并取得相关的变更批复或证书。审批变更过程中需要向政府有关部门缴纳的费用由乙方投入并以甲方名义缴纳，办理审批过程中的其他费用（不可预见）由甲方承担。甲方确保33万平方米如果达不到，则从甲方应分的房屋面积中扣除。

2. 甲方确认：规划变更前回迁安置房不超过70 000平方米，廉租房不超过10 000平方米。

3. 如果规划变更至33万平方米，将增加征收房屋安置面积约16 000平方米，双方同意，甲乙双方按照各自分得的商品房面积按照1:4的比例分担。

七、项目收益分配

1. 本项目竣工完成后，扣除回迁安置房屋、廉租房外的其余部分，甲方拥有地块二、地块四、地块五所建设一层商铺的35%、商品房及地下室按照建筑面积计算的30%；其他均归乙方所有，无论本项目出现任何情况，不影响甲方分得上述建筑物的收益权比例。

2. 双方按照上述约定各自取得的收益部分应缴纳的税费各自承担（即按照双方收益在公司全部收益中的比例分别各自承担）。

八、各方权利义务

1. 甲方的权利义务

（1）负责本项目的规划、设计（本项目工程设计单位甲方已经确定）、可行性研究等前期准备工作；

（2）负责本项目的报建报批手续；

（3）负责本项目征地、拆迁的相关手续；

（4）负责向政府争取本项目可争取到的优惠政策；

（5）享有对本项目建设工程的建议权、审议权和监督权；

（6）享有本项目建成后的收益分配权；

（7）配合乙方对本项目建设与销售的正常顺利进行；

（8）提供本项目所在地块的详细资料；

（9）甲方必须对东岗项目所有条件的真实性予以确认，所提供材料及政府文件等相关手续的真实与合法予以保证，如因甲方提供材料及政府文件等不真实，给乙方造成损失的，由甲方承担全部责任，给乙方造成的所有损失由甲方赔偿。

2. 乙方的权利义务

（1）对本项目投资资金的支出、使用权进行监督；

（2）本项目的设计方案须征得乙方书面同意后，方可在开工条件具备时开工建设；

（3）负责对东岗项目的建设与销售的具体实施，销售款必须保证东岗项目工程的正常用款；

（4）乙方必须保证项目所需资金按时到位，保证项目不因资金不足而陷入停顿；乙方来源的资金除用本项目的土地使用权担保贷款外，不能用甲方的其他资产或以甲方名义担保；

（5）项目建成后享有约定的收益分配权；

（6）乙方必须保证预留协议约定面积的回迁安置房、廉租房；

（7）未经甲方书面许可，乙方不得就上述地块的转让、改造、合作、租赁等与任何第三方签订合同或协议，不得设置第三者权益；

（8）承担本协议而约定的合作过程中所发生的各项费用支出；

（9）甲乙双方应当互相配合，共同做好回迁安置工作，确保项目顺利完成。

九、项目成本与费用承担

1. 本协议签订之前的费用由甲方承担；

2. 3 500 万元的专项拆迁费用由甲方包干使用结余自得，超过甲方自付；

3. 甲方现有工作人员工资等由甲方承担，乙方新聘甲方工作人员工资由乙方承担；

4. 本项目今后运作过程中，须向政府部门缴纳的规费以及工程款、土地出让金与财务费用等全部由乙方承担，项目广告推介费、项目销售费用按甲乙双方约定的分房比例分担；

5. 甲方在办理各项开发手续中所需公关费、招待费、交通费等由甲方承担；

6. 本协议未列明的成本与费用由甲乙双方另行协商。

十、协议变更解除

1. 本协议履行过程中如有未尽事宜，协议各方可另行签订书面文件对本协议进行变更或补充。

2. 本协议履行过程中，如任何一方违约，本协议有约定的，守约方可向违约方主张本协议约定的权利；没有约定的，可以依照法律规定主张权利。

十一、争议的解决

因履行本协议发生争议，协议各方应首先协商解决，协商不成的，协议各方同意将争议提交原告所在地有管辖权的法院解决。

十二、其他

1. 本协议项下涉及甲方义务的，如果因甲方违约而应向乙方承担责任但甲方无力承担时，由甲方法定代表人王某锋承担连带保证责任。

2. 本项目开发取得成功后，若乙方继续选择二期项目（地块一、地块三）合作开发，双方可协商约定。

十三、协议文本及生效

1. 本协议一式二份，甲乙双方各执一份，具有同等法律效力。

2. 本协议自甲乙双方签章之日起成立，并自乙方按照本协议第三条约定将3 500万元款项汇入甲乙双方指定账户之日起生效。

甲方：万和房地产开发有限公司（公章）

法定代表人：（签字）

乙方：李某根、马某山、赵某军（签字）

2011 年 10 月 14 日

二、内部合作协议示例

在上述《合作开发协议》签署后，作为协议一方的李某根、马某山、赵某军就合作开发案涉项目达成了如下约定。

关于合作开发太原市东港片区

棚户区改造项目协议书

今有李某根、马某山、赵某军三人组成联合体，作为乙方与万和房地产开发有限公司，就太原市东港片区棚户区改造项目合作开发，达成如下协议：

一、项目所需资金由李某根、赵某军、马某山共同筹集，出资比例为1:1:1，三方所出资金均由项目部按月息4分统一支付利息。

二、项目分红比例李某根、赵某军、马某山为36:32:32。

三、联合体

1. 联合体由三人组成，定期召开例会，如有特殊情况，可以由二人以上提议召开临时会议，具体召集事宜由李某根负责。

2. 三方如有分歧，协商解决，如不能达成一致，可按少数服从多数原则执行。

四、项目部

1. 三方各派一名代表，组成项目部，负责项目实施，其中李某根为总负责人，领导项目部工作，处理日常事务，召集联合体会议。

2. 三方代表每月工资 50 000 元，其中李某根、赵某军每月再补贴 5 000 元，项目部其他成员工资按市场行情和项目部规定标准执行。

五、项目所需资金，从联合体决议设定期限最后之日起，最多延长 7 个工作日，必须足额到位，否则视为自动退出，前期投资由项目部在方便之时不计息退还。

六、未尽事宜，协商解决，补充协议，同等有效。

七、本协议一式三份，三方各执一份，签字后生效。

三方签字：（略）

2011 年 10 月 14 日

三、建设工程法律服务相关专栏

1. 建设工程法律业务的主要内容

建设工程业务主要包括常规的房地产开发与销售业务、房地产之外的建设工程施工业务。对于建设工程业务，律师法律服务的范围主要包括如下内容。

在投资决策分析阶段，为投资人提供政策法律可行性分析与建议；在项目开发建设阶段，协助办理项目的立项、规划、设计、招投标等所涉法律事务；在工程建设阶段，起草、审查、修改建设工程施工合同、总包合同、分包合同、采购合同等法律文件，参与合同条款谈判，出具法律意见书；协助办理项目公司、物业管理公司等的设立申请，就公司的股权结构设计、股东出资与股份转让提供法律建议；就土地使用权的出让或转让、房屋的拆迁与安置方案提供法律建议；就项目公司以土地使用权或其他财产作为担保的融资提供法律建议；在项目执行中，代为拟订项目转让合同及相关法律文件；在物业出售阶段，提供售楼律师的全程法律服务，包括协助办理预售或销售许可证，拟订代理销售协议、房屋销售合同、起草物业管理公约等文件；代办按揭法律手续，代办转按揭、加按揭以及抵押贷款法律手续；代办产权过户，代缴各种税费，申领房屋产权证书；在物业管理阶段，拟订各种管理规则及管理公约之外的补充协议，协助召集业主大会并建立管委会，协调物业公司与管委会、业主的关系；代理设计房地产开发项目的诉讼或仲裁；提供其他可依法办理的有关房地产开发经营或工程施工等活动的法律服务。

2. 房地产开发项目法律服务中应注意的问题

房地产开发项目通常具有投资金额巨大、项目周期较长、运作过程复杂等特点，这些特点决定了单一的法律服务往往难以满足市场需求。作为律师主要的非诉业务类型之一，房地产开发项目对律师服务能力和专业知识的要求是全方位的，因此类项目一般都会涉及土地的出受让，规划设计，市政配套，施工许可，项目公司的设立，房屋的拆迁与安置，工程施工，设备材料采购，工程设计，工程监理，招投标，造价控制，项目融资与担保，房屋的预售、销售、租赁、按揭与物业管理等诸多环节，其中每个环节都有一套相应的专业法律法规、规章或规范性文件，严格来讲每一个环节都需要律师的深度介入。律师法律服务水准的高低在很大程度上决定着项目能否提前规避相关风险或顺利进行。

本案争议所涉房地产开发项目，位于山西省省会太原市的核心地段，开发前景可观。合作双方在合作协议签订及履行过程中虽然也曾简单咨询过法律人士，但并未聘请专业的律师全程参与，这导致双方在合作协议中对部分权利义务的约定不够明确，在之后的补充协议中，相关缺陷与漏洞也未能得到及时补救。加之，在项目施工过程中，双方行为的规范性均存在明显欠缺，导致双方在合作后期争议不断，最终必须通过诉讼途径来解决争议。从原告提起诉讼申请、申请诉前财产保全、被告提起管辖权异议、一审开庭审理、上诉与二审，一个流程走下来，前后经过了长达 6 年多的时间，争议才最终得以解决。在诉讼过程中，本案所涉房地产开发项目的进程也受到明显干扰，项目周期显著拉长，双方当事人在此过程中均遭受到巨大的经济损失，争议解决代价不可谓不高昂。

3. 土地出让金的缴纳与返还问题

中国房地产市场发展的过程，在一定程度上也是地方政府卖地获取财政收入的过程，对于很多地方政府而言，卖地收入都是财政收入的主要来源之一。因此，在绝大多数房地产开发项目中，都存在一个开发商通过招、拍、挂等方式向地方政府支付国有土地使用权出让金、获取国有土地使用权证书的环节。围绕国有土地使用权出让金的支付，也经常产生纠纷。实践中，因部分开发商不具有足额支付土地出让金的实力，地方政府又希望能尽快通过房地产项目的开发带动本地经济的发展，故就产生诸如地方政府承诺将土地使用权出让金部分返还给开发商的操作手法。本案上述合作开发协议中双方也就地方政府返还土地出让金事宜进行了明确的约定。但由于中央对于土地出让金管理制度的逐步完善，在笔者处理的案件中，也有地方政府先承诺对土地出让金进行返还，但后来由于国家政策变化无法履行返还义务，最终引发诉讼的案例。

4. 土地出让金收入的管理制度

根据 2006 年 12 月国务院办公厅发布的《关于规范国有土地使用权出让收支管理的通知》，国有土地使用权出让收入（以下简称土地出让收入）是政府以出让等方式配置国有土地使用权取得的全部土地价款，包括受让人支付的征地和拆迁补偿费用、土地前期开发费用和土地出让收益等。土地价款的具体范围包括：

以招标、拍卖、挂牌和协议方式出让国有土地使用权所确定的总成交价款；转让、划拨国有土地使用权或依法利用原划拨土地进行经营性建设应当补缴的土地价款；变现处置抵押、划拨国有土地使用权应当补缴的土地价款；转让房改房、经济适用住房按照规定应当补缴的土地价款；改变出让国有土地使用权的土地用途、容积率等土地使用条件应当补缴的土地价款，以及其他和国有土地使用权出让或变更有关的收入等。按照土地出让合同规定依法向受让人收取的定金、保证金和预付款，在土地出让合同生效后可以抵作土地价款。国土资源管理部门依法出租国有土地向承租者收取的土地租金收入；出租、划拨土地上的房屋应当上缴的土地收益；土地使用者以划拨方式取得国有土地使用权，依法向市、县政府缴纳的土地补偿费、安置补助费、地上附着物和青苗补偿费、拆迁补偿费等费用（不含征地管理费），一并纳入土地出让收入管理。

　　土地出让收入由财政部门负责征收管理，可由国土资源管理部门负责具体征收。国土资源管理部门和财政部门应当督促土地使用者严格履行土地出让合同，确保将应缴的土地出让收入及时足额缴入地方国库。地方国库负责办理土地出让收入的收纳、划分、留解和拨付等各项业务，确保土地出让收支数据准确无误。对未按照合同约定足额缴纳土地出让收入，并提供有效缴款凭证的，国土资源管理部门不予核发国有土地使用证。任何地区、部门和单位都不得以"招商引资""旧城改造""国有企业改制"等各种名义减免土地出让收入，实行"零地价"，甚至"负地价"，或者以土地换项目、先征后返、补贴等形式变相减免土地出让收入。

　　从 2007 年 1 月 1 日起，土地出让收支全额纳入地方基金预算管理。收入全部缴入地方国库，支出一律通过地方基金预算从土地出让收入中予以安排，实行彻底的"收支两条线"。在地方国库中设立专账，专门核算土地出让收入和支出情况。土地出让收入的使用要确保足额支付征地和拆迁补偿费、补助被征地农民社会保障支出、保持被征地农民原有生活水平补贴支出，严格按照有关规定将被征地农民的社会保障费用纳入征地补偿安置费用，切实保障被征地农民和被拆迁居民的合法利益。

　　依据我国现行规定，土地出让收入的使用范围主要包括：（1）征地和拆迁补偿支出。包括土地补偿费、安置补助费、地上附着物和青苗补偿费、拆迁补偿费。（2）土地开发支出。包括前期土地开发性支出以及按照财政部门规定与前期土地开发相关的费用等。（3）支农支出。包括计提农业土地开发资金、补助被征地农民社会保障支出、保持被征地农民原有生活水平补贴支出以及农村基础设施建设支出。（4）城市建设支出。包括完善国有土地使用功能的配套设施建设支出以及城市基础设施建设支出。（5）其他支出。包括土地出让业务费、缴纳新增建设用地土地有偿使用费、计提国有土地收益基金、城镇廉租住房保障支出、支付破产或改制国有企业职工安置费支出等。

5. 国有土地使用权的出让规则

国有土地使用权出让的规定最早见于 1990 年 5 月 19 日实施的《城镇国有土地使用权出让和转让暂行条例》。该条例规定，土地使用权出让是指国家以土地所有者身份将土地使用权在一定年限内让与土地使用者，并由土地使用者向国家支付土地使用权出让金的行为。出让土地的范围及最高出让年限为：居住用地 70 年，工业用地 50 年，教育、科技、文化、卫生、体育用地 50 年，商业、旅游、娱乐用地 40 年，综合或其他用地 50 年。该条例同时规定，国有土地使用权的出让方式包括协议、招标和拍卖三种。在初期，主要采用协议出让方式。2002 年 7 月 1 日，国土资源部发布了《招标拍卖挂牌出让国有土地使用权规定》，之后另有系列关于土地使用权招、拍、挂出让的措施。2007 年施行的原《中华人民共和国物权法》（以下简称原《物权法》）从法律层面确立了土地使用权出让的"招拍挂"制度：工业、商业、旅游、娱乐和商品住宅等经营性用地以及同一土地有两个以上意向用地者（即有竞争需求的）的，应当采用招标、拍卖等公开竞价方式进行出让。

6. 国有土地"招拍挂"的基本方式与流程

国有土地使用权的招标出让，是指出让人发布招标公告，邀请特定或不特定的自然人、法人或其他组织参加国有建设用地使用权投标，根据投标结果确定国有建设用地使用权人。国有土地使用权的拍卖出让，是指出让人发布拍卖公告，由竞拍人在指定时间、地点进行公开竞价，根据出价结果确定最终使用权人。挂牌出让，则是指出让人发布挂牌公告，按公告规定的期限将拟出让宗地的交易条件在指定的土地交易场所进行挂牌，接受竞买人的报价申请并更新挂牌价格，根据挂牌期限截止时的出价结果或现场竞价结果来确定土地使用权人。

招标出让方式下中标人的确定取决于投标人综合情况，包括企业的资质、企业规模与资金实力、信誉、以往业绩等。拍卖出让和挂牌出让比较接近，均采用"价高者得"的原则。这三种方式的程序基本相同，都包括如下几个环节：（1）出让人发布出让公告，竞买人交纳竞买保证金并接受竞买资格审核；（2）竞买人报价竞买；（3）确定中标人，出让人与中标人签订成交确认书或向其发送中标通知书；（4）中标人按成交确认书或中标通知书规定期限与出让人签订出让合同；（5）中标人按照出让合同约定交纳土地出让金，办理土地使用权证并开工建设。

7. 土地一级开发的基本程序与内容

土地一级开发，又称土地前期开发，具体是指完成地上建筑物的拆迁、居民安置、路水电气等"三通一平"或"七通一平"，并形成用地条件的开发。土地一级开发的程序为：政府通过招标方式确定一级开发商，一级开发商与政府签订土地一级开发委托协议，并按照协议约定内容开始工作。一级开发完成后，政府部门根据双方间协议约定标准进行验收，之后对开发商上报的成本进行核定。若核定通过，此成本将作为土地"招拍挂"确定底价的依据之一。验收通过后，政府将该土地纳入土地储备，并按供地计划适时对该地块进行招、拍、挂。

土地一级开发的成本，包括拆迁、补偿等费用，一般由一级开发商垫付后向政府上报，政府核定后作为土地一级开发成本的依据。在进行"招拍挂"时，由竞拍人直接把开发成本连同利润一起支付给一级开发商，或者由竞拍人把地价款支付给政府，政府再将一级开发成本和利润支付给一级开发商。土地"招拍挂"的成交价格主要包括土地出让金、土地一级开发成本和政府支付给一级开发商的利润或报酬。实践中，在不少情形下，土地的一级开发商同时也是"招拍挂"环节的竞拍人，因其对土地的实际情况比较了解，故其相对于其他竞拍人具有一定的信息优势。

8. 土地使用权的转让规则

根据《中华人民共和国城市房地产管理法》（以下简称《城市房地产管理法》）第 38 条、第 39 条规定，以出让方式取得土地使用权的，转让房地产时应当符合如下条件：（1）按照出让合同约定已经支付全部土地使用权出让金，并能够取得土地使用权证书；（2）按照出让合同约定进行投资开发，属于房屋建设工程的，完成开发投资总额的 25% 以上，属于成片开发土地的，形成工业用地或其他建设用地条件；（3）转让房地产时房屋已经建成的，还应当持有房屋所有权证，共有房地产须经其他共有人书面同意且权属无争议；（4）不存在司法机关和行政机关依法裁定、决定查封或者以其他形式限制房地产权利的情形，未被依法收回土地使用权；（5）除以上法定条件外，若土地使用权出让合同中对土地使用权转让有其他约定的，从其约定。

本案中，在当事人双方产生争议、原告方退出项目之后，案涉房地产项目发生了转让，其转让属于上述第一种情形，即按约定支付了全部土地使用权出让金且取得了土地使用权证书。实践中，另存在一些特殊情形，包括：（1）已取得土地使用权证书、但未交清土地使用权出让金，此时签订的房地产转让合同可以认定为有效；（2）转让土地及合同约定的房地产开发项目时，房地产开发建设投资未达到 25% 以上（不含土地价款）时，不得办理相关土地手续；（3）完成投资额达到开发投资总额的 25% 以上，已经办理了登记手续，或虽然未办理登记手续，但当地有关主管部门同意补办土地使用权转让手续的，转让合同可以认定为有效；（4）未支付全部土地出让金、完成投资额未达到投资总额的 25%，转让土地使用权的，县级以上人民政府土地管理部门有权没收违法所得并处罚款，此时转让合同是否有效在司法实践中存在较大争议。

9. 建设用地使用权的取得

我国现行《土地管理法实施条例》① 明确规定，建设项目需要使用土地的，应当符合国土空间规划、土地利用年度计划和用途管制以及节约资源、保护生态环境的要求，并严格执行建设用地标准，优先使用存量建设用地，提高建设用地使用效率。从事土地开发利用活动，应当采取有效措施，防止、减少土壤污染，并确保建设用地符合土壤环境质量要求。县级以上地方人民政府自然资源主管部门应当将本级人民政府确定的年度建设用地供应总量、结构、时序、地块、用途等在政府网站上向社会公布，供社会公众查阅。建设单位使用国有土地，应当以有偿使用方式取得；但是，法律、行政法规规定可以以划拨方式取得的除外。国有土地有偿使用方式包括：国有建设用地使用权出让、国有土地租赁和国有建设用地使用权作价出资或入股。国有土地使用权出让、国有土地租赁等应当依照国家有关规定通过公开的交易平台进行交易，并纳入统一的公共资源交易平台体系。除依法可以采取协议方式外，应当采取招标、拍卖、挂牌等竞争性方式确定土地使用者。

10. 不同类型国有建设用地使用权的权能比较

通过划拨、出让等不同政府供地方式初始取得或通过转让等方式继受取得的国有建设用地使用权类型不同，权能也各不相同，按照权能从小到大大略可以作如下排序：划拨建设用地使用权＜承租建设用地使用权＜授权经营建设用地使用权＜作价出资（入股）建设用地使用权＝出让建设用地使用权。以下详述之。

（1）划拨建设用地使用权。其使用权人应按照《国有土地划拨决定书》规定的土地面积、用途、使用条件等使用土地，不得擅自改变。确需改变土地用途等使用条件的，应当经土地行政主管部门和规划部门同意，报批准用地的人民政府批准。未经批准，划拨建设用地使用权不得转让。报有批准权的人民政府批准后，划拨建设用地使用权可以转让，但应由受让方办理出让手续，缴纳出让金；经有批准权的人民政府决定可以不办理出让手续的，转让方应按规定将转让房地产所获得的土地收益上缴国家或作其他处理。对于房改房、经济适用住房上市涉及划拨建设用地使用权转让的，无须再办理审批手续，只要按规定缴纳土地出让金即可。划拨土地上的房屋可以出租，但需要将其中的土地收益上缴国家。房屋连同占用的划拨建设用地使用权一并抵押，但抵押权实现时，依法拍卖该房地产后，应当从拍卖所得价款中扣缴相当于应缴纳的建设用地使用权出让金后，抵押权人方可优先受偿。需要说明的是，划拨建设用地使用权价格可依据划拨土地的

---

① 此条例1998年颁布后，历经2011年1月8日、2014年7月29日、2021年7月2日三次修订。第三次修订后自2021年9月1日起施行，第三次修订的目的是保证2019年新修正的《中华人民共和国土地管理法》（以下简称《土地管理法》）的顺利实施。

平均价格和开发成本评定。划拨建设用地使用权需要转为有偿使用的，应按出让建设用地使用权价格与划拨建设用地使用权价格差额部分核算出让金，并以此计算租金或增加国家资本金、国家股本金。

（2）出让建设用地使用权。其使用权人可以按照出让合同约定的土地用途和条件开发利用土地，需改变出让合同约定的土地用途等的，应当取得出让方和城市规划部门同意，签订出让合同变更协议或者重新签订出让合同，相应调整出让金。在出让年限内，出让建设用地使用权可以依法转让、出租、抵押，但首次转让时应当付清出让金，取得建设用地使用权证书，并按照出让合同约定进行投资开发，属于房屋建设工程的，完成开发投资总额的 25% 以上，属于成片开发土地的，形成工业用地或者其他建设用地条件。转让时房屋已经建成的，还应持有房屋所有权证书。出让建设用地使用权转让，应当签订书面转让合同，原出让合同载明的权利、义务随之转移。国家对依法取得的出让建设用地使用权，在使用年限届满前不收回；在特殊情况下，根据社会公共利益的需要依照法律程序提前收回的，应根据土地的剩余年限和开发土地的实际情况给予相应的补偿。出让合同约定的使用年限届满，住宅用地自动续期，其他用地需要继续使用的，应当至迟于届满前一年申请续期，除根据社会公共利益需要收回该块土地的，应当予以批准。经批准准予续期的，应当重新签订有偿使用合同，依照规定支付有偿使用费。出让合同约定的使用年限届满，使用者未申请续期或者虽申请续期但依照前款规定未获批准的，建设用地使用权由国家无偿收回。

（3）承租建设用地使用权。在按规定支付土地租金，依法领取不动产权证，并按约定完成开发建设后，经自然资源部门同意或根据租赁合同约定，承租建设用地使用权可以依法转租、转让和抵押。转租、分租的，承租建设用地使用权人与国家之间的租赁合同继续有效，承租人与第三人建立了附加租赁关系，第三人取得相应的地役权；承租建设用地使用权转让的，租赁合同约定的权利义务随之转给第三人，承租建设用地使用权由第三人取得。地上房屋等建筑物、构筑物抵押，承租建设用地使用权可随之抵押，抵押权实现时土地租赁合同同时转让。在使用年限内，承租人有优先受让权。国家对依法取得的承租建设用地使用权，在使用年限届满前不收回；因社会公共利益需要，依照法律程序提前收回的，应对承租人给予合理补偿。承租建设用地使用权期满，承租人可申请续期，除根据社会公共利益需要收回该幅土地的，应予批准。未申请续期或者申请续期但未获批准的，承租建设用地使用权由国家依法无偿收回。承租人未按合同约定开发建设、违法转让、转租或不按合同约定按时缴纳土地租金的，自然资源部门可以解除合同，依法收回承租建设用地使用权。

（4）作价出资（入股）的建设用地使用权。与出让建设用地使用权一致，其可以在使用年限内依法转让、作价出资、出租、抵押等。

（5）授权经营的建设用地使用权。其在使用年限内可依法作价出资、入股、租赁；可以在集团公司直属企业、控股企业、参股企业之间转让，但改变用途或向集团公司以外的单位或个人转让时，应经批准并补缴土地出让金。

第二节 合同的履行及争议产生

一、合同的变更

本案争议各方在 2011 年 10 月 14 日签署的前述《合作开发协议》中约定了若干核心事项，包括：万和公司与李某根等三人共同成立项目部，项目部为案涉项目的唯一销售部门，售房所得须进入双方共管的项目部账户；李某根等三人负责具体实施项目的建设与销售；李某根等三人、被告分别享有项目最终收益的约75% 和25% 。项目合作初期，双方的合作较为顺利。但由于 2013 年前后项目所在地太原市的房地产市场火热，项目预期收益大增，预估利润远超预期，同时，万和公司一方存在自身债务周转不开的问题，故自 2013 年起，万和公司采取了一系列违约行为，包括其擅自将项目房屋抵押给其法定代表人个人的债权人、私自另设售房部对外销售所建房屋并侵吞销售款项等。相关行为导致合作双方间的矛盾逐渐激化。最后，经过反复协商，双方达成了一份新的协议，对《合作开发协议》进行了变更。如下即为新协议（以下简称《变更协议》）的内容。

关于《太原市东岗片区棚户区改造项目合作开发协议》的变更协议

甲方：万和房地产开发有限公司

乙方：李某根、马某山、赵某军

鉴于：甲乙双方于 2014 年 10 月 14 日签订的《太原市东岗片区棚户区改造项目合作开发协议》（以下简称原协议），因项目规划面积、容积率、回迁面积、土地出让金、投资金额等已发生变化，根据《中华人民共和国合同法》等有关法律、法规，甲乙双方本着尊重法律、尊重合同、尊重实际、平等自愿、互惠互利的原则，经友好协商，达成本协议，共同遵守。

一、项目概况

1. 本协议下的开发项目位于太原市东岗路北段路东，项目名称为："太原市东岗片区棚户区改造项目"，规划建设用地面积为 71 亩（具体以土地部门审批文件为准）。

2. 本项目建筑面积约为 37 万平方米（具体以规划部门审批文件为准），回迁安置面积及政府保障性住房面积项目一期为 19 万平方米。

二、合作方式

经甲乙双方协商，同意将合作方式变更为：

（1）一致同意将甲乙双方合作开发的"太原市东岗片区棚户区改造项目"全面移交给甲方进行投资、管理、建设和销售等工作，乙方全面退出本项目开发。

（2）鉴于乙方为该项目顺利实施，在人力、物力、资金等方面付出了较长时间的努力，并投入了大量资金，为此，甲乙双方协商确认，乙方合作人退出项目合作，甲方同意给付原协议乙方合作人捌仟伍佰万元，作为在该项目上对原协议乙方合作人的最终补偿，根据乙方要求和乙方内部合伙协议的约定（见附件），该补偿款分配如下：乙方李某根、马某山伍仟陆佰陆拾陆万元，赵某军贰仟捌佰叁拾肆万元，共捌仟伍佰万元。

三、项目移交工作

（一）乙方退出"太原市东岗片区棚户区改造项目"后，甲方自行进行对该项目的合作人选定、投资、管理、建设、销售、利润分配工作。

（二）甲方承接乙方在本协议签订之前、对外签订并经甲方确认的与本项目有关的工程合同、协议、债权、债务和工作票据、单据，履行合同的义务并承担法律责任，承担自本协议签订之日起本项目所需各项工程款项，乙方在提供证据、证明、情况说明等方面予以配合。

（三）甲方承接乙方在本项目实施工程中投入的全部资金本、息，依据乙方财务记载，经对方单位签章确认，甲乙双方确认后，在双方书面确认之日起30日内一次性付清，利息（按实际发生额计算）支付计算至甲方支付乙方资金到账之日时止，利随本清。具体支付时间及金额为：自双方书面确认之日起，十日内支付本金3 000万元；第二个十日内支付本金3 000万元，第三个十日内将剩余本金及利息支付完毕。甲方在本协议签订之日起60日内付清乙方伍仟陆佰陆拾陆元补偿款，具体支付时间：在本协议签订之日起40日内支付2 000万元；50日内支付3 000万元，剩余补偿款在60日内付清。乙方在本条所列两项资金全部到账后，甲乙双方签字确认后10日内，将有关账务、票据、凭证及物资全部移交给甲方。

（四）本协议约定甲方应付乙方的款项所产生的有关税费，在乙方提供有关账务发票后，由甲方承担。

（五）本协议生效后，乙方将与本项目有关的资料、文件全部移交给甲方。

（六）本协议在甲方付清乙方上述款项后生效。本协议生效的同时，甲乙双方于2011年10月14日签订的《太原市东港片区棚户区改造项目合作开发协议》及与本项目有关合同、协议全部终止。

四、其他有关事项

（一）本协议需经第三方见证。

（二）乙方内部合伙人2011年10月14日签订的协议书作为本协议附件（具体见附件），是本协议不可分割的部分。

五、本协议一式二份，甲乙双方各执一份，具有同等法律效力。

甲方：万和房地产开发有限公司（公章）

法定代表人：（签字）

乙方：李某根、马某山、赵某军（签字）

2014年6月19日

二、《变更协议》的核心内容及履行情况

《变更协议》确定了李某根等三人退出案涉项目的开发建设，作为补偿，万和公司应向李某根等三人支付8 500万元的补偿金，并承担李某根等三人已投入项目的全部资金本息。关于投资资金及财务费用支付的约定为：依据财务记载，双方确认后30日内一次性付清（利随本清）；第一个十日内支付本金3 000万元；第二个十日内支付本金3 000万元；第三个十日内支付剩余本金及利息。

《变更协议》签署后，李某根等三人多次敦促万和公司及时核对确认项目已投入本金及利息，万和公司在向李某根等支付了部分款项（共计36 892 646元）后，便拒绝支付剩余款项。拒付理由为李某根等提供的项目部的财务记录系单方记载、需要进行核实，而李某根等则坚持应以项目部的财务记录为准来核定其投资本息，因为项目部是双方共同设立的，代表了双方的共同意志，万和公司应按照该记录来核定项目的实际投资本息并履行支付义务。同时，因万和公司外部融资遭遇困难，缺乏支付能力，双方之间的矛盾日渐激化。

第三节　律师接受当事人的委托

在《变更协议》签署后，由于万和公司未按约定时间支付款项，经多次催要无果，李某根等人开始考虑以法律手段向万和公司追讨约定的款项。但李某根等人起初聘请的律师未能有效推进案件。后经朋友介绍，李某根等人找到了本书作者服务团队，双方经过前期接洽，达成了合作意向，并签署了新的委托代理合同，按照新合同，李某根等负责解决其与原聘请律师间的合同关系，本书作者律师团队独立承办并推进本案，双方就彼此间的权利义务进行了明确约定。

一、律师与客户初期接触时应注意的事项

当事人与律师的初次接触要么是朋友熟人介绍，要么是看到律师的各种广告（媒体广告、参与学术活动、提供公益服务等），不论是何种方式，均存在一个取信于当事人的过程。当事人通常会在与律师初期接触的过程中来判断这个律师是否专业、是否可信任、是否有能力帮自己解决问题。所以，律师在与客户初步接触时，应适时地体现出自己的专业性和服务能力。比如，10多年前，有一位美国当事人到北京投资建厂，经朋友介绍联系到我，我约他到办公室见面，见面时我送了他一本我出版的《中国律师办案全程实录之外商投资》，该当事人看到之后马上确定了与我的合作，因为他很清楚，能在一个领域出版专著的律师通常是在这个领域有较长期积累、有较丰富实践经验的律师，他可以很放心地把法律事务委托给我。

律师与客户初期接触时，除了应体现出自己的专业素质之外，还有一些细节需要注意，比如，见面地点应优先选择在办公场所，因当事人在初次接触你时，大多希望通过你的办公场所条件来了解一些你以及你所在律师事务所的实力，正规写字楼中的办公场所对于律师本身可起到一定的增信作用。这也是国内外比较知名的一些律师事务所通常选择在高档写字楼中办公的主要原因之一。在着装上，尽量正装，不要太随意，以示对当事人的尊重，除非你在某一领域已经小有名气或者当事人对你已经充分信任。

二、律师的尽职调查与交谈禁忌

在可预见的一个相当长的时期内，法律对于大多数人都会是一个比较专业的领域。基于认知局限，多数客户对于案件争议所涉法律问题通常是缺乏准确理解的，或者是基于对案件具体事实及其法律争议的认知局限，或者是出于不愿披露案件全部真实信息、争取自身利益最大化的动机，客户的陈述可能是不完整的，甚至带有误导性。同时，作为执业律师，在接手一个案件时应有一个基本认识：如果一个案件的争议事实很清楚、争议当事人之间的权利义务关系约定也很明确，争议提交到法院或仲裁机构后裁判结果很容易预测，判决的执行也没有什么障碍，当事人自己也有时间及精力去处理，那么在这些情况下，律师的介入意义是很有限的。此类案件，当事人经过简单咨询法律人士即可获得一个较为明确的预期，其通常不会愿意另行支付费用。律师即使接受此类委托，也很难体现出律师服务的专业水准来。换言之，当事人需要聘请律师提供法律服务的案件通常都是具有一定复杂性和难度的案件，是当事人自己很难处理的，如果案件很简单，当事人没有必要去请律师。

当一位具有丰富执业经验的律师与客户首次接触时，一方面，会耐心听取

客户对案件或争议事实的陈述，会审阅客户提供的案件基础资料，如果资料比较少的话，可以在首次见面时向客户提供一个初步的反馈，同时告诉客户自己还需要对资料进行进一步的分析研究，之后会向其反馈最终意见。同时，鉴于在大部分案件中与当事人首次会面时，当事人所带资料都不完整，为体现律师服务的专业性，应要求当事人补充提供案件相关资料，尽量根据与当事人的交谈情况，拉出一个需要当事人补充提供的资料清单，以方便当事人收集准备相关资料。对于案情复杂的案件，向当事人提供询问清单或要求其补充资料清单本身，也是律师进行谨慎调查、全面了解案情的过程。

三、律师风险代理中和解条款拟订风险及其应对方法①

风险收费是律师代理民商事案件的重要收费方式之一。实务中，在案件标的比较大、按照风险方式收取的律师费比例较高的情形下，律师与委托人间因律师费发生争议的情形并不少见，尤其是律师和委托人之间很容易因委托人自行和解、撤诉、调解等条款产生律师费纠纷。从法院已有判决情况来看，若风险代理条款中含有限制委托人进行和解、撤诉或调解等权力的内容，则该条款通常会被法院认定为无效，律师依据该等条款主张律师费的请求通常会遭遇挫折。此情形下，律师费按照调解或和解的金额或取得的利益收取还是按照提供服务的合理对价支付，在金额上可能会有云泥之别，尤其在相应案件经过长期的诉讼或执行、即将可以收到律师费时，委托人恶意逃避支付相应律师费，与对方虚假和解、签订阴阳和解或调解协议故意减少金额等情况时有发生。如下是常见的几种被认定为无效的约定。

（1）本协议签订后，在乙方（律师事务所）已提供追加被告或可供执行财产证据的前提下，如甲方（委托人）私自与被告和解，放弃诉讼或终止代理等，仍按风险代理协议约定的收回额的 40% 提取风险代理费。

针对此条款，最高人民法院在 ［（2017）最高法民申 2833 号］ 民事裁定书中称：《风险代理协议》中的上述约定虽然由当事人自愿达成，但加重了委托人的诉讼风险，不利于社会和谐与社会公共利益，判决认定该条款为无效条款，并无不当。

（2）如甲方（A 公司办事处）中途终止合同，或未经乙方（律师事务所）同意撤回起诉，或私下与欠款责任方和解，视为总涉案标的已全部追回，甲方应承担一切责任，并按合同规定全额支付代理费。

针对此条款，最高人民法院在其 ［（2012）民再申字第 216 号］ 判决书中认

---

① 王利平："律师在风险代理中'和解条款'的重要意义"，载一点咨询：法务之家（www.yidianzixun.com），访问日期：2021 年 8 月 9 日。

为：诉讼中是否和解、调解、撤诉是当事人的权利，但上述约定实质上是对委托人权利形成了限制，与委托代理合同应有的目的、性质不符，二审判决认定该条款无效正确。二审判决考虑到代理人付出了一定劳动，仍然判决 A 公司办事处支付代理费 84 万元，已经保护了代理人的基本权利。申请再审人关于二审判决适用法律错误的主张不能成立，本院不予支持。

（3）甲方（A 公司）自行诉讼或允许或委托第三方诉讼，或甲方不起诉专利侵权行为或不向乙方（律师事务所）出具相关手续的或诉讼过程中撤诉或未经乙方同意单方与对方和解的，则甲方应当按照甲乙双方所约定标的额（2 000万元）的 30% 给付乙方律师费。

针对此约定，深圳市中级人民法院在其［（2020）粤 3 民终 13945 号］判决书中认为：对当事人委托合同任意解除权或民事诉讼权利的限制应在一个合理范围内。本案中，A 公司自行行使诉讼权利的行为所应承担的违约责任是：应当按照双方所约定标的额（2 000 万元）的 30% 给付律师费，该金额是 A 公司在委托律师事务所代理的诉讼案件如愿胜诉且执行到位的情况下，所应支付给律师事务所的律师服务费的最高数额。该约定虽然是 A 公司的真实意思表示，但是其内容极大限制了 A 公司自主行使诉讼权利，从而影响 A 公司根据《中华人民共和国民事诉讼法》赋予的诉讼权利处置其民事实体权利，对案件纠纷的多元解决形成障碍，对民事诉讼秩序容易造成妨害，违反了社会公共利益，依据《中华人民共和国合同法》第 52 条的规定，该约定应认定为无效。

综上，在拟订风险代理合同的和解、调解条款时，内容应尽量详尽，向委托人进行明确说明并提示风险，约定的律师风险代理费以不超过 20% 为宜，[①] 超过此比例，被法院认定为无效的风险可能增大。如下范例供参考。

"本委托代理合同履行中，委托人有权与对方进行调解或者和解，代理人不得干涉或者阻碍。因委托人或其他原因和解或者调解而结案（包含但不限于：撤回申请立案、撤回起诉、撤诉或执行完毕等），律师事务所有权要求委托人按照获得的利益、所得的钱款或物品价值或者起诉金额的百分之二十（20%）支付律师费。特别提醒：委托人在私下调解或者和解所做的退步或妥协时请考虑相应律师费金额的问题，不得以和解或调解的金额低于起诉书或判决书金额为由拒绝、减少或拖延支付律师费，若有逾期，应按逾期金额的日万分之三支付违约金。"

---

① 同时，考虑到由国家发改委、司法部于 2006 年印发的《律师服务收费管理办法》系部门规范性文件，非法律或行政法规，不能作为评判民事法律行为效力的依据，且该办法涉及由政府定价收费的项目范围已经由国家发展和改革委员会 2019 年 5 月 5 日发布的〔2019〕798 号文件《国家发展改革委关于进一步清理规范政府定价经营服务型收费的通知》予以变更，所有律师代理服务收费项目不再有政府定价项目或禁止风险代理的规定。故此处的 20% 的风险代理费比例只是一个参考，此比例存在未来达到 30% 甚至更高的可能性。

第二章

一审诉讼的提起

第一节　原告的起诉

民事起诉状

原告：马某山，男，汉族，住址：河南省××××

原告：李某根，男，汉族，住址：河南省××××

原告：赵某军，男，汉族，住址：河南省××××

被告：万和房地产开发有限公司

住所：山西省太原市杏花岭区凯旋街256号

法定代表人：王某锋　职务：董事长

诉讼请求：

1. 判令被告支付原告实施工程所投入的本金及利息18 689 861元，支付补偿款85 000 000元，共计271 899 861元。

2. 判令被告向原告支付逾期付款损失。其中，投入本金及利息186 899 861元从起诉之日起至付清之日止，按月息4分标准计算逾期付款损失；补偿款85 000 000元从起诉之日起至付清之日止，按中国人民银行同期贷款利息标准计算逾期付款损失。

3. 被告承担本案诉讼费。

事实及理由：

2011年10月14日，原告与被告签订了《太原市东港片区棚户区改造项目合作开发协议》，约定由原告投资开发太原市东港片区棚户区改造项目，该协议第十一条约定，因履行协议发生争议，协商不成的，协议各方同意将争议提交原告所在地有管辖权的法院解决。

《太原市东港片区棚户区改造项目合作开发协议》签订后，原告严格按照约定履行了合同的各项义务，而由于被告违约，双方于2014年6月19日，签订了《关于〈太原市东港片区棚户区改造项目合作开发协议〉的变更协议》，约定：

原告将"本案项目"移交给被告，被告补偿原告投资利润损失 8 500 万元，并在 30 日内支付原告在本案项目实施工程中投入的全部本金及利息。《变更协议》签订后，被告从 2014 年 7 月 16 日至 10 月 17 日先后分 8 次支付本金 31 354 648 元，利息 5 537 998 元，剩余款项至今未付。经原告多次催要，被告以各种理由拒绝，为维护当事人的合法权益不受侵害，依据相关法律规定特向贵院提起诉讼。

　　此　　致
河南省高级人民法院

起诉人：（原告签名）
2015 年 2 月 20 日

第二节　被告的管辖权异议

一、被告提起管辖权异议

　　本案中，被告为逃避债务的及时履行，收到原告的起诉书后向一审法院提出了管辖权异议申请。一审法院经审理认为，该异议不成立，遂裁定驳回了其异议申请。被告对该裁定不服，遂向上一级法院，即最高人民法院提出了上诉。最高人民法院经审理后驳回了该上诉。被告又提出了再审申请。因双方在本案合同中对于争议的管辖法院有明确的约定，故被告的管辖权异议行为实质上主要是为了拖延诉讼，逃避债务的及时履行。但由于本案审理时我国尚缺乏对此等滥用管辖权异议制度行为的具体规定，并且，管辖权异议的启动门槛很低，费用也很低，如依据人民法院的《诉讼费用交纳办法》第 13 条的规定，当事人提出管辖权异议，异议不成立的，每件只需交纳 50—100 元诉讼费。故实践中存在大量的管辖权异议之诉。本案中被告的律师即充分利用了法律规定的这种异议程序，通过启动管辖权异议程序，成功使得本案的诉讼周期大大延长。

　　下面是本案中被告提出管辖权异议申请书的基本内容。

管辖权异议申请书

申请人：万和房地产开发有限公司

住　　所：山西省太原市杏花岭区凯旋街 256 号

法定代表人：王某锋，该公司董事长

被申请人：李某根，男，汉族，住河南省×××，身份证号：××××

被申请人：马某山，男，汉族，住河南省×××，身份证号：××××

被申请人：赵某军，男，汉族，住河南省×××，身份证号：××××

请求事项：

请求贵院依法裁定将本案移送山西省高级人民法院管辖。

事实与理由：

申请人与被申请人合资、合作开发房地产合同纠纷一案已由贵院受理，案号为：（2015）豫法立民字第××××号。根据《中华人民共和国民事诉讼法》本案系因开发建设太原市东岗片区棚户区改造项目而引起的纠纷，属于不动产纠纷案件。根据《中华人民共和国民事诉讼法》第 33 条第 1 项"因不动产纠纷提起的诉讼，由不动产所在地人民法院管辖"之规定，双方签订的《太原市东岗片区棚户区改造项目合作开发协议》（以下简称《合作协议》）中关于"由原告住所地法院管辖"的约定无效，本案应由不动产所在地法院管辖，河南省高级人民法院对本案没有管辖权。故此，申请人特请求贵院将本案移送山西省高级人民法院审理。

此　致

河南省高级人民法院

申请人：万和房地产开发有限公司（章）

2015 年 3 月 10 日

二、一审法院针对被告管辖权异议的审理结果

河南省高级人民法院

民事裁定书

（2015）豫法民一初字第 5 - 5 号

原告：马某山，男，汉族，住河南省×××，身份证号：××××

原告：李某根，男，汉族，住河南省×××，身份证号：××××

原告：赵某军，男，汉族，住河南省×××，身份证号：××××

被告：万和房地产开发有限公司

住所：山西省太原市杏花岭区凯旋街 256 号

法定代表人：王某锋，该公司董事长

本院受理原告马某山、李某根、赵某军与被告万和房地产开发有限公司（以下简称万和公司）合资、合作开发房地产合同纠纷一案后，被告在提交答辩状期间对本案管辖权提出异议，认为：本案系因开发建设太原市东岗片区棚户区改造项目而引起的纠纷，属于不动产纠纷案件。依据《中华人民共和国民事诉讼法》

第33条、第34条的规定，双方签订的《太原市东岗片区棚户区改造项目合作开发协议》（以下简称《合作协议》）中关于"由原告住所地法院管辖"的约定无效，本案应由不动产所在地法院管辖，河南省高级人民法院对本案没有管辖权，请求将本案移送山西省高级人民法院审理。

马某山、李某根、赵某军答辩称：1. 原告与被告签订的合作开发协议第11条约定："因履行本协议发生争议，协议各方应首先协商解决，协商不成的，协议各方同意提交原告所在地有管辖权的法院解决。"依据《中华人民共和国民事诉讼法》第34条规定及上述管辖协议的约定，原告向河南省高级人民法院提起诉讼，有充分的事实和法律依据；2. 原告的诉讼请求是要求被告履行合同约定的义务，并非不动产相关之诉，故本案不适用不动产纠纷的专属管辖。被告提出的管辖权异议没有法律依据，请求予以驳回。

本院经审查认为：2011年10月14日原告与被告签订《合作开发协议》约定原告与被告共同开发太原市东岗片区棚户区改造项目等；该协议第11条约定："因履行本协议发生争议，协议各方应首先协商解决，协商不成的，协议各方同意提交原告所在地有管辖权的法院解决。"2014年6月19日原告与被告又签订了《合作开发协议》的变更协议，约定原告退出项目合作，被告给付8 500万元作为对原告的最终补偿等。依据上述协议的约定，本案争议属于因合作开发"太原市东岗片区棚户区改造项目"而引发的债权债务纠纷，根据《中华人民共和国民事诉讼法》第33条第1项"因不动产纠纷提起的诉讼，由不动产所在地人民法院管辖"以及《最高人民法院关于适用〈中华人民共和国民事诉讼法〉的解释》第28条的规定"民事诉讼法第33条第1项规定的不动产纠纷是指因不动产的权利确认、分割、相邻关系等引起的物权纠纷；农村土地承包经营合同纠纷、房屋租赁合同纠纷、建设工程施工合同纠纷、政策性房屋买卖合同纠纷，按照不动产纠纷确定管辖。"据此，本案不属于上述法律规定的不动产纠纷。同时，依据双方签订的上述合作开发协议第11条关于"协议各方同意将争议提交原告所在地有管辖权的法院解决"的约定以及《中华人民共和国民事诉讼法》第34条关于"合同或者其他财产权益纠纷的当事人可以书面协议选择被告住所地、合同履行地、合同签订地、原告住所地、标的物所在地等与争议有实际联系的地点的人民法院管辖，但不得违法本法对级别管辖和专属管辖的规定"之规定，本院受理本案并不违反专属管辖的规定，本院对本案具有管辖权。被告的管辖权异议理由不成立，本院予以驳回。依照《中华人民共和国民事诉讼法》第127条第1款、第154条第1款第（二）项之规定，裁定如下：

驳回万和公司房地产开发有限公司提出的管辖权异议。

如不服本裁定，可在裁定书送达之日起十日内，向本院递交上诉状，并按对方当事人的人数提出副本，上诉于中华人民共和国最高人民法院。

审　判　长　高某娟

审　判　员　李某芬

助理审判员　杨某刚

河南省高级人民法院（公章）

二〇一五年九月十日

书　记　员　刘某芳

三、管辖权异议专栏

1. 管辖权异议的提起与受理

管辖权异议，是指在民事诉讼中，本诉被告对法院对本案的管辖权提出的质疑或挑战。按照《中华人民共和国民事诉讼法》（以下简称《民事诉讼法》）第127条的规定，法院受理案件后，当事人对管辖权有异议的，应当在提交答辩状期间（15日内）提出。法院对当事人提出的管辖权异议，应当审查。异议成立的，裁定将案件移送有管辖权的人民法院；异议不成立的，裁定驳回。当事人对驳回管辖权异议的裁定不服的，可以在收到裁定书送达之日起10日内向上一级法院提出上诉。当事人未提出上诉或者上诉被驳回的，法院应通知双方当事人参加诉讼。当事人对管辖权问题进行申诉的，不影响法院对该案件的审理。

立法上设立管辖权异议制度的主要目的在于监督法院审理行为的合法性，确保诉讼程序的依法进行。法院对当事人提出的管辖权异议，未经审查或审查后尚未作出裁定的，不得进入该案的实体审理程序。法院收到当事人提出的管辖权异议后，应当认真进行书面审查，必要时需召集双方当事人听证。当事人就地域管辖权提出异议，经审查，异议成立的，法院应依法裁定将案件移送有管辖权的法院处理；异议不成立的，裁定驳回。当事人就级别管辖权提出异议，法院审查后认为确无管辖权的，应将案件移送有管辖权的法院并告知双方当事人，但不作裁定。受诉法院拒不移送，当事人向上级法院反映并就此提出异议，如情况属实确有必要移送的，上级法院应当通知受诉法院将案件移送有管辖权的法院；对受诉法院拒不移送且作出实体判决的，上级法院应当以程序违法为由撤销受诉法院的判决，并将案件移送有管辖权的法院审理。

2. 管辖权异议权的滥用及其原因

根据现行法律，提起管辖权异议的门槛很低，只要在答辩期内提出，无论证据情况如何，法院应当"审查"并作出裁定，且可以上诉。管辖权异议即使不成立，也只承担被法院裁定驳回的后果，提出管辖权异议的成本很低，故借助管辖权异议来拖延诉讼是不少被告（债务人）的常用诉讼策略或手段。从实践情况看，被告提起管辖权异议的目的主要包括：拖延诉讼程序、延迟承担付款义务；利用诉讼周期的拖延给原告施加压力、争取对自己有利的谈判或和解条件；争取由己方熟悉的法院来审理案件、避免受理法院的审理产生对己方不利的结果；借机进行责任财产的转移、逃避败诉责任、损害原告方合法权益等。作为原告的律师，在被告提出管辖权异议时，要保持充分的警醒，一方面应进行充分举证、证明被告的异议理由不成立；另一方面则应提前考虑是否需要对被告财产采取诉前或诉讼保全措施，以确保未来拿到胜诉判决后被告仍有可供执行的财产。

3. 可能被法院认定为滥用管辖权异议的情形

鉴于管辖权异议滥用行为不仅会增加对方当事人的诉讼成本，也会加重法院的审理负担、浪费司法资源、扰乱正常的民事诉讼秩序，进而损及司法权威和司法公信力，故法院近年来也在摸索对之进行规制的有效方式。2019 年 6 月，山东省高级人民法院率先出台了一份《关于简化民商事纠纷管辖权异议审查程序的意见（试行）》，其中明确规定，被告的下列申请属于滥用管辖权异议权利，人民法院依法可以不予审查：（1）被告提出管辖权异议被人民法院裁定驳回后，又就同类其他案件反复向同一法院提出管辖权异议的；（2）被告在异议申请中虚构被告住所地、合同履行地、合同签订地、原告住所地、标的物所在地等与争议有实际联系的地点和事由的；（3）原告与被告在书面协议中明确约定管辖法院，且不违反级别管辖和专属管辖规定，被告又针对约定的管辖法院提出管辖权异议的；（4）其他明显缺乏事实和法律依据、以拖延诉讼为目的提出的管辖权异议申请。被告对下列案件提出的管辖权异议虽然不属于滥用异议权，人民法院依法也可以不予审查：（1）发回重审或者按照审判监督程序再审的案件；（2）上级法院指定管辖的案件；（3）其他法院裁定移送管辖的案件；（4）执行法院受理的执行异议之诉案件；（5）作出生效民事判决、裁定、调解书的法院受理的第三人撤销之诉案件。

4. 管辖权异议申请书的写法

被告在一审提交答辩状期间提出管辖权异议的，应当向法院提交书面申请书，申请书应包括以下内容：

（1）申请人（被告）、被申请人（原告）的身份信息；

（2）异议请求；

（3）异议所根据的事实、理由及相关证据；

（4）要求移送的人民法院名称；

（5）送达地址和送达方式信息。

申请书不符合上述要求且未能按照法院要求提交补充材料的，法院有权对该管辖权异议不予审查。

第三节　财产保全的申请、裁定、复议与异议

一、原告申请进行诉前财产保全

为确保将来的生效判决能够得到切实执行，防止被告在诉讼期间进行转移财产、逃避债务的行为，原告律师在向一审法院提交民事起诉状之前，即向一审法院提交了对被告的财产进行诉前保全的申请，具体如下。

财产保全申请书

申请人：马某山，男，汉族，住河南省×××，身份证号：××××

申请人：李某根，男，汉族，住河南省×××，身份证号：××××

申请人：赵某军，男，汉族，住河南省×××，身份证号：××××

被申请人：万和房地产开发有限公司

住所：山西省太原市凯旋街 256 号

法定代表人：王某锋，该公司董事长

申请事项：

申请人民法院依法查封、冻结申请人价值 271 899 861 元的固定资产及银行账户。

申请理由：

2011 年 10 月 14 日，申请人与被申请人万和房地产开发有限公司签订了《太原市东港片区棚户区改造项目合作协议》，现由于被申请人万和房地产开发有限公司违约，为防止被申请人在诉讼中转让和转移财产造成判决无法执行，申请人依据《民事诉讼法》第 101 条规定向法院提出财产保全。

此　致

河南省高级人民法院

申请人：（签字）

2015 年 1 月 16 日

二、财产保全的技巧和方法专栏

1. 财产保全的目的与种类

财产保全的目的主要是确保将来生效的民事判决能够得到切实执行，防止债务人实施转移财产、逃避债务的行为。根据我国现行法律规定，财产保全可分为两类：一类是诉前保全，另一类是诉讼保全。前者是指在向法院起诉前，申请人

即向法院提出申请，法院采取强制措施；后者是指在法院受理起诉后、审理完毕之前，由申请人向法院提出申请，法院采取强制措施。其中，诉讼保全在实践中比例更高。法院对诉前保全的掌握较严格，限于因情况紧急、不立即申请保全将会使利害关系人合法权益受到难以弥补损害的情形。申请人在法院采取保全措施后 30 天内不依法起诉或申请仲裁的，法院应当解除保全。法院在接受申请后，须在 48 小时内作出裁定；裁定采取保全措施的，应当立即开始执行。本案中的保全属于诉讼保全，因为申请保全的被告财产因属于施工中的房产、尚未办理房产证等证件，被告短期内进行转移的风险不大，进行诉前保全的必要性也不大。但在本书作者代理的其他案件中，采取诉前保全的并不少见。

2. 申请财产保全的材料清单

根据最高人民法院《关于人民法院办理财产保全案件若干问题的规定》及实践经验，当事人、利害关系人申请财产保全的，应向受理法院提交如下财产保全申请材料。

（1）财产保全申请书（申请书应当载明：申请保全人与被保全人的身份、送达地址、联系方式；请求事项和所根据的事实与理由；请求保全数额或者争议标的；明确的被保全财产信息或者具体的被保全财产线索；为财产保全提供担保的财产信息或资信证明，或者不需要提供担保的理由；及其他需要载明的事项）；

（2）申请人、被申请人的主体资格材料（身份证复印件或营业执照复印件、申请人的法定代表人身份证复印件、申请人的法定代表人身份证明书，无法提供被申请人营业执照复印件，可提供被申请人的全国企业信用信息系统查询结果）；

（3）被申请人财产线索说明（如申请冻结银行账户的，应提供被申请人银行的具体名称、地址、具体账号；申请冻结房产和土地的，提供在房地产交易中心查询的被申请人房产、土地查询情况表；冻结股权的，提供在工商局查询的被申请人对外投资的资料；冻结股票、债券的，提供在证券登记结算公司查询的被申请人持有的股票、债券情况表；查封车辆的，提供在公安局车辆管理所查询的被申请人的车辆信息情况；查封机器设备、货物的，提供型号、规格、数量、保管人名称清单或仓单；冻结被申请人对第三人的到期债权的，提供到期债权合法有效存在的凭证；冻结知识产权的，提供有效权利凭证等）；

（4）申请人提供的担保材料；

（5）立案基本材料（民事起诉状、证据清单及相关证据的复印件、授权委托书复印件、律师事务所所函、律师证复印件、法院立案通知书复印件）。

3. 财产保全的基本程序与方式

（1）向受理法院提交保全申请材料；

（2）法院审核通过后、向法院缴纳财产保全费和适当的担保。财产保全费用由法院审核确定，最高为5 000元；

（3）法院立案庭作出进行财产保全的裁定书，将有关保全材料移交执行部门执行；

（4）法院执行部门实施查封、扣押、冻结等保全措施。包括：冻结被申请人的银行账户及存款，扣押、冻结被申请人的工资收入；查封被申请人拥有所有权或使用权的房产、土地、车辆、机器设备、货物等；冻结其持有的股权、股票、债券、专利、商标等知识产权；对于已有其他法院查封（冻结）在先的财产，可以进行轮候查封（冻结）。轮候查封（冻结）是两个或两个以上人民法院对于同一财产进行查封（冻结）时，以先办理手续的人民法院为准，后办理手续的人民法院作轮候处理，暂不生效；待前一手续解除后，轮候手续则自动生效。轮候查封（冻结）不影响在先查封（冻结）的效力；前一查封（冻结）后将财产处置的，则轮候查封（冻结）失效。轮候查封（冻结）可以进行多轮。法院对季节性商品，鲜活、易腐烂变质和其他不宜长期保存的物品采取保全措施时，可以责令当事人及时处理，由法院保存价款；必要时，由法院予以变卖，保存价款。

4. 财产保全中无须提供担保的情形

根据最高人民法院《关于人民法院办理财产保全案件若干问题的规定》第9条的规定，当事人在诉讼中申请财产保全，有下列情形之一的，人民法院可以不要求提供担保：

（1）追索赡养费、扶养费、抚育费、抚恤金、医疗费用、劳动报酬、工伤赔偿、交通事故人身损害赔偿的；

（2）婚姻家庭纠纷案件中遭遇家庭暴力且经济困难的；

（3）人民检察院提起的公益诉讼涉及损害赔偿的；

（4）因见义勇为遭受侵害请求损害赔偿的；

（5）案件事实清楚、权利义务关系明确，发生保全错误可能性较小的；

（6）申请保全人为商业银行、保险公司等由金融监管部门批准设立的具有独立偿付债务能力的金融机构及其分支机构的；

（7）法律文书生效后，进入执行程序前，债权人申请财产保全的。

5. 财产保全担保的方式

申请人提供的担保物可以是现金、实物、房产、土地、担保书、保单保函等。提供现金的，必须按照不低于涉案金额的30%向法院缴纳，并确认到达法院代管账户。提供房产、土地的，必须提供相关的权属证明，由法院进行查封，但不要求必须是申请人所有。提供担保书的，担保书应当载明担保人、担保方式、担保范围、担保财产及其价值、担保责任承担等内容，并附相关证据材料；保险人以其与申请保全人签订财产保全责任险合同的方式为财产保全提供担保的，应当向人民法院出具保函担保书，并应载明，因申请财产保全错误，由保险人赔偿被保全人因保全所遭受的损失等内容（申请保全人或第三人为财产保全提供财产担保的，应当向人民法院出具担保书。第三人为财产保全提供保证担保的，应当向人民法院提交保证书。保证书应当载明保证人、保证方式、保证范围、保证责任承担等内容，并附相关证据材料）。

6. 财产保全的有效期及其延长

财产保全的效力一般都可以维持到判决生效后向法院申请执行之日止。不同种类的财产，其保全期限存在不同，每次采取保全措施后只能维持一定的期限；到期如果没有采取续期措施的，保全措施将自动失效。因此，代理律师应提醒当事人需要在保全措施期限届满前（最迟应提前7日）向法院提出财产保全续期申请，申请法院及时进行保全续期。根据我国《最高人民法院关于适用〈中华人民共和国民事诉讼法〉的解释》第487条规定："人民法院冻结被执行人的银行存款的期限不得超过1年，查封、扣押动产的期限不得超过2年，查封不动产、冻结其他财产的期限不得超过3年。申请执行人申请延长期限的，人民法院应当在查封、扣押、冻结期限届满前办理续行查封、扣押、冻结手续，续行期限不得超过前款规定的期限。"

本案中，法院对案涉房产进行了查封，查封期限为3年，在一、二审诉讼中，为确保查封的有效性，本书作者作为原告代理律师申请一、二审法院分别进行了一次续封。从而最终确保二审生效判决的顺利执行。

7. 网络执行查控的基本内容

根据《最高人民法院、中国银行业监督管理委员会关于进一步推进网络执行查控工作的通知》（法〔2018〕64号），国内的银行等金融机构在2018年6月30日之前均已开通银行存款网络冻结与扣划功能或金融理财产品网络冻结功能。银行业金融机构有义务支持银行存款在网络冻结状态下的全额扣划和部分扣划。人民法院网络扣划被执行人银行存款时，应当提供相关《执行裁定书》《协助执行通知书》、执行人员工作证件及联系方式；现场扣划的，参照执行。人民法院网络扣划被执行人银行存款的，应先采取网络冻结措施；网络扣划款项应当划至人民法院执行款专户或案款专户；人民法院在网络冻结被执行人款项后，应当及时通知被执行人。

异地执行法院委托当地法院代为办理的，委托法院应当提供：《执行裁定书》、《协助执行通知书》、《委托执行函》、《送达回证》（或《回执》）及执行人员工作证件扫描件，以上法律文书应加盖委托法院电子签章，或是将盖章后的法律文书转换成彩色扫描件；受托法院应当携带以上材料的彩色打印件和受托法院执行人员工作证；银行应当协助办理。异地执行法院通过司法专邮邮寄《执行裁定书》、《协助执行通知书》原件及执行人员工作证件复印件的，银行也应当协助办理。

三、法院就诉前保全的裁定

根据我国《民事诉讼法》第100条的规定，人民法院接受当事人或利害关系人提出的财产保全申请后，对情况紧急的，必须在48小时内作出裁定；裁定采取保全措施的，应当立即开始执行。实践中，由于进行保全裁定的一般是法院的立案庭，而保全措施的执行是由法院的执行庭（局）来负责，其间有一个文件移交的过程，尤其是不少法院的执行任务比较重，现行法律对于何谓"立即"也没有一个明确的界定。故从保全裁定的作出到保全措施的落地会有一个过程，具体时间需要根据个案情况而定。作为代理律师，则应与法院的相关负责法官保持及时的沟通。

下面是本案一审法院针对原告的诉前财产保全申请作出的裁定书。

河南省高级人民法院

民事裁定书

（2015）豫法立民保字第6号

申请人：马某山，男，汉族，住河南省×××，身份证号：××××

申请人：李某根，男，汉族，住河南省×××，身份证号：××××

申请人：赵某军，男，汉族，住河南省×××，身份证号：××××

被申请人：万和房地产开发有限公司

住所：山西省太原市杏花岭区凯旋街256号

法定代表人：王某锋，该公司董事长

申请人马某山、李某根、赵某军因与被申请人万和房地产开发有限公司合资、合作开发房地产合同纠纷一案，于2015年1月26日向本院提出诉前财产保全申请，请求法院依法对被申请人开发的太原市东岗片区棚户区改造项目的房产进行查封。河南小康明华投资担保有限公司和河南省城乡小康进达投资担保有限公司为本案作担保。

本院经审查认为，申请人的申请符合诉前财产保全条件，根据《中华人民共和国民事诉讼法》第101条、第102条、第103条、第108条之规定，裁定如下：

依法查封被申请人万和房地产开发有限公司开发的位于太原市东岗片区棚户区改造项目的房产。

本裁定送达后立即执行。

如不服本裁定，可以向本院申请复议一次，复议期间不停止裁定的执行。

审　判　长　赵某杰

审　判　员　夏某军

审　判　员　李某龙

（河南省高级人民法院公章）

二〇一五年一月二十七日

书　记　员　马　某

四、被告对财产保全裁定的复议和异议

本案一审法院的保全裁定作出后，被告万和房地产开发有限公司向法院提交了书面复议申请，案外人山西省太原市迎宾区政府则向法院提交了异议申请。一审法院分别依法对被告的复议申请和案外人的异议申请进行了审查，审查结果表明该等复议和异议缺乏证据支持，保全裁定正确，故该等复议和异议均不成立。如下依次是被告的复议申请书、案外人的异议申请书。

诉前保全裁定复议申请书

申请人：万和房地产开发有限公司

被申请人：马某山，男，汉族，住河南省×××，身份证号：××××

被申请人：李某根，男，汉族，住河南省×××，身份证号：××××

被申请人：赵某军，男，汉族，住河南省×××，身份证号：××××

申请人因不服河南省高级人民法院（2015）豫法立民初保字第6号民事裁定书，特申请复议。

复议请求：

请求贵院依法撤销河南省高级人民法院（2015）豫法立民初保字第6号民事裁定书，并解除对被申请人开发的太原市东港片区棚户区改造项目房产的查封。

事实和理由：

2015年1月27日，河南省高级人民法院就马某山、李某根、赵某军与万和房地产开发有限公司合资、合作开发房地产合同纠纷一案（以下简称本案）作出（2015）豫法立民初保字第6号民事裁定书，裁定查封万和房地产开发有限公司开发的太原市东岗片区棚户区改造项目的房产。被申请人认为，该查封裁定错误，应予撤销，理由如下：

一、河南省高级人民法院对本案没有管辖权，非财产所在地或被申请人所在地法院，无权就本案作出诉前保全裁定。本案并非合同纠纷、而系房地产开发纠纷，依据《民事诉讼法》第33条，因不动产纠纷提起的诉讼，应由不动产所在

地法院管辖。

二、查封本案房产的行为将给申请人造成巨大损失，而被申请人提供的财产保全担保不足以赔偿因保全错误所致损失。案涉房产项目总投资约 50 亿元，申请人已实际投入逾 6 亿元，查封行为将导致案涉房产项目无法正常进行，被申请人提供的担保不足以赔偿因此所致巨额损失。

综上，请求撤销（2015）豫法立民初保字第 6 号民事裁定书，解除对案涉房产的查封。

此　致

河南省高级人民法院

申请人：万和房地产开发有限公司

2015 年 2 月 2 日

案外人财产保全异议书

异议人：太原市迎宾区政府

负责人：杨某江

住所：住所地太原市云路街 38 号。

被异议人：马某山，男，汉族，住河南省×××，身份证号：××××

被异议人：李某根，男，汉族，住河南省×××，身份证号：××××

被异议人：赵某军，男，汉族，住河南省×××，身份证号：××××

异议请求：

请求贵院依法撤销贵院（2015）豫法立民初保字第 6 号民事裁定书，解除对太原市东岗片区棚户区改造项目及其房产的查封措施。

事实和理由：

一、贵院（2015）豫法立民初保字第 6 号民事裁定书裁定查封的房产系案外人财产，属于保全错误。由于万和房地产开发有限公司未足额缴纳案涉房产土地的使用权出让金，故该公司并不持有案涉项目土地的使用权证，也未取得该项目的规划许可证、施工许可证等任何证件，其并非案涉土地使用权人，案涉房产未办理房产证，其也非案涉房产的所有权人，案涉项目的土地使用权及房产所有权均由迎宾区政府持有。并且，案涉项目涉及 1 900 多户回迁户的回迁住房安置，贵院的查封行为将会导致区政府无法及时安置相关回迁户，可能导致重大社会事件，并会给异议人带来重大经济损失。

二、本案属于不动产纠纷，贵院没有管辖权，也无权就本案作出诉前或诉讼财产保全。

综上，贵院（2015）豫法立民初保字第 6 号民事裁定书系对案外人财产的查封，严重侵害了异议人的合法权益和社会公益，并可能导致重大社会后果。请贵院慎重审查并撤销错误的保全裁定，解除对案涉房产的查封。

　　此　致

河南省高级人民法院

异议人：太原市迎宾区政府

负责人：杨某江（签字）

2015 年 7 月 24 日

专栏链接：对财产保全裁定的复议与异议

　　1. 财产保全裁定的复议

　　我国现行《民事诉讼法》规定的对判决、裁定、决定的救济措施主要有三种：一是向上一级法院提起上诉，适用于判决和 3 种裁定（不予受理、管辖权异议、驳回起诉）；二是申请复议，主要适用于保全裁定、先予执行裁定、回避申请的决定；三是向上一级法院申请复议，主要是适用于执行行为异议裁定、罚款决定、拘留决定。

　　财产保全是法院根据一方当事人申请作出的，可能存在错误，给被申请人造成不必要的损失。为保护被申请人的合法权益，有必要规定其获得救济权利。我国《民事诉讼法》第 108 条规定："当事人对保全或者先予执行的裁定不服的，可以申请复议一次。复议期间不停止裁定的执行。"对此条的理解，应注意两点：第一，此条中对保全裁定的"不服"应包括申请人不服和被申请人不服两种情形，即申请人申请保全，法院裁定不予保全，申请人认为法院裁定不予保全的裁定不正确，以及被申请人认为保全裁定存在错误，如不应当保全或保全范围过大等。第二，此条中的"申请复议"是指向作出裁定的法院申请，而非向上一级法院申请，因为财产保全只是临时性救济措施，不是对当事人权利义务关系的最终判决，由原审法院复议更为便利。

　　根据我国现行《民事诉讼法》及其司法解释的规定，不论诉前财产保全还是诉讼财产保全，财产保全的裁定一旦作出，就发生法律效力，当事人或利害关系人不得提起上诉。但当事人或利害关系人若对财产保全的裁定不服的，可以自收到裁定书之日起 5 日内向作出裁定的人民法院申请复议一次，复议期间不停止裁定的执行。人民法院应当在收到复议申请后 10 日内审查。人民法院复议认为裁定正确的，驳回申请；认为裁定不当的，作出新的裁定，变更或者撤销原裁定。法院对于保全申请、保全复议申请的审查重点主要在于保全的必要性，是否存在被申请人转移财产，审理结果是否存在执行风险等问题。对于复议申请，法院一般只进行形式审查、看保全理由是否成立，无须进行实质审查。

　　2. 财产保全的异议及听证程序

　　财产保全的异议，具体是指法院对诉讼争议标的以外财产进行保全的，案外人若对保全裁定或者保全裁定实施过程中的执行行为不服，可基于实体权利对被保全财产提出书面异议。根据法律规定，被保全的财产应当限于案件争议的财产或被申请人的财产。但由于经济生活的复杂性，很多财产经过流转可能已经变成了案外人的财产，此时采取财产保全措施可能导致案外人的合法权益受到侵害。在案外人对财产保全裁定提出异议的情形下，法院应当依照《民事诉讼法》第227条规定审查处理并作出中止或驳回之裁定。案外人、申请保全人对该裁定不服的，可以自裁定送达之日起15日内向法院提起执行异议之诉。法院裁定案外人异议成立后，申请保全人在法律规定的期间内未提起执行异议之诉的，人民法院应当自起诉期限届满之日起7日内对该被保全财产解除保全。

针对案外人对保全裁定的异议，法院可以召开听证会。法院决定进行听证的，应当通知保全申请人、提出异议的案外人提交规定份数的申请书或者异议书，并附相关证据材料。在听证程序中，听证参加人享有下列权利：（1）委托代理权；（2）申请回避权；（3）陈述、举证、质证和辩论的权利；（4）查阅、复制本案有关案卷材料的权利；（5）依法应当享有的其他权利。听证会一般包括预备、调查、辩论和最后陈述四个阶段。其中的调查一般按下列顺序进行：（1）提出异议的案外人陈述其主张以及相关事实、理由；（2）保全申请人进行反驳或承认，陈述相关事实、理由；（3）审判长总结争议焦点，组织各方听证参加人对争议焦点进行举证、质证；（4）审判长或者其他合议庭成员向各方听证参加人发问，核实有关事实；（5）经审判长许可，听证参加人可就其他各方出示的证据发表意见。听证会结束后，合议庭应当及时进行评议，并应及时作出决定或裁定。案件执行完毕前，听证参加人提出新的证据或法院在执行过程中发现新证据，足以推翻原裁定或者决定的，法院应另行组成合议庭重新进行听证。

五、财产保全的续期申请及应注意事项

1. 财产保全续期申请书

财产保全续期申请书

申请人：马某山，男，汉族，住河南省×××，身份证号：××××

申请人：李某根，男，汉族，住河南省×××，身份证号：××××

申请人：赵某军，男，汉族，住河南省×××，身份证号：××××

被申请人：万和房地产开发有限公司

申请事项：

申请贵院依法查封、冻结被申请人价值271 899 861元的固定资产及银行账户。

事实和理由：

申请人与被申请人因合资、合作开发房地产合同纠纷，申请人已向贵院提起

诉讼，贵院已依法受理。申请人已向贵院申请对被申请人财产进行保全，贵院于2015 年 1 月 27 日出具了（2015）豫法立民保字第 6 号民事裁定书，并于 2015 年 1 月 28 日对被申请财产进行了保全，保全期限截至 2017 年 1 月 28 日。鉴于保全期限即将届满，申请人特向贵院提出申请，请贵院继续对被申请人财产山西省太原市东港片区棚户区改造项目中的商品住宅楼 7 号楼1—18 层（758.72m² × 18 层×6 800 元/m² = 9 287 万元）、商品住宅楼 8 号楼 1—18 层（758.72m² × 18 层×6 800 元/m² = 9 287 万元）、1 号楼东岗路临街商铺1—3 层（1—2 层：800m² × 18 000 元/m² = 1 440 万元；3 层：400m² × 8 000 元/m² = 320 万元；合计 1 760 万元）、1 号楼东岗路内铺1—3 层（5 400m² × 7 000 元/m² = 3 780 万元）、2 号楼东岗路临街商铺 1—3 层（1—2 层：800m² × 18 000 元/m² = 1 440 万元；3 层：400m² × 8 000 元/m² = 320 万元；合计 1 760 万元）、2 号楼东岗路内铺1—3 层（5 400m² × 7 000 元/m² = 3 780 万元），共计 29 654 万元的财产进行查封保全。

望贵院予以核准。

此 致

河南省高级人民法院

申请人：（签字）

2017 年 1 月 12 日

2. 申请财产保全续期时应注意事项

以本案的保全续期为例，上述保全续期申请有 2 点值得注意和参考。

第一，续期申请书中"申请事项"部分的申请查封金额 271 899 861 元为原告起诉书中主张的金额，"事实和理由"部分的查封金额 29 654 万元是涉案房产的市场价值。因房产的不可分割性，金额较之诉讼请求金额有所超出，但在法律允许的范围内。依据我国现行法律规定，法院查封被告财产时，应当与诉讼标的或者执行标的相当，不能过分高于标的数额。

第二，续期申请书对于法院查封的房产的范围有了明确的描述，本案法院在2015 年作出的关于财产保全的裁定中只是称"依法查封被申请人万和房地产开发有限公司开发的位于太原市东岗片区棚户区改造项目的房产"，未明确界定该项目中哪些房产属于查封范围、保全财产的范围不够明确。从案涉房产的实际情况来看，案涉项目的房产总价值远超原告诉讼请求金额，若按照法院的原保全裁定内容，会存在超额查封的问题，也会给被告留下借机转移房产、逃避债务的可能。因此，原告在续封申请中，进一步明确了请求法院查封的房产范围。因此等房产范围的明确并未超出法院 2015 年裁定中查封的房产范围（或者说申请明确范围或保全内容变更的结果缩小了查封房产的范围，对被告是有利的），故其在法律上没有任何瑕疵。也正因如此，本案一审法院在作出续封通知后，案外人后续虽然多次提出异议，但其异议理由并未得到法院认可。

3. 法院的续期查封通知书

河南省高级人民法院

通知书

万和房地产开发有限公司：

本院于 2015 年 1 月 27 日作出（2015）豫法立民保字第 6 号民事裁定，查封你公司开发的位于太原市东岗片区棚户区改造项目的房产。在上述查封期限届满前，原告马某山、李某根、赵某军向本院提出财产保全续封申请。依据本院作出的上述民事裁定及原告马某山、李某根、赵某军的续封申请，本院通知如下：

对于你公司已建设的位于山西省太原市东岗片区棚户区改造项目的 7#楼、8#楼 1—18 层住宅房屋，1#楼、2#楼 1—3 层临东岗路及以内的所有商铺予以查封。查封期限 3 年，自 2017 年 1 月 28 日起至 2020 年 1 月 27 日止。查封期内，未经本院同意不得变卖、抵押、转让上述被查封的房产。

特此通知。

河南省高级人民法院

2017 年 1 月 19 日

4. 第三次续封

在本案二审判决出来之前，考虑到财产保全的查封期限即将届满，而二审判决即使很快出来，在查封期限届满之前完成判决执行的可能性也很小，故原告依法向二审法院提出了第二次保全续期申请。同时，考虑到案涉财产在本案审理期间二度转手，先是由山西富强房地产开发有限公司（以下简称富强公司）接手了被告万和房地产开发有限公司在本案项目中的所有权利义务，后富强公司因资金等问题又将案涉房地产项目转让给了山西建发股份有限公司，在案涉项目二度转手的过程中，区政府——山西省太原市迎宾区政府一直发挥着主导性作用。因案涉房产属于棚户区改造项目，其中涉及 2 000 多户回迁户的回迁住房分配问题，一旦处理不周，很容易引发社会不稳定因素。故区政府一直在山西建发公司背后实际操控着案涉项目的进展，而因其并非本案当事人，为避免其以非案件当事人为借口，擅自处分查封的房产，我们在此次提交的续封申请中明确请求法院将续封通知抄送给该区政府。事后获得的信息表明，法院也确实注意到了我们的请求，并以适当方式将续封事实通知了该区政府。如下是我们提交的续封申请书。

继续查封申请书

最高人民法院：

申请人李某根、马某山、赵某军和万和房地产开发有限公司（以下简称万和公司）合资、合作开发房地产合同纠纷一案，河南省高级人民法院于

2015年1月27日作出（2015）豫法立民保字第6号民事裁定，查封万和公司开发的位于太原市东岗片区棚户区改造项目的房产。查封期限届满前，申请人依法提出续封申请，河南省高级人民法院于2017年2月8日作出继续查封的通知，继续查封山西省太原市东岗片区棚户区改造项目的7#楼、8#楼一层至十八层住宅房屋，1#楼、2#楼一层至三层临东岗路及以内的所有商铺，查封期限自2017年1月28日起至2020年1月27日止。

现河南省高级人民法院通知查封的期限即将届满，特申请最高人民法院继续查封上述查封的房产。鉴于案涉建设项目在查封期间已由山西省太原市迎宾区政府通过行政手段安排F集团公司继续承建，故要求将太原市迎宾区政府和F集团公司作为义务协助人，将继续查封上述房产的裁决同时送达太原市迎宾区政府和F集团公司。

申请人：（李某根等签字）

2019年12月28日

第三章

省高级人民法院的一审庭审开庭与判决

第一节 一审开庭

一、合议庭组成人员通知书

由于被告方启动了管辖权异议的一、二审程序，在一审法院作出财产保全裁定后，又相继提出了保全裁定的复议和异议，在双方进行证据交换之后，原告在证据准备与提交等方面的迟延，以及一审法院合议庭成员的工作变动等原因，一审的审理程序几度中断，一审审限也一再延长。考虑到诉讼程序的长期拖延，本书作者作为原告代理律师、结合本案证据等情况重新设计了诉讼方案，并推动一审法院组成合议庭、确定了开庭日期，本案审理进入了一个新阶段。

二、被告的书面答辩

1. 被告的答辩要点

2018 年 1 月 29 日，本案被告向法院提交了书面答辩意见，核心观点如下：

第一，原告诉请支付投保本金、利息及补偿，并申请保全项目房产的实质是收回投资本金、利息及主张分配项目利益。该项目至今未能取得建设工程规划许可证，根据最高人民法院《关于审理涉及国有土地使用权合同纠纷案件适用法律问题的解释》第 19 条 "在下列情形下，合作开发房地产合同的当事人请求分配房地产项目利益的，不予受理；已经受理的，驳回起诉；……（二）房地产建设项目未取得建设工程规划许可证……" 的规定，应驳回原告的起诉。

第二，2011 年 10 月 14 日《太原市东岗片区棚户区改造项目合作开发协议》不是合法有效的协议，不受法律保护。因为本协议所涉项目未取得国有土地使用权证、建设用地规划许可证等项目开发所必需的手续及审批文件，违反了城市房地产管理法等法律法规的强制性规定，协议约定的生效条件未成就。

第三，2014 年 6 月 19 日的《变更协议》未生效。因为该变更协议是对原协议的变更，原合作协议无效，其自然也无效，该变更协议第三条（六）约定，"本协议在甲方（被告）付清乙方（原告）上述补偿款后生效"。协议签订后，因补偿款一直未付清，故该协议生效条件未成就。

第四，原告诉请所依据的账簿为单方制作的财务账簿，且记录不完整，无法确认其真实性和关联性，不能作为认定本案事实的依据。具体包括：（1）原告主张的投入资金7 200万元人民币不真实，实际投入资金仅为470万元。因为，原告主张的投资本金是根据其自制的财务账册统计而来，但其财务资料不完整，缺少银行已记账、现金日记账，没有往来款项的原始单据，无法确认相关记载和行为的真实性。原告主张的管理费用、开发费用、预付账款、待摊费用和销售费用的大部分仅有其单方财务记载和白条，缺少付款凭证，有些甚至为个人生活消费支出，根据项目建设情况远远超出了实际应支付范围。（2）原告主张的高达1.14亿元的所谓财务费用不真实，与本案无关，不应当由被告负担。因为，该等财务费用或利息的借款本金不真实，该利息的支出缺乏相关银行转账凭证证明，并远高于银行利息，属于高利贷，该等借款均为原告个人借贷，从未在被告或双控账户内流转，与本案缺乏关联性。

2. 被告答辩意见分析

被告的核心观点可归结为3点：（1）本案纠纷在法律性质上属于合作开发房地产纠纷，应遵循房地产纠纷的相关规范；（2）本案的合作协议及其变更协议均属于无效协议或未生效协议；（3）原告的证据不充分。

上述答辩意见中，第一点实为被告提起管辖权异议的观点，已为一审法院所拒绝，被告在答辩意见中再次将之列为第一点意见，从答辩策略上并非最佳选择，因此问题法院已有定论，再次作为重点提出的价值有限，将之列在答辩意见最后或许更为适当。被告另两点答辩意见涉及对本案合同效力及原告证据的认定问题，也是本案争议的核心问题，从答辩策略上讲，应放在前面，以凸显其重要性。

三、一审开庭审理

1. 原告证据清单示例

在前期向法院提交案涉房地产开发项目开发过程中的大量财务资料与项目部记账凭证等证据资料的基础上，经过与原告的再次深入沟通，帮助其梳理出部分可印证项目部为双方共同设立，项目部行为（包括记账凭证）已真实反映了被告内心真意的多份证据，我们对这些补充证据的内容及其证明目的进行规范化整理后，正式提交给法院。下面即为我们代理原告提交给法院的证据目录。

原告证据清单

证据1　《太原市东岗片区棚户区改造项目合作开发协议》（2011 - 10 - 14）

证明目的：（1）原告和被告于 2011 年 10 月 14 日达成合作开发协议，由原告进行投资，双方成立项目部，项目部设立财务室，共同刻制、保管项目部财务专用章、公章等；（2）被告享受固定利益，其他成本与利益归原告；（3）被告万和公司的法定代表人王某锋对万和公司的违约后果承担连带保证责任；（4）双方的其他权利、义务。

证据 2　关于《太原市东岗片区棚户区改造项目合作开发协议》的变更协议（2014 - 06 - 19）及其附件一（原告方于 2011 年 10 月 14 日签订的关于东岗片区棚户区改造项目协议书）、附件二（原告方于 2012 年 10 月 30 日签订的关于东岗片区棚户区改造项目协议书）

证明目的：（1）原告和万和公司于 2014 年 6 月 19 日签订解除合作协议，万和公司支付原告 8 500 万元补偿款；（2）万和公司以原告财务记载为依据，支付原告实际发生的全部投入与财务费用（包含民间俗称的利息，即融资成本）；（3）融资成本统一由项目部按月息 4 分计息；（4）项目部主要人员的工资标准（5 万/月）及补助标准是被告明确认可的；（5）万和公司支付完毕补偿款、原告投入后原告将物资、票据、凭证等移交给万和公司。

证据 3　项目部 2012 年 4 月至 2014 年 11 月 30 日会计报表、账簿、支出凭证

证明目的：至 2014 年 11 月 30 日，项目部对每月的收支予以财务记载，每月的会计报表经项目部核实后加盖项目部财务专用章予以确认，并和收支凭证互相对应，原告提交的会计报表表明原告共产生投入 186 899 861 元，项目部的会计账簿足以证明原告在合作开发协议履行期间投入的开发成本、财务费用、待摊费用、管理费用、销售费用及固定资产等投资情况。

证据 4　被告付款明细

证明目的：双方解除合作后，万和公司认可原告的财务记载，从 2014 年 7 月 15 日至 2014 年 10 月 17 日分 8 次支付原告本金 31 354 648 元、融资利息 5 537 998 元，共 36 892 646 元。

证据 5　部分工程合同

证明目的：建立合作关系后，原告以被告名义对合作项目进行了投资建设，履行了协议约定义务。

提交人：马某山　李某根　赵某军

2. 被告的质证意见

被告针对原告证据的主要质证意见如下：

第一，对原告所称财务费用不予认可。因根据原告所提供的财会账簿和财务凭证中可以看出，原告自己认为共计对外借款 146 720 000 元，已经偿还本金 75 700 340 元，实际支付借款利息 36 486 593.38 元。其中，违反法律规定的利

息转本金的金额就高达 52 188 740 元。目前原告自己的账面计提利息已经高达
132 633 155.38 元，被告认为：（1）该利息的借款本金存疑，项目根本没有投这
么多资金，不存在这么多借款；（2）该利息支出，无相关的银行转账凭证证明，
不真实；（3）该利息折合年息约 48%，远高于银行利息，均为不合法的高利贷；
（4）原告主张的财务费用，均系原告的个人借贷，从未在双方项目部账户内流
转，且根据原告财务凭证所显示其投资额远远低于借款数额，关联性存疑；
（5）双方系合作开发合同关系，而非借贷合同关系，投资方应以其自有资金进
行投入，不应借高利贷来进行房地产开发，借高利贷来开发房地产的风险和责任
应由投资方自行承担，利息由被告承担不合理；（6）原告投入该项目的全部资
金只有 4 000 余万元，何来 1 亿多元的利息损失，该利息由被告承担既不合理也
不合法。故对原告主张的财务费用不予认可，对该费用的真实性、关联性、合理
性均不认可。

第二，原告提交的管理费用、工资支出、业务招待费、生活性支出等费用凭
证很多是白条，或缺失银行汇款凭证，其真实性存疑；差旅费、汽油费等虽有合
法凭证，但与项目无关；部分固定资产，包括所购置机动车、电脑、电视等在合
作结束后未移交给被告。对这些费用，被告不认可。

第三，对于部分有合法票据，或虽无合法票据但系实际支出的费用，予以
认可。

3. 原告对被告万和公司质证意见的回应要点

（1）原、被告在《合作开发协议》中对项目的利润分配进行了明确约定，
原告三人以万和公司名义投资运营本案项目，万和公司分享固定回报，其他成本
与利润均归原告。

（2）原告作为投资方，其资金筹措成本高低与被告无关。被告对原告的融
资成本是明知和认可的。李某根等三人作为投资人的内部运营成本不影响万和公
司利益。原告与被告之间是投资开发合作关系，非借贷关系。

（3）原告三人在投资运营项目期间是利益相对人，在项目财务上三人之间
是一种互相监督、互相制约的关系。这可确保原告提交原始财务记录的真实、客
观性。投资资金不是本金，应当是投资资本金。因融资产生的费用不是利息，而
应当是财务费用，不受利息制度影响。

（4）《变更协议》即解除合作协议，其核心约定是原告三人退出项目，万和
公司接管项目后续经营与全部利润；万和公司一次性给予原告 8 500 万元利润补
偿；同时，原告的全部投资与财务费用（即对外融资成本）由万和公司补足，
以保持原告投资成本持平；双方终止合作关系。

（5）恶意阻却条件成就的，应视为所附条件已成就。在《变更协议》签署
后，负有付款义务的主体——万和公司恶意阻却合同所附条件成就，应视为所附

条件已成就，即变更协议已生效，万和公司应当继续履行付款义务。万和公司在依据《变更协议》实际接收原告方项目下全部投资与利润（原告协议项下义务早已全部履行完毕）、拖延支付绝大部分协议款项情况下，主张协议未生效，若其主张成立，将构成对正常商业交易秩序与基本法理（任何人均不得因自己的违约或过错行为获利）的公然违反。

4. 原告的核心庭审观点

第一，原告提供的财务账目是项目部确认过的账目，项目部是原被告双方共同成立的，该账目记载对双方具有约束力。

依据 2014 年 6 月 19 日的《变更协议》，被告同意以其确认的原告方财务记载为基础支付原告方投资及财务费用。因项目部系由双方共同成立、项目部盖章的财务账目即等于双方（包括被告）确认认可的财务账目。因此，以该等财务账目作为被告方付款依据符合原被告双方的约定本意，也不违反现行法律法规。并且，项目部盖章的财务报表与财务记账凭证能够相互对应，可进一步确认项目部盖章的财务数据的真实、准确、可靠。

第二，"投资本金及利息"在本案件中实质为"投资资本金及财务费用"。本案涉及的投资行为是合作投资开发行为，不是借贷行为，本案纠纷也不涉及借贷关系。故双方约定的投资本金实为投资资本金，利息实为工程项目中的财务费用。而财务费用是本案项目开发中实际发生的费用，我国现行法律规定并没有要求财务费用必须按照国家贷款利率标准执行。原被告双方的约定只是参考了利息的计算方式，并非执行银行利率标准。原被告双方于本案《变更协议》中已明确记载原告方有关对外融资成本（即财务费用）统一按月息 4 分执行的内容系该变更协议的必要组成部分，即被告对原告融资的财务费用标准的支付标准（月息4 分）是明知的，也是明确认可的。

第三，应以原告提供的由项目部盖章确认的会计报表载明的金额 186 899 861元（已减去被告支付的 36 892 646 元）作为被告支付原告工程投入资金的依据。本案《变更协议》第 2 页"项目移交工作"第（三）条规定：甲方承接乙方在本项目实施工程中投入的全部资金本、息，依据乙方财务记载……利息（按实际发生额计算）支付计算至甲方支付乙方资金到账之日时止，利随本清。据此，乙方财务记载（即项目部财务记载）应作为确定被告支付原告全部投入的直接依据。并且，原告提交的会计报表和会计账簿、收支凭证等可以相互印证，足以证明相关费用的真实性。《变更协议》签署后，被告已支付原告投入资本金及财务费用（利息）共 36 892 646 元，被告支付该等款项是以认可原告财务记载为前提的。

第四，关于合作及其解除背景。被告万和公司之所以邀请原告合作开发，是因为其缺乏流动资金，无力开发项目，之所以与原告解除合作，是因为原告投资使得项目开始回笼资金，产生收益，该项目正常开发下去将获得超过十亿元利润收益，被告因此恶意破坏合作，利用自己的优势地位迫使原告退出合作开发，被告理应承担原告合作期间因项目发生的所有投资及财务费用，其对于原告投资融资成本是知情并完全接受的。

第五，《变更协议》已生效且已经实际履行（只是因被告万和公司发生财务危机未能及时付完）。原告已按协议履行完毕全部义务，将工程移交被告，并实际退出；被告接收工程后又予以转让；被告按《变更协议》仅履行了部分付款义务。

第六，应支持原告投资按4分计算利息的请求。被告在《变更协议》中明确认可原告融资利息按4分计算，且在变更协议中明确同意按原告实际发生额给付；原、被告是合作关系，不是借贷关系，融资成本不受相关法律对民间借贷利率规定的影响，即被告支付原告融资成本与原告融资利率是否符合规定是两个不同的法律关系。

第二节　律师庭审准备策略与技巧

一、庭前准备

为确保能够对庭审过程中的意外情况（包括对方的观点、未预料到的法官提出的问题等）进行迅速且准确的回应，一个合格的代理律师必须掌握的基本技能——也是所有代理律师都能够掌握的技能——就是在最大限度上确保这些意外不会发生。换言之，代理律师必须针对案件事实与法律问题反复琢磨、冥思苦想、尝试变换不同角度进行研究，逐一梳理排查对方观点与证据的瑕疵和己方的弱点，并针对己方在案件中的每一个瑕疵/弱点准备一套说辞，确保相关重点问题及其应对方案都能够烂熟于心。即使你准备好的问题在开庭时只被问到一两个甚至完全未被问到，提前的认真刻苦准备都是很有必要的。

二、庭审提纲的制作与使用技巧

传统上，庭审提纲主要是法官或仲裁员在庭审之前拟就的用于在庭审过程中提醒自己案件基本程序和实体方面应注意事项的一份文书，通常包括当事人基本情况、案由、双方提交证据情况、庭审基本程序安排（原告陈述诉讼或仲裁请求、被告陈述答辩意见、举证质证、庭审调查、庭审辩论、调解、最后陈述等）、双方争议焦点归纳、庭审中需要通过询问当事人来查明的问题等。近年来，在案件准备中提前起草庭审提纲、用以凝练观点、整理思路并作为开庭提要的律师也越来越多，庭审提纲一定意义上也可以作为衡量律师水准或规范性的一个重要指标，甚至被不少律师认为是一份参与开庭的"速通攻略"。庭审提纲的制作并无固定模板，形式可以很灵活。比较常见的制作方法是按照开庭流程进行罗列，依"开庭陈述""举证质证""法庭调查""法庭辩论""法庭调解""最后陈述"的顺序展开，每一环节下应对于庭审各方的可能观点进行预估。要提前对案件的争议焦点进行归纳总结，并针对每个争议焦点的论证进行必要的规划。在每个案涉争议点或事实项下，均可以用次级标题或备注形式，将对应的证据、法律规定、类案裁判等进行标注，以便一旦庭审中涉及该问题，即可快速展开论证或提示相关证据或规定等。

律师在制作庭审提纲的过程中，应注意以下两点。①

（1）应尽量对所有的可能进行预判、预演。律师参与庭审的目的主要是说服裁判者（法官或仲裁员），故庭审提纲应尽可能地在通盘分析全案基础上，提前思考各种可能情形的应对方案或策略。故庭审提纲的核心是提示自己在庭审中可以始终抓住争议的焦点，并更好地反驳对方的观点、呈现对自己一方最有利的观点及证据。

（2）应根据案件进展随时更新庭审提纲的内容，尤其是核心内容。不论是参与诉讼或仲裁案件，代理律师通常都需要根据证据材料的更新情况以及开庭的不同阶段来及时调整或更新自己的应对方案。在对案件材料的不断分析、复盘和研判过程中，代理律师可能会有新的思路或想法，或者发现新的对己方有利的规定、案例、理论等，在庭审提纲中及时补充相关内容，利于提示律师在后续诉讼或仲裁活动中及时运用该等资料去阐明或说服裁判者采信己方观点。

三、证据材料制作中应注意的问题

为确保开庭时的正常发挥，律师在开庭之前，必须精心制作案涉证据材料的目录及索引。在开庭过程中，律师应尽全力避免出现因为需要找出想要的材料而在庭审调查与法庭辩论环节长时间中断发言之情形。如果你因为对案件材料不熟悉而需要在庭审中长时间中断发言、去翻找你想要的材料，那将是十分尴尬的，它会让你显得很不称职，也会浪费了你宝贵的庭审发言时间，如果你的委托人出席庭审时，委托人也难免会对你的职业能力产生怀疑。因此，作为代理律师，最迟在开庭之前，你必须将所有开庭需要的材料，包括那些支持你的观点、反驳对方观点或回应法官提问的材料，逐一制作索引且贴上标签，以便开庭时迅速获取。相关材料应当包含关键事实证据、证人证言、所援引法条的明确规定、法院

---

① 管辉寰："庭审提纲的妙用技巧｜办案手记"，载天同诉讼圈微信公众号（https://mp.weixin.qq.com/s/yOHgMpHBea1nLLWM7ur90w），访问日期：2021 年 8 月 14 日。

之前的同类判决等。同时，要时刻牢记，所有证据的准备都是为了说服法官采纳自己的观点，法官手头通常会有很多案件要处理，要学会换位思考，站在法官的视角来整理准备证据，要做到从证据本身的复杂性到法官理解简单性的转变，争取让法官看到证据之后能够一目了然，很容易就把握住你提交证据的证明逻辑和关键点。尤其是在建设工程纠纷中，涉及的证据数量可能很多，要能够灵活运用比如工期延误示意图等可视化表格来让你的证据更容易为人所理解。

四、律师庭审发言中的技巧和应注意事项

1. 庭审发言应要点清晰，并能随机应变

实践中，开庭程序是由法官主导进行的，作为代理律师，你永远不会知道庭审中是否有法官突然打断你的发言，因此你必须提前做好心理准备：在没有法官打断的情况下发言；在法官就案件的事实或法律适用提出一些相关问题的情况下发言；在法官提出一连串连贯问题的情况下发言。不论你的发言节奏如何被法官的提问打断，都要牢记你发言的核心要点，并给每个要点分配一定的时间。当法官的提问直接跨越到你将在稍后论述的观点时，你需要直接开始就该观点发言，并对发言内容的顺序进行调整，而不宜对法官说"稍后我会讲到这一点"，后者可能令部分法官感觉不舒服甚至影响到你发言的说服力。

2. 律师在开庭陈述中的发言技巧与注意事项

在开庭陈述中，律师应尽量多用短句进行表达，避免使用过长或结构复杂的书面语句，因后者不容易让法官理解。一般不要去通篇念书面的起诉状等文件，应适当增加口语化、通俗化的自然表达，因通篇念稿子存在如下弊端：第一，念稿子时你的目光集中于稿件，会封闭与法官进行必要眼神交流及获取相应信息的渠道与机会；第二，念稿子容易导致语言干涩平淡，易使人昏昏欲睡，不利于法官听取；第三，念稿子输出的是已有的东西，法官也会自己看书面的稿子，你想要表达的重点内容通常难以直达法官的内心。

3. 律师发表质证意见时应注意的问题

按照国内诉讼或仲裁案件的审理实践，质证意见主要是对对方证据三性（真实性、合法性、关联性）及证明目的的意见。其中，真实性，可分为形式真实（原件、复印件与原件是否相符，相符即满足形式真实要求）与实质真实（证据内容真实、证据本身非伪造等）；关联性包括形式关联（证据资格、最低联系）与实质关联（证明力）；合法性则包括行为主体、收集方式、收集程序、形式等方面，若存在严重侵害他人合法权益、严重违反公序良俗的，则不具有合法性。

4. 律师发表辩论意见时应注意的事项

不少律师在庭审中存在一个困惑——辩论意见是在举证质证环节、庭审调查环节以及辩论环节中哪一个环节发表比较好？如果放到辩论环节，如果对方不遵

守规则或者法官最后给辩论环节预留的时间比较短怎么办？我们认为，鉴于不少法官习惯于在举证质证环节即提出问题，即同时进行法庭调查，希望争议双方就双方问题进行说明或解释，比较稳妥的做法是在举证质证或法庭调查环节结合证据或法官问题适当阐述你的辩论意见，除非法官明确打断你的发言或提示你在辩论环节再展开，而不必僵化地等待辩论环节的到来，因为你庭审活动的主要目的是说服法官采信你的主张或加深法官对某个问题的印象，庭审程序的安排是法官而非你重点关注的事项。

应充分关注法庭辩论的重点。在辩论环节，一定要始终围绕法官归纳的案件争议焦点进行，若法官未进行争议焦点归纳时，自己应主动进行归纳，并围绕相关争议焦点，逐一展开自己的论证，包括对对方证据与观点的反驳等。辩论中应尽量避免与对方当事人或代理人产生言语上的冲突，当然更不要与法官产生冲突，要充分尊重法官，除非你掌握有法官不能公正行为的证据。

5. 不要攻击对方代理人

在庭审中对对方代理律师进行言语攻击系律师执业大忌。本书作者在执业过程中也曾不止一次实施过此类行为，故对此类行为的恶劣后果深有体会。作为代理律师，你应随时牢记对方代理律师与你是同行，双方均是法律服务提供者，在案件代理过程中应当"各为其主"——各自为其委托人利益最大化服务为双方的职责所在，双方之间并不存在利益冲突，也没有必要产生冲突，因此，不应有过多的"角色代入或混淆"，应给予对方律师甚至当事人以充分的尊重，争取与其和平相处。尤其是考虑到实践中发生的败诉一方当事人对胜诉方代理人实施伤害报复行为等极端情形。通常，当你对对方的代理律师（也包括对方当事人）表达出尊重与善意时，也会收到来自对方的尊重与善意，反之，你大概率也会收到来自对方的敌意和仇视。

6. 律师在最后陈述环节应注意的事项

实践中比较常见的最后陈述方式是原被告各自坚持自己的诉讼请求或答辩意见。当案情简单、你的意见已经进行了充分展示和陈述、实在是无话可说的情形下，这种最后陈述方式当然不失为一种合理的方式。但是，如果案情比较复杂、争议焦点比较多，或者在之前的环节中，你的意见并未充分展开，或者之前的观点逻辑不够清晰严谨时，抓住最后陈述环节，进行提纲挈领、简明扼要，或者深入的论证发言则可能是最后一个与法官进行当面交流，并给法官留下深刻印象的机会，此机会不应轻易放弃。

7. 律师在庭审后应完成的工作

在庭审结束之后，律师的工作重点之一是及时撰写并提交代理意见、补充质证意见等文件。实践中，有不少律师会忽视此环节。结合庭审情况，在庭审后及时撰写代理意见或补充质证意见，对庭审中未能充分展开或表达欠严谨的内容进行补充阐释，并提请法官注意，对于代理律师而言，也应当是一项基本功。

五、律师如何实现开庭陈述效果的最大化①

开庭陈述是庭审各环节之首，是法官对案件、对律师建立印象的第一渠道。为确保法官对案件核心事实的准确把握，代理律师在开庭陈述环节需要在短时间内尽可能将案情概要、诉讼请求及事实理由简洁、准确地传达给法官。简言之，开庭陈述的意义在于把"这是个什么事""你需要法院做什么""法院为什么要支持你"讲清楚。故一定要说清楚你的诉讼请求以及相关事实和理由。有如下几点需要注意。

第一，应留意法官能否跟上你陈述的节奏。庭审开局是所有人注意力最为集中的时候，如果一开始就让法官跟不上你陈述的节奏，这是一个危险的举动。现实中更有可能发生的是，法官在低头关注书状中的诉讼请求的同时，也忽略了你接下来陈述的主要事实与理由。

第二，应善于以"讲故事"方式简要陈述案情。尤其是对于先发言一方而言，其开庭陈述应当是全景式、概括式的"画像"，将案件争议焦点以"速描"方式表现出来。在一些事实复杂，主体众多，法律关系庞杂的案件中，原告方应充分利用开场先入为主的机会率先简要说明这是一起什么纠纷，各方角色地位如何，有何主要关系，因何而起的纠纷，然后再进入具体事实陈述，这样有利于法官迅速把握争议核心，也便于利用先入为主的印象为后面的庭审锁定焦点。

第三，应简化开庭陈述的层次。法官理解案件需要明确的结构和层次，开庭陈述的层级划分与法律文书应有显著区别。文书写作可用数级标题，但陈述时更好的方式是尽量简化层次，按照故事的发展进行讲述。同时，口头陈述的内容在结构上应与法律文书及证据的排序大体对应。在常见的"首先、其次"等序次语之外，也可采取"以上是××问题的第一个方面，接下来是第二个方面"等表述，帮助法官在听完一个要点之后回到原来的框架。

第四，值得推荐参考的两种开庭陈述方式。

（1）"本案是一个施工合同纠纷，我们的诉讼请求有三项：第一项，请求被告支付拖欠的工程款……元；第二项，请求被告支付逾期付款的违约金……元；第三项，请求被告承担本案诉讼费及原告律师费。这三项请求，都是基于我们和对方之间的施工合同关系提出来的……"（最好能用3~5分钟时间将案件事实、争议焦点、你方主张应得到支持的理由等交代清楚。）

（2）用两分法进行开庭陈述。将开庭陈述前一分钟独立出来，对案件进行

---

① 崔映西："法庭艺术｜如何将开庭陈述的效用最大化？"，载品略网（https://www.pinlue.com/article/2020/03/0901/449999467146.html），访问日期：2021年7月30日。

综合的、概括性的描述。例如："今天这个案件是一个＿＿＿＿＿合同纠纷，案件有三方主体，分别是 A、B、C。A 是这个合同关系中的（角色），B 是（角色），C 是（角色），因为在履行＿＿＿＿＿合同，B、C 实施了＿＿＿＿＿违约行为，导致了今天纠纷的发生。"

第三节　一审法院的庭后调查与判决

一、一审法院的庭后调查

一审法院在多次开庭后，为进一步查清事实，又针对原告证据提出了部分疑问，要求原告提交书面答复意见。同期，一审法院对被告也采取了进一步调查措施。下面为原告律师针对一审法院的调查内容、代表原告向法院提交的部分答复文件节选。

（一）关于项目财务情况的说明

关于太原东岗棚改项目财务情况的说明

1. 原告设立财务部门的背景

根据合作开发协议约定，三原告承担协议签订后项目建设的所有费用，所需资金由原告自筹；被告主要负责征地、拆迁等前期工作（含原告承担 3 500 万元拆迁款）。合作开发协议同时约定，被告在项目竣工完成后拥有地块二、地块四、地块五所建设一层商铺的 30%，商品房及地下室建筑面积的 20%，其余均归原告所有。正是在双方收益分配已定、投资独立核算的背景下，三名原告单独组成财务部门，负责项目建设的筹资、支出等财务管理，同时为项目结束后三名原告分配利润提供依据。

2. 原告财务部门的管理模式

鉴于三原告在独立投资运营项目期间是利益相对人，三人对财务均互相监督、制约，确保项目开发资金筹集、支出的真实、合理。

三名原告共同决议由李某根负责财务管理，并由其他原告指派财务人员共同参与。对于筹资所需财务费用、重大支出等均需三名原告共同商定，三原告均有权随时查阅财务账册并监督财务管理。在具体筹资、支出中，财务人员根据实际票证报请李某根签字确认后据实做账。

3. 原告财务凭证的形式

三名原告所有投资及支出均通过李某根个人银行卡流转，财务人员据实做账，同时有银行回单、账户交易记录等印证。由于建筑领域工程施工的特殊性，部分项目支出未能取得正规票证，但均依据原始记录、收据等据实做账。

在本案起诉前，三名原告再次对所有财务记录共同核实，确认筹资、支出及财务记录均客观、真实、合理。现对实际筹资、支出情况进行汇总后制作电子表格，并将相应原始财务记录进行扫描（详见附件），上述数据及扫描件均客观、真实。

说明人：（三原告签字）

年　月　日

（二）针对一审法院就本案项目财务情况的进一步答复

对一审法院合议庭调查内容的答复

一、李某根等三人变更后的诉讼请求中，请求被告支付资本金及产生的财务费用共计 186 899 861 元的组成，该项请求中本金数额是多少，利息是多少？利息是如何计算的？（列出该项请求清单及利息计算附表）

答复内容：

1. 原告诉讼请求金额 186 899 861 元 ＝ 投资资金（在本案中俗称本金）72 038 085.87 元 ＋ 财务费用（在本案中俗称利息）114 861 775.13 元，其中投资资金分别被用于支付管理费用、营业费用、开发成本、预付账款、固定资本、待摊费用和其他财务费用（银行手续费等非利息类财务费用），分类清单见下表（各项费用详细清单已在庭审前以电子数据形式提交）。

项目	管理费用	营业费用	开发成本	预付账款	固定资产	待摊费用	其他财务费用	合计
投资资金（本金）/元	6 652 118.72	886 164	48 599 390.64	15 052 918.76	829 716.15	12 997.7	4779.9	72 038 085.87
财务费用（利息）/元	114 861 775.13							114 861 775.13
总计								186 899 861

2. 原告整个合作开发期间累计投资 174 090 740 元（具体见下表），诉讼请求金额中的投资资金 72 038 085.87 元是一个存量，即原告各种投资截至 2014 年 11 月 30 日直接留存在项目中的投资资金。

序号	投入资金日期	资金金额/元	投资人	上家	资金性质	凭证号	备注
1	2011.11.15	1 000 000	李某根	石某平	投资	2012-4-2号	
2	2011.12.02	1 000 000	李某根	李某义	投资	2012-4-2号	
......							
96	2014.01.01	5 060 000	赵某军		再投资	2014-7-7号	
97	2014.01.01	13 075 200	赵某军		再投资	2014-2-87号	
	合计	174 090 740					

3. 原告在合作开发期间另有其他应付款 6 000 000 元（浙江元力公司缴纳工程保证金，独立产生财务费用），与累计投资 174 090 740 元两项合计 180 090 740 元；前述两项是产生 114 861 775.13 元财务费用的资金基础（即本案中俗称的本金）。

4. 原告自身累计投资统一按照 4 分/月的标准计付财务费用；被告对此自始明知并认可，具体证据略。

二、开发协议签订后，李某根等三人是否支付了 3 500 万元？相关支付依据？

答复内容：

原告已依约于 2011 年 11 月 15 日前给付被告资金共计 5 750 万元（具体见下表，原提交证据已可证明，此处系进一步汇总说明，可以参阅随附资料 2-1、资料 2-2、资料 2-3），其中现金 4 865 万元，债权 885 万元；上述资金除合同约定的 3 500 万元投资资金之外，原告另外给付被告 2 250 万元资金，支持其进行项目前期拆迁（根据合作开发协议第四条约定，超出 3 500 万元之外的征收补偿费用由被告承担，但被告缺少相应资金，因此多次请求原告代其对外融资，原告为了顺利推进合作项目开展，遂积极对外融资并给付给被告，帮助被告推进拆迁补偿工作）。

上述投资款项除 885 万元债权投资之外，其余资金均根据被告实际控制人牛某指令汇入其指定个人账户；共管账户是原被告双方为了共同管理房屋销售款而设立的账户，因该项目直到 2013 年才开始售房，因此原被告双方才于 2013 年设立共管账户；包括前述 3 500 万元在内的原告各项投资款均与共管账户无关，无需打入共管账户。

三、开发协议签订后，案涉项目是何时正式开工，至双方签订变更协议李某根等 3 人退出项目时，项目建设情况。

答复内容：

1. 案涉项目于 2012 年 9 月 1 日正式开工。

2. 该项目设计共包括9幢商住楼及1所学校，原告进场后开通了整个项目水电，完成所有边界支护，开挖建筑基坑并打基桩，并陆续开始地上建筑施工。

3. 原被告双方于2014年6月19日签订变更协议，截至原告退出时项目建设进度如下：（1）全部完成1、2、3、7、8号楼及学校基坑开挖及打基桩，4号楼完成30%左右基坑开挖及打基桩，5、6号楼完成30%左右基坑开挖（被告未及时完成项目拆迁，导致原告施工受阻并延后），9号楼完成80%左右基坑开挖；（2）1号楼完成地下4层施工，地上建筑施工至6层；2号楼完成地下4层施工，地上建筑施工至30层；7、8号楼完成地下4层施工，地上建筑均施工至18层；（3）学校完成地下4层施工。

4. 项目正式开工至退出项目期间所有建设施工均由项目部组织完成，被告未参与建设投资。

四、其他：（略）。

二、一审判决

河南省高级人民法院在2019年5月作出了本案的一审判决。此时，距离2015年2月原告提起本案诉讼，已经过去了4年多。一审判决支持了原告的大部分请求，包括判决万和公司于本判决生效后十日内支付马某山、李某根、赵某军：（1）投资款本金22 063 414.18元及利息（自2014年10月19日起至实际清偿完毕之日止，按照月息2%计算。其中，万和公司于2015年1月8日、9日代付工资418 652元，从欠付上述投资款利息中扣除）；（2）补偿款8 500万元及违约金（自2015年2月28日起至实际清偿完毕之日止，参照中国人民银行规定的金融机构计收逾期贷款利息计算）；并驳回了三原告的其他诉讼请求。原告的诉讼利益得到了一审判决的部分确认。如下为一审判决。

河南省高级人民法院

民事判决书

（2015）豫法民一初字第00005号

原告：马某山，男，××年××月生，汉族，住河南省×××

委托诉讼代理人：任自力，北京市汉鼎联合律师事务所律师

原告：李某根，男，××年××月生，汉族，住河南省×××

委托诉讼代理人：田志方，北京市盈科律师事务所律师

原告：赵某军，男，××年××月生，汉族，住河南省×××

委托诉讼代理人：郭艾兴，江苏明仁律师事务所律师

委托诉讼代理人：李　杰，江苏明仁律师事务所实习律师

被告：万和房地产开发有限公司，住所地山西省太原市杏花岭区凯旋街

256 号

法定代表人：王某锋，该公司董事长

委托诉讼代理人：马某，北京××律师事务所律师

被告：王某锋，男，××年××月生，汉族，住山西省太原市杏花岭区 100 号

委托诉讼代理人：马某，北京××律师事务所律师

原告马某山、李某根、赵某军与被告万和房地产开发有限公司（以下简称万和公司）、王某锋合资、合作开发房地产合同纠纷一案，本院立案后依法适用普通程序，于 2018 年 1 月 29 日公开开庭进行了审理。原告马某山的委托诉讼代理人任自力，原告李某根的委托诉讼代理人田志方，原告赵某军的委托诉讼代理人郭艾兴、李杰，被告万和公司的委托诉讼代理人马某、邵某平，被告王某锋的委托诉讼代理人马某到庭参加诉讼。本案现已审理终结。

马某山、李某根、赵某军向本院提出诉讼请求：1. 判令万和公司、王某锋支付其实施工程所投入的本金及利息 18 689.986 1 万元、支付补偿款 8 500 万元，共计 27 189.986 1 万元；2. 诉讼费由万和公司、王某锋承担。诉讼中，马某山、李某根、赵某军将诉讼请求变更为"判令万和公司、王某锋支付其因合作开发太原市东岗片区棚户区改造项目投入的资本金及资本金产生的财务费用共计 18 689.986 1 万元，支付补偿款 8 500 万元，并赔偿马某山、李某根、赵某军因万和公司、王某锋逾期付款造成的损失。其中，18 689.986 1 万元从起诉之日起至付清之日止，按月息 4 分计算方式和标准赔偿违约造成的损失；8 500 万元从起诉之日起至付清之日止，按中国人民银行逾期贷款利息标准计算违约金的。事实与理由：一、2011 年 10 月 14 日，马某山、李某根、赵某军与万和公司签订了太原市东岗片区棚户区改造项目合作开发协议（以下简称合作开发协议），约定由马某山、李某根、赵某军投资开发太原市东岗片区棚户区改造项目，并约定"如果因万和公司违约而向马某山、李某根等三人承担责任而无力承担时，由王某锋承担连带担保责任"。该协议签订后，马某山、李某根、赵某军严格按照约定履行了合同各项义务。因万和公司违约，双方于 2014 年 6 月 19 日签订"关于合作开发协议的变更协议"（以下简称变更协议），约定马某山、李某根、赵某军将该项目移交给万和公司，万和公司补偿马某山、李某根、赵某军 8 500 万元，并在 30 日内支付马某山、李某根、赵某军在该项目实施工程中投入的全部本金及利息。变更协议签订后，万和公司从 2014 年 7 月 15 日至 10 月 17 日分八次支付本金 3 135.464 8 万元、利息 553.799 8 万元，剩余款项至今未付。二、因本案合作开发属于投资行为，非借贷关系，投资本金、利息是通俗称谓，根据财政部关于印发《企业会计制度》的通知（财会〔2000〕25 号），严格意义上应称为"投资资本金""财务费用"。而本案所涉财务费用非"利息"，"月息四

分"是采用利息通行的计算方式与标准，但其本意是财务费用。其提供的会计报表确定的金额 18 689.986 1 万元，应作为万和公司支付其工程投入资金的依据。三、变更协议签订后，万和公司逾期未全部履行约定义务，理应承担逾期付款违约金。由于造成的损失远大于违约金，故应按照实际损失进行赔偿，实际损失计算方式按照"月息四分"标准给付。对于利润补偿部分，逾期付款违约金根据《最高人民法院关于逾期付款违约金应当按照何种标准计算问题的批复》（法释〔1999〕8 号）规定，按照中国人民银行规定的金融机构计收逾期贷款利息的标准计算。四、王某锋作为万和公司实际控制人，并实际参与了案涉项目的建设，应与万和公司共同承担付款义务。

万和公司辩称：一、马某山、李某根、赵某军请求支付投资本息及补偿款，实质是以收回投资本金、利息及补偿款的方式分配房地产项目利益。因该合作项目至今未能取得建设工程规划许可证，根据《最高人民法院关于审理涉及国有土地使用权合同纠纷案件适用法律问题的解释》第十九条"在下列情形下，合作开发房地产合同的当事人请求分配房地产项目利益的，不予受理；已经受理的，驳回起诉：……（二）房地产建设项目未取得建设工程规划许可证……"规定，应驳回马某山、李某根、赵某军的起诉。二、双方签订的合作开发协议与变更协议均非合法有效的协议，不受法律保护。首先，协议所涉项目未取得国有土地使用权证、建设用地规划许可证、建设工程规划许可证等项目开发所必需的审批手续，违反了相关法律、行政法规的强制性规定；合作开发协议约定"自双方签章之日起成立，并自马某山、李某根等三人按照本协议第三条约定将 3 500 万元款项汇入双方指定账户之日起生效。"马某山、李某根等三人未按约定将 3 500 万元专项拆迁费用汇入指定共管账户，该协议生效条件未成就。其次，变更协议系对合作开发协议的变更和补充，合作开发协议不是合法有效的协议，变更协议自然也不是合法有效的协议；变更协议约定："本协议在万和公司付清马某山、李某根、赵某军上述款项（含补偿款）后生效。"协议签订后，万和公司审核马某山、李某根、赵某军实际投资额与其单方账目记载存在较大差异，未予确认，且协议约定的款项基础发生了变化，款项未予付清，该协议生效条件未成就。三、马某山、李某根、赵某军诉请所依据的单方账务记录不完整，且无法确认其真实性和关联性，不符合《中华人民共和国会计法》等法律的规定，不具有证明效力，不应作为本案定案的依据。马某山、李某根、赵某军主张投入资本金 7 200 余万元与高达 1.14 亿元的财务费用不真实，其实际投入资本金仅为 4 676 460.10 元。其主张的财务费用（融资利息）与本案无关，应由马某山、李某根、赵某军自行承担。综上，请求驳回马某山、李某根、赵某军的诉讼请求。

王某锋辩称，本案所涉合作开发协议上虽约定"本协议项下涉及万和公司义务的，如果因万和公司违约而向马某山等三人承担责任而无力承担时，由王某锋承担连带保证责任"。但王某锋未在合作开发协议上签名，王某锋在变更协议上是以万和公司委托代理人身份签字，故王某锋不应承担保证责任。其他同万和公司的答辩意见。

当事人围绕诉讼请求依法提交了证据，本院组织当事人进行了证据交换和质证。对当事人无异议的证据，本院予以确认并在卷佐证。对有争议的证据与事实，本院认定如下：

一、2011年10月14日万和公司（甲方）与马某山、李某根、赵某军（乙方）签订合作开发协议，该协议约定：鉴于甲方与太原市迎宾区政府达成协议对太原市迎宾区东路东岗片区棚户区进行改造；甲乙双方联合成立"万和公司东岗片区棚户区改造项目部"，并以甲方名义参与东岗片区一期项目的合作开发等。另约定，一、项目概况：本协议项下的开发项目位于太原市迎宾区东岗路，项目全称为"太原市居民棚户区改造（东岗片区）"，其中一期开发地块为东岗片二、四、五号地块（以下简称本项目）规划建设用地面积约为40 019.90平方米（具体以规划部门审批为准）等。二、合作方式：甲乙双方共同成立项目部，项目部成员由甲乙双方联合组成，该项目部独立核算、自负盈亏，不承担万和公司其他债权债务等。三、项目投资：……2. 本项目开发所有手续均由甲方负责办理，本协议签订之前费用由甲方承担，本协议签订之后的正常收费由乙方承担；3. 本协议签订之日起七个工作日内乙方将3 500万元汇入一次性甲乙共管账户，甲乙双方共同刻制项目部一套公章、财务专用章、法定代表人章（委托）、合同专用章等印章，上述印章仅限于本项目使用，不得在其他项目和地方使用，并由双方共同保管；4. 本协议签订后，甲乙双方按本协议约定承担本项目发生的费用等。七、项目收益分配：1. 本项目竣工完成后，扣除回迁安置房屋、廉租房外的其余部分，甲方拥有地块二、地块四、地块五所建设一层商铺的30%、商品房及地下室按建筑面积计算的20%；其他均归乙方所有，无论本项目出现任何情况，不影响甲方分得上述建筑物的收益权比例；2. ……九、项目成本与费用承担：1. 协议签订之前的费用由甲方承担；2. 3 500万元的专项拆迁费用由甲方包干使用，节余自得，超过甲方自付；3. 甲方现有工作人员工资等由甲方承担，乙方新聘甲方工作人员工资由乙方承担；4. 本项目今后运转过程中，须向政府部门缴纳的规费及工程款、土地出让金与财务费用等全部由乙方承担，项目广告推介费、项目销售费用按甲乙双方约定的分房比例分担；5. 甲方在办理各项开发手续中所需公关费、招待费、交通费等由甲方承担；6. 本协议未列明的成本与费用由甲乙双方另行协商。十二、其他：1. 本协议项下涉及甲方义务的，如果因甲方违约而向乙方承担责任而无力承担时，由王某锋先生承担连带保证责任等。十三、协议文本及生效：……2. 本协议自甲乙双方签章之日起成立，并自乙方按照本协议第三条约定将3 500万元款项汇入甲乙双方指定账户之日起生效。同时该协议对于房屋征收安置、土地出让手续办理、建筑面积规划变更、各方权利义务、协议变更解除、争议解决等内容进行了约定。万和公司及法定代表人王某锋在该协议上签名盖章，马某山、李某根、赵某军在该协议上签名，王某锋未在该协议上签名盖章。

同日，马某山、李某根、赵某军签订《关于合作开发太原市东岗片区棚户区改造项目协议书》，约定项目所需资金由三方共同筹集，出资比例为1∶1∶1，三方所出资金均由项目部按月息4分统一支付利息；项目分红比例李某根、赵某军、马某山为36∶32∶32；三方代表每月工资15 000元人民币，其中李某根每月额外补助2 000元人民币，项目部其他成员工资按市场行情执行等。合作开发协议签订后，赵某军于2011年10月21日、10月28日、11月15日通过他人账户，分别向王某锋或其指定账户转款1 000万元、350万元、2 650万元，共计4 000万元。马某山等三人主张扣除王某锋已还1 200万元，剩余2 800万元，万和公司于2012年8月21日给马某山等三人出具一份收据，内容为："今收到东岗路棚户区改造项目用款，交来人民币2 800万元（具体以转款凭证为准），收款人王某锋，交款人李某根、赵某军。"

二、2014年6月19日万和公司（甲方）与马某山、李某根（乙方）签订变更协议，双方约定双方于2011年10月14日签订的合作开发协议，因项目规划面积、容积率、回迁面积、土地出让金、投资金额等已发生变化，经双方友好协商，达成本协议，共同遵守……二、合作方式。经甲乙双方协商，同意将合作方式变更为：1. 一致同意将甲乙双方合作开发的"太原市东岗片区棚户区改造项目"全面移给甲方进行投资、管理、建设和销售等工作，乙方全面退出本项目开发；2. 鉴于乙方为该项目顺利实施，在人力、物力、资金等方面付出了较长时间的努力，并投入了大量资金，为此，甲、乙方协商确认，乙方合作人退出项目合作，甲方同意给付原协议乙方合作人8 500万元，作为在该项目上对原协议乙方合作人的最终补偿，根据乙方要求和乙方内部合作协议的约定（见附件），该补偿款分配如下，乙方马某山、李某根5 666万元，赵某军2 834万元，共计8 500万元。三、项目移交工作。（一）乙方退出"太原市东岗片区棚户区改造项目"后，甲方自行进行对该项目的合作人选定、投资、管理、建设、销售、利润分配工作。（二）甲方承接乙方在本协议签订之前，对外签订并经甲方确认的与本项目有关的工程合同、协议、债权、债务和工作票据、单据，履行合同的义务并承担法律责任，承担自本协议签订之日起本项目所需各项工程款项，乙方在提供证据、证明、情况说明等方面予以配合。（三）甲方承接乙方在本项目实施工程中投入的全部资金本息，依据乙方财务记载，经对方单位签章确认，甲、乙双方确认后，在双方书面确认之日起30日内一次性付清，利息（按实际发生额计算）支付计算至甲方支付乙方资金到账之日时止，利随本清。具体支付时间及金额为：自双方书面确认之日起，十日内支付本金 3 000 万元；第二个十日内支付本金 3 000 万元；第三个十日内将剩余本金及利息支付完毕。甲方在本协议签订之日起 60 日内付清乙方 5 666 万元补偿款，具体支付时间为：在本协议签订之日起四十日内支付 2 000 万元，五十日内支付 3 000 万元，剩余补偿款在六十日内付清。乙方在本条所列两项资金全部到账后，甲乙双方签字确认后 10 日内，将有关账务、票据、凭证及物资全部移交给甲方……（六）本协议在甲方付清乙方上述款项后生效。本协议生效的同时，甲乙双方于 2011 年 10 月 14 日签订的合作开发协议及与本项目有关合同、协议全部终止。四、其他有关事项：……（二）乙方内部合伙人 2011 年 10 月 14 日签订的协议书（与原件相符）作为本协议附件（具体见附件），是协议不可分割的部分等。万和公司与马某山、李某根在该协议上签名、盖章，王某锋作为万和公司授权委托人在该协议上签名。王某锋系万和公司实际控制人。赵某军未在该协议上签名，但对该协议予以认可。

三、本案所涉项目于 2012 年 9 月 1 日开工建设，马某山、李某根、赵某军主张至 2014 年 6 月 19 日签订变更协议时，案涉项目已完成 1#、2#、3#、7#、8# 楼及学校基坑开挖及打桩基；4# 楼完成 30% 左右基坑开挖及打桩基；5#、6# 楼完成 30% 左右基坑开挖，9# 楼完成 80% 左右基坑开挖；1# 楼完成地下 4 层施工、地上建筑施工至 6 层；2# 楼完成地下 4 层施工、地上建筑施工至 30 层；7#、8# 楼完成地下 4 层施工、地上建筑施工至 18 层；学校完成地下 4 层施工，上述建设施工均由项目部组织完成，万和公司未参与建设投资。万和公司持有异议，主张马某山、李某根、赵某军于 2014 年 6 月 19 日退出项目时，案涉项目 2# 楼已施工至 30 层，7#、8# 楼施工至 17 层，除部分土方工程外，项目土建工程款均由万和公司支付或承担，马某山、李某根、赵某军未支付或承担工程款。

……

七、马某山、李某根、赵某军提起本案诉讼前，于 2015 年 1 月 26 日向本院提出诉前财产保全申请，请求对万和公司开发的案涉项目房产进行查封，并提供了担保。本院经审查于 2015 年 1 月 27 日作出（2015）豫法立民保字第 6 号民事裁定，裁定查封万和公司开发的位于太原市东岗片区棚户区改造项目的房产。马某山、李某根、赵某军于 2015 年 2 月 28 日向本院提起诉讼。本案审理中，马某山、李某根、赵某军于 2017 年 1 月 13 日向本院提交了财产保全续封申请，请求对万和公司位于太原市东岗片区棚户区改造项目 7、8 号楼 1 层至 18 层，1、2 号楼 1 层至 3 层临东岗路及以内的商铺继续查封。本院依据上述民事裁定书以及马某山、李某根、赵某军提出的续封申请，已通知万和公司继续对万和公司建设的上述房屋予以查封，查封期限三年，自 2017 年 1 月 28 日起 2020 年 1 月 27 日止。

八、本案审理中，马某山、李某根、赵某军明确其诉讼请求，其中请求万和公司、王某锋支付投资款本金数额为 72 038 085.87 元，包括开发成本 48 599 390.64 元、预付账款 15 052 918.76 元……共计 18 689.986 1 万元 。

本院认为，根据双方当事人的诉辩意见，本案争议的焦点问题是：本案所涉合作开发协议与变更协议是否合法有效；马某山、李某根、赵某军请求万和公司、王某锋支付投资本金及财务费用（利息）18 689.986 1 万元、补偿款 8 500 万元，并赔偿逾期付款造成的损失是否有事实及法律依据，应否支持。

一、关于本案所涉合同的性质与效力认定问题。首先，关于合作开发协议的性质与效力认定问题。万和公司系房地产开发企业，其于 2011 年 10 月 14 日与马某山、李某根、赵某军签订合作开发协议，约定由马某山、李某根、赵某军提供资金，双方联合成立项目部，并以万和公司名义参与案涉项目的合作开发，分配项目收益，项目部实行独立核算、自负盈亏，而且协议签订后双方成立了项目部，对案涉项目进行共同经营管理，故该协议应为合作开发协议。上述协议系双方真实意思的表示，根据协议中关于"万和公司与太原市迎宾区政府达成协议对太原市迎宾区东岗路东岗片区棚户区进行改造"的约定以及本院查明的事实，可以认定案涉项目的前期拆迁与开发建设已得到太原市迎宾区政府的许可，该协议不违反法律、行政法规的强制性规定。因此，该合作开发协议应为有效合同。

其次，关于变更协议的性质与效力认定问题。在合作开发协议履行过程中，双方经协商自愿解除合作开发协议，并签订变更协议，约定马某山等三人将合作开发的案涉项目全面移交给万和公司进行投资建设与管理，由万和公司承接马某山等三人全部投资本息，并另行补偿 8 500 万元等。变更协议系双方解除合作开发协议后达成的结算协议。该结算协议是双方真实意思的表示，除作为该协议附件的"马某山、李某根、赵某军于 2011 年 10 月 14 日签订的内部合作协议"中约定"每人所筹集资金均由项目部按月息 4 分支付利息"超出月息 2% 的部分无效外，其他内容均不违反法律、行政法规的强制性规定，应为有效。该协议约定"本协议在万和公司付清马某山、李某根、赵某军上述款项后生效"，是以万和公司履行付款义务为生效条件，不属于附生效条件的合同。另外，赵某军虽未在变更协议上签字，但该协议内容涉及赵某军的权利义务，赵某军予以认可，因此，上述情形对变更协议的效力并不产生影响。万和公司辩称合作开发协议与变更协议均非合法有效协议的理由不成立，本院不予采信。

最后，由于案涉项目前期拆迁与开发建设已得到项目所在地太原市迎宾区政府的许可，双方签订的合作开发协议解除后，根据变更协议约定，马某山、李某根、赵某军请求万和公司支付的是投资款本息、补偿款及其他损失，并非请求分配房地产项目利益，因此，万和公司依据《最高人民法院关于审理涉及国有土地使用权合同纠纷案件适用法律问题的解释》第十九条"在下列情形下，合作开发房地产合同的当事人请求分配房地产项目利益的，不予受理；已经受理的，驳回起诉：……（二）房地产建设项目未取得建设工程规划许可证……"规定，主张驳回马某山、李某根、赵某军起诉的理由不成立，本院不予支持。

二、关于马某山、李某根、赵某军请求万和公司、王某锋支付投资本金与财务费用（融资利息）共计 186 899 861 元、补偿款 8 500 万元是否有事实及法律依据，应否支持的问题。

首先，关于投资款本金与财务费用的认定问题。马某山等三人主张其投资本金数额为 72 038 085.87 元，其中：开发成本 48 599 390.64 元、预付账款 15 052 918.76 元，共计 18 689.986 1 万元。马某山等三人提供的会计报表与财务账簿未经万和公司确认，万和公司不予认可，上述会计报表虽加盖有项目部财务专用章，但因项目部财务人员与印章由马某山、李某根等人管控，会计报表及财务账簿所附支付凭证部分存在瑕疵，不能确认马某山等三人主张的上述资金已全部用于案涉项目。根据马某山、李某根、赵某军提供的会计账簿及所附收款收据、支付凭证，以及万和公司于 2012 年 8 月 21 日向李某根、赵某军出具"收到东岗路棚户区改造项目用款，交来人民币 2 800 万元"的收据；万和公司实际控制人王某锋与李某根于 2013 年 4 月 20 日签订的"关于清算李某根利息往来说明"中认可从向李某根借款 997 万元中剥离 875 万元作为案涉项目投资款等证据，并结合变更协议第三条第三款"万和公司承接马某山等三人在本项目实施工程中投入的全部资本本息……具体支付时间与金额为：自双方书面确认之日起，十日内支付本金 3 000 万元；第二个十日内支付本金 3 000 万元；第三个十日内将剩余本金及利息支付完毕。"的约定中万和公司拟向马某山等三人支付投资本金的数额等情况，本院据此确认马某山等三人向案涉项目的投资款本金为 6 000 万元。

关于马某山、李某根申请司法审计的问题，《最高人民法院关于适用〈中华人民共和国民事诉讼法〉的解释》第一百二十条规定：当事人申请鉴定，可以在举证期限届满前提出。马某山、李某根、赵某军曾在举证期间内向本院提出司法审计鉴定申请，申请对其实际投资额 18 689.986 1 万元的账目真实性进行鉴定。本院组织当事人对双方提供的证据质证完毕后，马某山等三人认为其举证责任已完成，不再申请司法鉴定。若马某山等三人通过审计或提交其他相关证据能够证明其向案涉项目投入的款项超过本院确定的上述投资额 6 000 万元的，马某山等三人可另行主张。

关于马某山等三人主张的财务费用（融资利息）114 861 775.13 元。根据变更协议中关于"万和公司承接马某山等三人在本项目实施工程中投入的全部资金本及利息"的约定，马某山等三人主张的财务费用即融资利息，应以本院确认的上述投资额 6 000 万元计付相应利息，利息以月息 2% 计算，超出部分本院不予支持。

其次，关于补偿款 8 500 万元的认定问题。变更协议中约定万和公司除支付马某山等三人的投资款本息外，另补偿 8 500 万元。该 8 500 万元系万和公司在马某山等三人退出案涉项目后自愿给付马某山等三人的投资与收益补偿，属于当事人意思自治的范围，且不违反法律规定，本院予以认定。

最后，关于马某山、李某根、赵某军请求王某锋与万和公司共同承担付款责任，应否支持的问题。合作开发协议虽约定"如果万和公司违约而向马某山等三人承担责任且无力承担时，由王某锋承担连带保证责任。"但因王某锋未在该协议上签名盖章，且王某锋不认可，该约定对王某锋不具有约束力，马某山等三人请求王某锋承担还款责任缺乏事实及法律依据，本院不予支持。依据合作开发协议与变更协议的约定，马某山等三人请求万和公司承担还款责任具有事实及法律依据，本院予以支持。

……

三、关于马某山、李某根、赵某军请求万和公司赔偿逾期支付8 500万元造成的违约损失，应否支持的问题。变更协议第三条第三款约定，万和公司在本协议签订之日起60内付清马某山等三人补偿款8 500万元中的5 666万元。万和公司未按约定支付上述补偿款，已构成根本违约。依据《中华人民共和国合同法》第一百零七条"当事人一方不履行合同义务或者履行合同义务不符合约定的，应当承担继续履行、采取补救措施或者赔偿损失等违约责任"规定，万和公司应承担相应的违约责任。由于变更协议对于逾期支付补偿款8 500万元的违约金计算标准未予约定，参照《最高人民法院关于逾期付款违约金应当按照何种标准计算问题的批复》（法释〔1999〕8号）规定，马某山等三人请求万和公司赔偿该8 500万元补偿款的违约损失，从起诉之日2015年2月28日起至实际清偿完毕之日止，参照中国人民银行规定的金融机构计收逾期贷款利息的标准计算于法有据，本院予以支持。

综上所述，马某山、李某根、赵某军的诉讼请求部分成立，本院予以支持，其他诉讼请求不成立，本院不予支持。依照《中华人民共和国合同法》第六十条、第九十三条第一款、第一百零七条、第一百一十四条第一款规定，经本院审判委员会讨论决定，判决如下：

一、万和房地产开发有限公司于本判决生效后十日内支付马某山、李某根、赵某军投资款本金22 063 414.18元及利息（自2014年10月19日起至实际清偿完毕之日止，按照月息2%计算。其中，万和公司于2015年1月8日、9日代付工资418 652元，从欠付上述投资款利息中扣除）；

二、万和房地产开发有限公司于本判决生效后十日内支付马某山、李某根、赵某军补偿款8 500万元及违约金（自2015年2月28日起至实际清偿完毕之日止，参照中国人民银行规定的金融机构计收逾期贷款利息计算）；

三、驳回马某山、李某根、赵某军其他诉讼请求。

如果未按本判决指定的期间履行给付金钱义务，应当依照《中华人民共和国民事诉讼法》第二百五十三条规定，加倍支付迟延履行期间的债务利息。

案件受理费 1 401 299.31 元、财产保全费 5 000 元，共计 1 406 299.31 元，由马某山、李某根、赵某军负担 456 299.31 元，万和房地产开发有限公司负担 950 000 元。

如不服本判决，可以在判决书送达之日起十五内，向本院递交上诉状，并按照对方当事人的人数提出副本，上诉于最高人民法院。

审　判　长　杨　某

审　判　员　林某霞

审　判　员　田　某

河南省高级人民法院（章）

二〇一九年五月十六日

书　记　员　余某奎

书　记　员　袁某璞

第四章

最高人民法院的二审

第一节 上诉抑或不上诉的权衡

一、上诉的提起程序

根据我国现行《民事诉讼法》的规定，当事人不服地方法院的一审判决的，有权在判决书送达之日起 15 日内向上一级人民法院提起上诉。上诉应当递交上诉状。上诉状的内容，应当包括当事人的姓名、法人的名称及其法定代表人的姓名或者其他组织的名称及其主要负责人的姓名；一审法院名称、案件的编号和案由；上诉的请求和理由。上诉状的递交可以通过一审法院提出，也可以直接向二审法院提出。当事人直接向二审法院提出上诉的，二审法院应当在 5 日内将上诉状移交一审法院。一审法院收到上诉状，应当在 5 日内将上诉状副本送达对方当事人，对方当事人在收到之日起 15 日内提出答辩状。人民法院应当在收到答辩状之日起 5 日内将副本送达上诉人。对方当事人不提出答辩状的，不影响人民法院审理。一审法院收到上诉状、答辩状，应当在 5 日内连同全部案卷和证据，报送二审法院。二审法院应当对上诉请求的有关事实和适用法律进行审查。

二、二审的三种可能结果

根据现行《民事诉讼法》的规定，二审法院对上诉案件，应当组成合议庭，开庭审理。经过阅卷、调查和询问当事人，对没有提出新的事实、证据或者理由，合议庭认为不需要开庭审理的，可以不开庭审理。二审法院审理上诉案件，可以在本院进行，也可以到案件发生地或者一审法院所在地进行。

二审法院对上诉案件，经过审理，按照下列情形，分别处理：（1）原判决、裁定认定事实清楚，适用法律正确的，以判决、裁定方式驳回上诉，维持原判决、裁定；（2）原判决、裁定认定事实错误或者适用法律错误的，以判决、裁定方式依法改判、撤销或者变更；（3）原判决认定基本事实不清的，裁定撤销原判决，发回原审人民法院重审，或者查清事实后改判；（4）原判决遗漏当事人或者违法缺席判决等严重违反法定程序的，裁定撤销原判决，发回原审人民法院重审。原审人民法院对发回重审的案件作出判决后，当事人提起上诉的，第二审人民法院不得再次发回重审。

考虑到本案一审程序走完已经用了4年多，当事人及代理律师均承担了巨大的诉讼成本，尽管一审结果并未达到理想结果，但因二审结果仍存在不确定性，二审程序的启动仍需要一笔不菲的上诉费，委托人支付能力有限。故我们建议原告，对其而言，最好的结果是一审判决可以直接生效，这样可马上进入执行程序，原告可以尽早拿到执行款，我们作为代理律师（本案采取的全风险代理方式）几年来的努力付出也可以尽早得到回报。因此，我们认为原告不宜主动提出上诉。但同时考虑到，被告也享有上诉的法定权利，若被告提起上诉，而我方未提起上诉，会否给二审法院一种错误印象——原告对一审结果比较满意，被告不满意，进而出现二审判决利于被告、而不利于原告的结果——尽管这只是我们的一点猜测，正常情况下二审法院会严格依法进行裁判，但考虑周全一点总没有太大坏处。因此，我们最后决定，先提交上诉状，若被告未按期提起上诉，我方就在缴费前撤回上诉；若被告在法定期限内提起了上诉，我们就依法申请缓免交上诉费，进而考虑是否继续上诉。一审法院在收到我方提交的上诉状之后，依法向我方当事人发出了缴纳上诉费的通知。

三、被告的上诉

在上诉期届满之前，我方获悉被告已提起上诉，我方遂帮助当事人草拟并提交了一份免交二审诉讼费的申请书。后因二审法院未同意该申请，我方委托人也未缴纳该诉讼费，我方的上诉被视为撤回。本案二审程序因被告的提起上诉而正式启动。

第二节　二审开庭与判决

一、二审开庭传票

按照最高人民法院关于管辖的规定，本案二审由最高人民法院第四巡回法庭审理。二审法院收到上诉材料后，依法组成了由李某波等三名法官组成的合议庭，负责本案的二审审理。二审法院决定于2019年9月10日开庭审理本案，并于2019年8月30日向包括本书作者在内的三位原告（二审被上诉人）的代理律师发出了开庭传票。

二、二审庭审与判决

2019 年 9 月 10 日，双方代理律师按照要求出席了二审法院的庭审活动，并就案件部分事实与争议焦点回答了二审合议庭的询问。因二审中，双方均未提交新的证据，故二审的庭审过程相对简单，双方律师针对法院询问的问题，分别进行了解释说明，并就本方观点进行了当庭阐述。

2020 年 2 月 10 日，我方收到了二审法院的判决：驳回上诉，维持原判。此结果与我们的预估基本一致，也是我们二审程序追求的理想结果。根据我国《民事诉讼法》的规定，二审法院的判决、裁定，是终审判决、裁定。如下为本案二审判决核心内容节选。

中华人民共和国最高人民法院
民事判决书

（2019）最高法民终 1400 号

…………

本院二审对原审查明的事实予以确认。

本院认为，根据当事人上诉及答辩意见，本案主要的争议焦点为：一、原审对案涉《合作开发协议》及《变更协议》效力的认定是否正确；二、原审关于马某山、李某根、赵某军投资款本息（包括万和公司已支付款项）及补偿款数额的认定是否正确。

…………

综上，万和公司的上诉请求因缺乏相应的证据支持和法律依据，均不能成立，本院予以驳回；原审判决认定事实清楚，适用法律正确，审判程序合法，应予维持。本院依照《中华人民共和国民事诉讼法》第一百七十条第一款第一项规定，判决如下：

驳回上诉，维持原判。

本案一审案件受理费、保全费按一审判决执行。二审案件受理费 95 万元，由万和房地产开发有限公司负担。

本判决为终审判决。

审判长：李某波

审判员：方　某

审判员：宁　某

二〇二〇年一月十八日

中华人民共和国最高人民法院（章）

法官助理：王某

书记员：王某

第三节　执行程序中的波折

一、申请强制执行

根据我国《民事诉讼法》的规定，发生法律效力的民事判决、裁定，以及刑事判决、裁定中的财产部分，由一审法院或者与一审法院同级的被执行的财产所在地法院执行。法律规定由法院执行的其他法律文书，由被执行人住所地或者被执行的财产所在地人民法院执行。就本案而言，因一审法院是河南省高级人民法院，故河南省高级人民法院即为执行法院。由于被告未及时履行生效判决确定的义务，我们代理原告向河南省高级人民法院提出了强制执行申请。河南省高级人民法院收到申请后，于 2020 年 5 月 14 日裁定将本案的执行事宜交给原告住所地法院——安阳市中级人民法院来负责。之后，本案的执行案卷即被移送给了安阳市中级人民法院。如下为我方提交的强制执行申请书、河南省高级人民法院的执行裁定书及安阳市中级人民法院的执行立案通知书：

1. 强制执行申请书

强制执行申请书

申请人：马某山，男，汉族，住河南省×××，身份证号：××××

申请人：李某根，男，汉族，住河南省×××，身份证号：××××

申请人：赵某军，男，汉族，住河南省×××，身份证号：××××

被申请人：万和房地产开发有限公司，住所地山西省太原市凯旋街 256 号

法定代表人：张某琦①，该公司执行董事

执行请求：

1. 强制执行被申请人应支付申请人的投资款本金 22 063 414.18 元及利息（自 2014 年 10 月 19 日起至实际清偿完毕之日止，按照月息 2% 计算。其中，被申请人于 2015 年 1 月 8 日、9 日代付工资 418 652 元，从欠付上述投资款利息中扣除），以及加倍支付迟延履行期间的债务利息；

2. 强制执行被申请人应支付申请人的补偿款 8 500 万元及违约金（自 2015 年 2 月 28 日起至实际清偿完毕之日止，参照中国人民银行规定的金融机构计收逾期贷款利息计算），以及加倍支付迟延履行期间的债务利息；

3. 本案执行费用由被申请人承担。

---

① 万和公司原法定代表人已因刑事犯罪被判刑入狱，张某琦为该公司新任法定代表人。

事实和理由：

申请人与被申请人合资合作开发房地产合同纠纷一案，河南省高级人民法院于 2019 年 5 月 16 日作出（2015）豫法民一初字第 00005 号民事判决，判令：

1. 被申请人于本判决生效后十日内支付申请人投资款本金 22 063 414.18 元及利息（自 2014 年 10 月 19 日起至实际清偿完毕之日止，按照月息 2% 计算。其中，被申请人于 2015 年 1 月 8 日、9 日代付工资 418 652 元，从欠付上述投资款利息中扣除）；

2. 被申请人于本判决生效后十日内支付申请人补偿款 8 500 万元及违约金（自 2015 年 2 月 28 日起至实际清偿完毕之日止，参照中国人民银行规定的金融机构计收逾期贷款利息计算）。

被申请人提起上诉后，最高人民法院于 2020 年 1 月 18 日作出（2019）最高法民终 1400 号民事判决，判决驳回上诉，维持原判。

现河南省高级人民法院（2015）豫法民一初字第 00005 号民事判决已生效，被申请人在判决生效后十日内未履行上述判决内容。为维护申请人合法权益，特向贵院申请强制执行该判决。

此　致

河南省高级人民法院

申请人：李某根等三人（签字）

2020 年 4 月 20 日

附件：

1. 河南省高级人民法院民事判决书［（2015）豫法民一初字第 00005 号］复印件 1 份；

2. 最高人民法院民事判决书［（2019）最高法民终 1400 号］复印件 1 份；

3. 申请人身份证复印件 1 份；

4. 生效证明书 1 份。

2. 指定下级法院执行的裁定书

河南省高级人民法院

执行裁定书

（2020）豫执 20 号

申请执行人：马某山，男，汉族，住河南省×××，身份证号：××××

委托代理人：任自力，北京市汉鼎联合律师事务所律师

申请执行人：李某根，男，汉族，住河南省×××，身份证号：××××

委托代理人：田志方，北京市盈科律师事务所律师

申请执行人：赵某军，男，汉族，住河南省×××，身份证号：××××

委托代理人：李杰，江苏明仁律师事务所律师

被执行人：万和房地产开发有限公司，住所地山西省太原市杏花岭区凯旋街256号

法定代表人：张某琦，该公司执行董事

马某山、李某根、赵某军与万和房地产开发有限公司合资、合作开发房地产合同纠纷一案，申请人执行人马某山、李某根、赵某军依据中华人民工合同最高人民法院生效的（2019）最高法民终1400号民事判决书，向本院申请执行，本院经审查于2020年5月11日立案执行。依据《最高人民法院关于高级人民法院统一管理执行工作若干问题的规定》第八条之规定，裁定如下：

中华人民共和国最高人民法院（2019）最高法民终1400号民事判决书由安阳市中级人民法院执行。

本裁定立即执行。

审判长：梅某桥

审判员：刘某华

审判员：安某萍

二○二○年五月十四日（章略）

书记员：刘某

3. 执行法院的执行立案通知书

河南省安阳市中级人民法院

受理案件通知书

（2020）豫05执152号

李某根、马某山、赵某军：

你们与万和房地产开发有限公司合作开发房地产合同纠纷一案，中华人民共和国最高人民法院（2019）最高法民终1400号民事判决书已发生法律效力。你（单位）向法院申请执行。本院已立案受理。现将有关事宜通知如下：

（一）请补充提交被执行人名下财产情况。

（二）本案由潘法官负责执行。

特此通知。

安阳市中级人民法院（章）

二○二○年六月三日

联系人：潘法官　　　　　　　　　　　　　　　联系电话：略

本院地址：安阳市文峰大道东段　　　　　　　　邮编：455000

4. 追究协助执行人妨碍民事诉讼法律责任的申请书

考虑到本案中被申请人的法定代表人因存在其他犯罪行为已经被法院判处有期徒刑，被申请人作为一家公司已经退出案涉项目的经营，案涉项目实际系由案外人（即协助执行人）区政府和 F 集团公司控制，而该两案外人一直对于二审生效判决采取对抗态度，不愿意协助履行该生效判决。在综合考虑之后，我方决定代表申请人向执行法院提出了如下追究案外人妨碍民事诉讼法律责任的申请，以期给执行法院施加压力，催促其加快执行程序。

申　请　书

申请人：马某山，男，汉族，住河南省×××，身份证号：××××

被申请人：山西省太原市迎宾区政府，住所地太原市云路街 38 号

法定代表人：蔡某均，区长

被申请人：F 集团公司，住所地山西示范区新化路 18 号

法定代表人：卫某章，公司董事长

请求事项：

1. 责令被申请人就擅自处分人民法院查封财产承担赔偿责任。

2. 依法追究被申请人妨碍民事诉讼的法律责任。

事实和理由：

申请人与万和房地产开发有限公司合资合作开发房地产合同纠纷已经最高人民法院（2019）最高法民终 1400 号民事判决书、河南省高级人民法院（2015）豫法民一初字第 00005 号民事判决书判决，判决书已发生法律效力，万和房地产开发有限公司拒不履行生效法律文书规定的义务，申请人已申请强制执行，贵院已立案受理。

河南省高级人民法院于 2015 年 1 月 27 日下发了（2015）豫法立民保字第 6 号民事裁定书，依法查封了万和房地产开发有限公司开发的位于太原市东岗片区棚户区改造项目的房产，并于 2017 年 2 月 8 日、2020 年 1 月 6 日两次发出续封通知，同时将查封财产明确为太原市东岗片区棚户区改造项目的 7#楼、8#楼一层至十八层住宅房屋和 1#楼、2#楼一层至三层临东岗路及以内的所有商铺。

被申请人山西省太原市迎宾区政府于 2016 年 12 月 23 日作出《通知》，将法院查封的 7#楼、8#楼作为回迁楼分配给回迁户，迎宾区政府并先后将案涉东岗片区棚户区改造项目承建主体由万和房地产开发有限公司变更为山西富强房地产开发有限公司、F 集团公司，后该项目及法院查封的财产由 F 集团公司占有、处分。

诉讼期间申请人已两次向河南省高级人民法院提出申请，要求依法追究被申请人及其法定代表人、直接责任人的擅自处分查封财产的法律责任，但河南省高级人民法院均未予处理，现万和房地产开发有限公司未按生效法律文书履行义

务，被申请人擅自处分人民法院依法查封财产的不法行为仍未得到纠正，被申请人F集团公司已接收、占有、处分了人民法院查封的财产。

被申请人的上述行为已严重侵害了申请人的合法权益，损害了人民法院的司法权威，特提出以上请求，望贵院依法保护申请人的合法权益、严厉打击侵害司法权威的不法行为。

此致
河南省安阳市中级人民法院

申请人：马某山
特别授权人：任自力
2020年6月10日

5. 执行申请人针对协助执行人异议函的回复

太原市迎宾区区政府在收到执行法院转交的我方提交的追究其妨碍民事诉讼法律责任的申请资料后，向执行法院进行了回复，回复的核心内容是其不知道案涉项目被法院查封以及案涉项目当时系在建工程，不应当被查封，查封存在错误等。针对该回复，我们立即代表委托人向执行法院提交了如下针对迎宾区政府回复的意见，对其回复意见进行反驳。如下为我方意见示例。

对迎宾区政府回复的意见

安阳市中级人民法院：

太原市迎宾区政府于2020年7月5日向贵院提交了"关于李某根、马某山、赵某军诉万和房地产开发有限公司合作开发合同纠纷一案协助执行通知书相关问题的回复"，申请执行人认为该回复①不符合客观事实，无法律依据，迎宾区政府、F集团公司应承担其擅自处分人民法院查封财产的赔偿责任，贵院应依法追究迎宾区政府、F集团公司妨碍民事诉讼的法律责任。

一、迎宾区政府对河南省高级人民法院查封太原市东岗片区棚户区改造项目的7#楼、8#楼一层至十八层住宅房屋和1#楼、2#楼一层至三层临东岗路及以内的所有商铺明知。具体理由包括：……

二、查封财产被转移或交易行为违法，交易行为无效，应对违法行为依法进行处罚；违法行为造成严重后果，构成犯罪的，依法追究刑事责任。

---

① 该回复的核心观点包括：案涉房产并非归万和公司所有，河南省高级人民法院查封的是案外人的房产，属于错误查封，且未通知案外人；万和公司开发案涉房产过程中存在非法吸收存款的犯罪行为，本案中法院执行的财产属于与该犯罪行为有关的财产，应移送公安机关一并处理。这些观点在之前曾向法院多次提出过，但均被法院驳回。

三、查封行为合法有效，查封财产应当由法院依法进行处置，已被违法处置的财产由实施处置行为的人将处置收益上缴法院，构成损失的承担赔偿责任。

四、贵院对本案的执行不涉及非法集资刑事案件。

恳请安阳市中级人民法院加大执行力度，依法处理妨碍民事诉讼的不法行为，保护守法公民的合法权益。

申请执行人
2020 年 7 月 12 日

二、申请追加被执行人与法院的听证程序

（一）申请追加被执行人

本案中，因被告万和公司的实际控制人因其他刑事犯罪行为已被判刑，被告名下唯一的资产——案涉工程项目早已由区政府做主交给了第三人 F 集团公司。本案一审、二审程序中的种种迹象亦表明项目所在地的区政府是本案诉讼程序的实际控制人，第三人 F 集团公司是案涉查封财产的实际占有人并与本案执行密切相关，是本案判决的利害关系人。因执行法院收到我方追究该二案外人妨碍民事诉讼法律责任的申请之后，迟迟未得到有效回应。为敦促该两案外人及时履行判决义务，我们向安阳市中级人民法院提出了如下追加被执行人的申请，希望能将该区政府与 F 集团公司直接列为被执行人。

追加被执行人申请书

申请人：马某山，男，汉族，住河南省×××，身份证号：××××

申请人：李某根，男，汉族，住河南省×××，身份证号：××××

申请人：赵某军，男，汉族，住河南省×××，身份证号：××××

被申请人：山西省太原市迎宾区政府，住所地太原市云路街 38 号

法定代表人：蔡某均，区长

被申请人：F 集团公司，住所地山西示范区新化路 18 号

法定代表人：卫某章，公司董事长

申请事项：

将两被申请人追加为被执行人，在擅自处分河南省高级人民法院查封的山西省太原市东岗片区棚户区改造项目的 7#楼、8#楼一层至十八层住宅房屋和 1#楼、2#楼一层至三层临东岗路及以内的所有商铺价值范围内对最高人民法院（2019）最高法民终 1400 号民事判决书、河南省高级人民法院（2015）豫法民一初字第 00005 号民事判决书判定的万和房地产开发有限公司应对三申请人承担的支付投资款本金 22 063 414.18 元及利息、补偿款 8 500 万元及违约金、加倍支付的迟延

履行金承担还款责任。

事实与理由：

三申请人与万和房地产开发有限公司合资合作开发房地产合同纠纷已经最高人民法院（2019）最高法民终 1400 号民事判决书、河南省高级人民法院（2015）豫法民一初字第 00005 号民事判决书判决，判决书已发生法律效力，万和房地产开发有限公司拒不履行生效法律文书规定的义务，申请人已申请强制执行，贵院已立案受理。

河南省高级人民法院于 2015 年 1 月 27 日下发了（2015）豫法立民保字第 6 号民事裁定书，依法查封了万和房地产开发有限公司开发的位于太原市东岗片区棚户区改造项目的房产，并于 2017 年 2 月 8 日、2020 年 1 月 6 日两次发出续封通知，同时将查封财产明确为太原市东岗片区棚户区改造项目的 7#楼、8#楼一层至十八层住宅房屋和 1#楼、2#楼一层至三层临东岗路及以内的所有商铺。

被申请人山西省太原市迎宾区政府于 2016 年 12 月 23 日作出《通知》，通知将法院查封的 7#楼、8#楼作为回迁楼分配给回迁户，迎宾区政府并先后将案涉东岗片区棚户区改造项目承建主体由万和房地产开发有限公司变更为山西富强房地产开发有限公司、F 集团公司，后该项目及法院查封的财产由 F 集团公司占有、处分。

鉴于万和房地产开发有限公司未按生效法律文书履行义务，被申请人迎宾区政府又擅自处分人民法院依法查封的财产，被申请人 F 集团公司根据迎宾区政府的安排接收、占有、处分了人民法院查封的财产，应依法追加二被申请人为被执行人，在擅自处分人民法院查封的财产范围内承担偿还责任。

此致
河南省安阳市中级人民法院

申请人：
特别授权人：
申请人：
特别授权人：
申请人：
特别授权人：
2020 年 6 月 15 日

附：证据清单（略）

（二）迎宾区政府与 F 集团公司的执行异议

根据《民事诉讼法》第 225 条，当事人、利害关系人认为执行行为违反法律规定的，可以向负责执行的人民法院提出书面异议。当事人、利害关系人提出书面异议的，人民法院应当自收到书面异议之日起 15 日内审查，理由成立的，裁定撤销或者改正；理由不成立的，裁定驳回。当事人、利害关系人对裁定不服的，可以自裁定送达之日起 10 日内向上一级人民法院申请复议。

本案中，针对我方提起的追加被执行人申请，迎宾区政府与 F 集团公司向法院提出了执行异议。执行法院收到后，依法召集双方进行了听证。听证会上，双方围绕本案判决内容的有效性及义务主体等问题又展开了新一轮的博弈。区政府与 F 集团公司方面为对抗我方的追加申请，特地聘请了两位在建设工程领域拥有较丰富经验的律师出席听证会并发表意见，双方代理律师在听证会上进行了激励的辩论。

收到法院转交的我方追加被执行人的申请之后，案外人区政府和 F 集团公司随即向执行法院提出了如下执行异议申请书，申请法院召开听证会对本案进行听证。如下为案外人之一的执行异议申请书概要：

执行异议申请书

（对执行标的）

异议申请人（案外人）：F 集团公司

住所：山西示范区新化路 18 号

法定代表人：卫某章，董事长

申请执行人：赵某军，男，××年××月生，汉族，住河南省×××

申请执行人：马某山，男，××年××月生，汉族，住河南省×××

申请执行人：李某根，男，××年××月生，汉族，住河南省×××

被执行人：万和房地产开发有限公司

住所：太原市杏花岭区凯旋街 108 号

法定代表人：张某琦，执行董事

申请事项：

1. 依法解除案涉查封；

2. 依法终止本案执行程序；

3. 依法对本案进行听证。

事实与理由：

一、案涉查封物是东岗项目的资产范围，东岗项目资产的唯一合法投资主体及产权人是异议申请人，非万和公司，案涉查封物依法不能成为本案查封物。万和公司在东岗项目建设期间从未取得任何项目手续，其仅是东岗项目的代建主体，案涉查封财产并不属于万和公司，不能成为本案的查封标的。我公司于 2017 年受政府委托开始对东岗项目投资建设后，于 2020 年合法取得了案涉项目的

《建设用地规划许可证》和《不动产权证书》，这些证书足以证明我公司是案涉项目的唯一合法投资主体和合法产权人。

二、案涉查封物在被法院查封时仅是一个在建工程，万和公司没有任何物权凭证。万和公司在其无力承担项目后期拆迁及工程款的前提下，于2015年4月退出并将项目权益全部转给富强公司，其已经不再享有东岗项目的任何权益。后区政府在富强公司无力完成项目继续开发情形下，将项目收回并交给我公司建设，我公司与万和公司、富强公司间的债权债务无关。

三、申请执行人赵某军、袁某根、李某根与被执行人万和房地产开发有限公司（下称万和公司）执行一案的执行依据（2019）最高法民终1400号民事判决书（下称1400判决案件）确定的是金钱给付，并非财产交付，我公司并非被执行人，在1400判决案件中没有任何支付义务。因此，法院依法无权查封我公司名下的合法财产。

综上所述，我公司是案涉查封物的唯一合法产权人，权利合法、真实，且就案涉所谓查封物（执行标的）享有足以排除强制执行的民事权益，所以，贵院依法应解除对我公司的查封及执行措施。

因本案案情复杂、争议较大，异议申请人恳请贵院依法对本案进行听证，以切实维护异议申请人的合法权益。

此致
河南省高级人民法院

异议申请人：F集团公司
2020年6月22日

（三）听证会之后的代理意见

在听证会上，案外人提交了多份证据资料来证明其异议主张，双方围绕彼此的证据进行了充分的举证质证和辩论。在听证会之后，本书作者作为申请人之一的代理律师，向法院提交了如下书面代理意见，再次强调我方主张的合理合法性及案外人主张的非法性。

代理词

尊敬的审判长、审判员：

根据法律规定，北京市汉鼎联合律师事务所接受本案申请人马某山的委托，并指派我担任马某山的代理人，现根据本案事实和听证会听证情况发表如下意见，请合议庭合议时予以考虑：

被申请人迎宾区政府（以下简称区政府）将被执行人万和公司投资建设的案涉项目及资产无偿划拨转让给山西F集团公司（以下简称F集团公司）的事实清楚、证据充分，应根据《最高人民法院关于民事执行中变更、追加当事人若干问题的规定》第二十五条之规定，将二被申请人追加为被执行人。

一、案涉项目的性质

案涉棚改项目系政府与市场主体就民生工程进行特定化交易的商业项目。棚改项目是将居民的安置与开发商商业回报相结合的综合项目，通常通过内部资源置换，将开发商投资建设的回迁房作为开发商获得政府给予的商业土地供给的利益交换方式完成整体项目建设。河南省高级人民法院查封的项目房产系商品房而非回迁房。

二、万和房地产开发有限公司是案涉项目的合法权利人

万和公司通过市场机制获得政府供给的棚改项目，合法有效。万和公司拥有项目开发权利和开发产生的利益。

万和公司自 2008 年开始参与案涉项目的拆迁、2009 年 3 月拿到区政府授予的项目开发权；截至 2015 年 4 月，万和公司已在案涉项目上投入了巨额资金和开发成本，万和公司因此对案涉项目享有巨额的权益。

三、河南省高级人民法院于 2015 年 1 月 27 日查封案涉项目时，万和公司是案涉项目的唯一开发商。法院无通知区政府的义务，区政府作为监管方、明知案涉项目已被查封及未经法院同意不得擅自转让（区政府在 2015 年 7 月曾就案涉财产向法院提出过《案外人财产保全异议书》）。

四、山西富强房地产开发有限公司（以下简称富强公司）通过交易获得案涉项目资产的行为系违法行为，该转让行为无效，项目资产仍归万和公司所有。

1. 该项目转让时（2015 年 4 月）法院已对该项目资产进行了查封，万和公司将法院查封资产擅自转让（处置）的行为无效。

2. 区政府作为案涉项目的开发监管方，明知未经查封法院同意、任何人不得转让处分法院查封的项目资产，仍核准同意万和公司和富强公司之间的交易，系对其行政权的滥用，也属于违法行为。

五、区政府擅自转让案涉项目资产的行为显属非法

富强公司被区政府强制退出案涉项目后，项目仍属万和公司。富强公司被强制退出后无证据证明政府已支付富强公司投资及资金成本，政府也认可未对万和公司的投入进行任何补偿。

2017 年 1 月，河南省高级人民法院对案涉项目进行续封，并将查封财产范围限缩为案涉项目中的 7#楼、8#楼等商品住宅及商铺，法院于 2017 年 1 月 19 日、就续封事宜向区政府代理人邵某平律师进行了告知并制作有书面告知记录。区政府在明知案涉房产已被法院查封查封、任何人不得擅自处分转让的情形下，于 2017 年 3 月将案涉房产转让给 F 集团公司的行为是非法的，区

政府于2017年将查封的案涉项目7#、8#楼由商品房变更为回迁房、并分配给回迁户的行为也是非法的（见381号刑事判决书第26页）。

六、区政府在未对万和公司进行任何补偿的前提下将案涉项目及查封房产交给F集团公司属于典型的无偿划转行为，本案申请完全符合《最高人民法院关于民事执行中变更、追加当事人若干问题的规定》第25条应当追加执行当事人的情形。

根据《最高人民法院关于民事执行中变更、追加当事人若干问题的规定》第25条，"作为被执行人的法人或其他组织，财产依行政命令被无偿调拨、划转给第三人，致使该被执行人财产不足以清偿生效法律文书确定的债务，申请执行人申请变更、追加该第三人为被执行人，在接受的财产范围内承担责任的，人民法院应予支持。"此规定强调的关键：是被执行人的财产被无偿划转给第三人，至于第三人是否向区政府支付了对价、是否有偿取得被划转的财产则并不在应考虑范围。

本案的客观情况是：

区政府或F集团公司均未向被执行人万和公司支付任何对价或补偿款，万和公司的被查封财产被区政府无偿划转给了第三人（F集团公司），导致万和公司的财产不足以清偿最高人民法院生效判决书确定的债务。二被申请人在听证会中明确认可区政府将案涉项目转让给F集团公司时，区政府或F集团公司均未对万和公司投入部分的资产进行清产核资，也均未向万和公司支付任何补偿。因此，申请人的追加申请完全符合最高人民法院的上述规定。

七、项目上新增投资属于项目资产

案涉项目由马某山、李某根等投资人投资形成的资产是项目资产的重要组成部分，被区政府一并划转给了F集团公司，且所有投资资产产权已被登记到F集团公司名下。

综上，因区政府在未支付费用情形下、利用行政权力将属于万和公司负责开发的项目无偿收回，又将无偿收回的处于法院查封状态的项目资产无偿划转给F集团公司，致项目资产权利人万和公司（被执行人）无财产清偿生效法律文书确定的债务，故区政府有义务收回其擅自转让的案涉查封财产、并应当在不能收回的财产范围内承担责任，F集团公司则应当在接受的财产范围内承担责任。

以上意见，请合议庭参考。

代理人：任自力

2020年7月3日

附：证据一套（略）

（四）安阳市中级人民法院准予撤回追加被执行人申请之执行裁定

在参加听证会并提交代理意见之后，我们依法与安阳市中级人民法院听证会合议庭法官进行了沟通，催促其尽快确认我方的追加申请。但法院在研究之后认为，我们的追加申请法律依据不充分，建议我们主动撤回申请。我们考虑到法院的观点具有一定合理性，遂主动撤回了该追加被执行人申请，但同时强调法院应将区政府与 F 集团公司明确为协助执行人、法院亦应要求区政府和 F 集团公司积极协助履行判决义务。

三、执行法院的 3 份裁定书

在对本案执行材料进行认真研究并举行听证会之后，安阳市中级人民法院先后发布了如下 3 份执行裁定书，第一份裁定书主要内容是：要求协助执行人区政府和 F 集团公司在 2020 年 12 月 15 日之前追回被其擅自处分（分给回迁户）的房产，不能追回的承担赔偿责任。第二份裁定书主要内容是：因被执行人无执行财产，向被执行人发出限制消费令，并终结本案执行工作；第三份裁定书的主要内容是：要求二协助执行人在查封房产价值范围内，向赵某军、马某山、李某根承担赔偿责任，以 1.8 亿元为限，同时规定二协助执行人应在收到本裁定书十日内向赵某军、马某山、李某根履行上述赔偿义务，逾期本院将强制执行。如下为安阳市中级人民法院的 3 份裁定书示例：

河南省安阳市中级人民法院
执行裁定书

（2020）豫 05 执 152 号之一

申请执行人：马某山，男，××年××月生，汉族，住河南省×××

申请执行人：李某根，男，××年××月生，汉族，住河南省×××

申请执行人：赵某军，男，××年××月生，汉族，住河南省×××

被执行人：万和房地产开发有限公司，住所地山西省太原市杏花岭区凯旋街 256 号

法定代表人：张某琦，职务：执行董事

本院在办理马某山、李某根、赵某军申请执行万和房地产开发有限公司合作开发房地产合同纠纷一案中，查明河南省高级人民法院于 2015 年 1 月 27 日查封了万和房地产开发有限公司开发的位于太原市东岗片区棚户区改造项目的 7#楼、8#楼一层至十八层住宅房屋和 1#楼、2#楼一层至三层临东岗路及以内的所有商铺。现上述项目中 7#楼、8#楼一层至十八层住宅房屋被太原市迎宾区政府、F 集团公司擅自处分。2020 年 11 月 1 日，申请执行人书面请求太原市迎宾区政府、F

集团公司追回被其擅自占有、处分的已被人民法院查封的上述财产。依照《最高人民法院关于人民法院执行工作若干问题的规定（试行）》第 44 条规定，裁定如下：

限太原市迎宾区政府、F 集团公司于 2020 年 12 月 15 日前，追回太原市东岗片区棚户区改造项目的 7#楼、8#楼一层至十八层房产，逾期不能追回的承担相应赔偿责任。

本裁定立即执行。

审　判　长　任某堂

审　判　员　马　某

审　判　员　潘某军

河南省安阳市中级人民法院（章）

二〇二〇年十一月二日

书　记　员　郭　某

河南省安阳市中级人民法院

执行裁定书

（2020）豫 05 执 152 号之二

申请执行人：马某山，男，××年××月生，汉族，住河南省×××

申请执行人：李某根，男，××年××月生，汉族，住河南省×××

申请执行人：赵某军，男，××年××月生，汉族，住河南省×××

被执行人：万和房地产开发有限公司，住所地山西省太原市杏花岭区凯旋街 256 号

法定代表人：张某琦，职务：执行董事

关于马某山、李某根、赵某军申请执行万和房地产开发有限公司合作开发房地产合同纠纷一案，中华人民共和国最高人民法院（2019）最高法民终 1400 号民事判决书中有金钱给付的内容如下：一、万和房地产开发有限公司于本判决生效后十日内支付马某山、赵某军、李某根投资款本金 22 063 414.18 元及利息（自 2014 年 10 月 19 日起至实际清偿完毕之日止，按照月息 2% 计算。其中，万和公司于 2015 年 1 月 8 日、9 日代付工资 418 652 元，从欠付上述投资款利息中扣除）；二、万和房地产开发有限公司于本判决生效后十日内支付马某山、李某根、赵某军补偿款 8 500 万元及违约金（自 2015 年 2 月 28 日起至实际清偿完毕之日止，参照中国人民银行规定的金融机构计收逾期贷款利息计算）。因被执行人万和房地产开发有限公司未履行生效法律文书确定的义务，2020 年 6 月 2 日，河南省高级人民法院指定本院立案执行。

本院在执行过程中对被执行人的财产情况进行如下查控措施：

一、向被执行人发出执行通知书，责令其限期履行法律文书所确定的义务，传唤其到本院接受调查询问，并报告财产状况，但被执行人至今未履行法律文书确定的义务。

二、通过执行网络查控系统向金融机构、车辆登记部门、证券机构、网络支付机构、自然资源部等发出查询通知，查询被执行人名下财产。

1. 轮候冻结了万和房地产开发有限公司名下中国民生银行股份有限公司太原水西关支行：6912××××的账号，冻结期限一年，自 2020 年 10 月 30 至 2021 年 10 月 30 日。

2. 河南省高级人民法院公告查封了位于山西省太原市东岗片区棚户区改造项目的 7# 楼、8# 楼一层至十八层住宅房屋；1# 楼、2# 楼一层至三层临东岗路及以内的所有商铺。查封期限至 2023 年 1 月 5 日。上述房产未完成初始登记，且住宅房已被回迁户占用，暂不具备处置条件。

三、通过电话联系、实地走访等形式对被执行人的住所地及周边群众进行了现场调查和了解，未能查找到被执行人的可供执行的财产。

四、已向被执行人发出限制消费令。

综上，本案确无财产可供执行。

本院已告知申请执行人本案的执行情况、财产调查措施、被执行人的财产情况，申请执行人不能向本院提供被执行人的其他可供执行财产线索，本院已告知申请人终结本次执行程序的依据及法律后果，申请执行人同意案件终结本次执行程序。

上述事实，有本院制作的相关法律文书及律师调查令、送达回证、协助执行单位出具的相关回执、调查笔录、终本约谈笔录，当事人出具的相关手续等证据证实。

本院认为，经穷尽财产调查措施，未发现被执行人有其他可供执行的财产，依照《最高人民法院关于适用〈中华人民共和国民事诉讼法〉的解释》第五百一十九条之规定，裁定如下：

终结本次执行程序。

被执行人负有继续向申请执行人履行债务的义务，被执行人自动履行完毕的，当事人应当及时告知本院。申请执行人发现被执行人有可供执行财产的，可以向本院或其他有管辖权的法院申请恢复执行。申请执行人申请恢复执行不受申请执行时效期间的限制。冻结银行存款及其他资金期限一年，查封动产期限两年，查封不动产、冻结其他财产权期限三年。申请执行人申请延长期限的，应当在期限届满前30日内向本院提出续行查封的书面申请。

本裁定书送达后，立即生效。

不服本裁定的，可在收到本裁定之日起六十日内，依照《中华人民共和国民事诉讼法》第二百二十五条向本院提出执行异议。

审　判　长　任某堂

审　判　员　马　某

审　判　员　潘某军

河南省安阳市中级人民法院（章）

二〇二〇年十一月二日

书　记　员　郭　某

河南省安阳市中级人民法院

执行裁定书

（2020）豫05执152号之三

申请执行人：马某山，男，××年××月生，汉族，住河南省×××

申请执行人：李某根，男，××年××月生，汉族，住河南省×××

申请执行人：赵某军，男，××年××月生，汉族，住河南省×××

被执行人：万和房地产开发有限公司，住所地山西省太原市杏花岭区凯旋街256号

法定代表人：张某琦，职务：执行董事

本院在办理马某山、李某根、赵某军与万和房地产开发有限公司合作开发房地产合同纠纷一案中，查明河南省高级人民法院于2015年1月27日查封了万和房地产开发有限公司开发的违约太原市东港片区棚户区改造项目的7#楼、8#楼一层至十八层住宅房屋和1#楼、2#楼一层至三层临东岗路以内的所有商铺。现上述项目中7#楼、8#楼一层至十八层住宅房屋被太原市迎宾区政府、F集团公司擅自处分。2020年11月2日，本院裁定限太原市迎宾区政府、F集团公司于2020年12月15日前，追回被其擅自处分的财产，但至今两单位未能追回。依照《最高人民法院关于人民法院执行工作若干问题的规定（试行）》第32条规定，裁定如下：

一、太原市迎宾区政府、F集团公司在未追回太原市东港片区棚户区改造项目的7#楼、8#楼一层至十八层房产价值范围内，向赵某军、马某山、李某根承担赔偿责任，以1.8亿元为限。

二、太原市迎宾区政府、F集团公司应在收到本裁定书十日内向赵某军、马某山、李某根履行上述赔偿义务，逾期本院将强制执行。

本裁定送达后即发生法律效力。

审　判　长　任某堂

审　判　员　马　某

审　判　员　潘某军

河南省安阳市中级人民法院（章）

二〇二一年一月十三日

书　记　员　郭　某

四、申请对案涉房屋进行拍卖

由于两协助执行人未在执行法院规定的时限内向李某根等三人履行赔偿责任，2020 年 12 月 9 日，我们又代表当事人向法院提出如下房屋拍卖申请书，希望能通过查封财产拍卖的方式来实现债权。但由于案涉查封房产主要是住宅，一并被协助执行人分配给了回迁户，强制执行会面临较大困难，加之新冠肺炎疫情影响，执行法院一直未同意采取拍卖措施。

房屋拍卖申请书

申请人：马某山，男，汉族，住河南省×××，身份证号：××××

申请人：李某根，男，汉族，住河南省×××，身份证号：××××

申请人：赵某军，男，汉族，住河南省×××，身份证号：××××

被申请人：万和房地产开发有限公司，住所地山西省太原市杏花岭区凯旋街 256 号

法定代表人：张某琦，执行董事

申请事项：

对被申请人开发建设的山西省太原市东岗片区棚户区改造项目中 1#楼、2#楼一层至三层临东岗路及以内的所有商铺进行司法拍卖。

事实与理由：

贵院受理的申请人与被申请人执行一案［案号：（2020）豫 05 执 152 号］，河南省高级人民法院已于 2015 年 1 月 27 日作出（2015）豫法立民保字第 6 号裁定，并于 2017 年 2 月 8 日、2020 年 1 月 6 日两次作出续封通知，查封了被申请人开发建设的太原市东岗片区棚户区改造项目的 7#楼、8#楼一层至十八层住宅房屋和 1#楼、2#楼一层至三层临东岗路及以内的所有商铺，查封时价值 1.1 亿元。

鉴于被申请人至今仍未按照生效判决内容履行义务，特申请贵院对前述已查封的 1#楼、2#楼一层至三层临东岗路及以内的所有商铺进行司法拍卖，维护申请人合法权益。

此致

河南省安阳市中级人民法院

申请人：（马某山等签字）

2020 年 12 月 19 日

五、省高级人民法院针对 F 集团公司复议申请与执行异议的裁定

区政府和 F 集团公司提出的执行异议申请，一审法院河南省高级人民法院审理后，作出了如下执行裁定书，法院经审理查明如下事实：F 集团公司在 2020 年月取得案涉项目的建设用地规划许可证、不动产权证书等的时间均在法院查封、续封案涉房产之后，故 F 集团公司取得上述房产手续的行为不得对抗申请执行人。而且，安阳市中级人民法院于 2020 年 11 月 2 日作出（2020）豫 05 执 152 号之一执行裁定，责令太原市迎宾区政府、F 集团公司于 2020 年 12 月 15 日前，追回太原市东岗片区棚户区改造项目的 7#楼、8#楼一层至十八层房产，逾期不能追回的承担相应赔偿责任。F 集团公司针对安阳市中级人民法院的该裁定提出了执行异议，请求撤销安阳市中级人民法院（2020）豫 05 执 152 号之一执行裁定书"要求异议人于 2020 年 12 月 15 日前追回太原市东岗片区棚户区改造项目的 7#楼、8#楼一层至十八层房产，逾期不能追回的承担相应赔偿责任"的裁定事项。

安阳市中级人民法院审理后认为 F 集团公司的异议理由不成立，遂于 2020 年 12 月 7 日作出（2020）豫 05 执异 204 号执行裁定，驳回了其异议请求。F 集团公司不服该 204 号裁定，遂向河南省高级人民法院申请复议称，1. 安阳市中级人民法院作出的（2020）豫 05 执异 204 号执行裁定严重违反程序法的相关规定。2. 安阳市中级人民法院（2020）豫 05 执异 204 号执行裁定缺乏事实和法律依据。请求撤销安阳市中级人民法院（2020）豫 05 执异 204 号执行裁定。

河南省高级人民法院审理后认为，F 集团公司的复议理由不成立，遂于 2021 年 1 月 19 日作出（2020）豫执复 620 号执行裁定，驳回 F 集团公司的复议申请，维持了安阳市中级人民法院（2020）豫 05 执异 204 号裁定。

F 集团公司在以利害关系人身份、针对安阳市中级人民法院的执行裁定提出异议和复议申请之同期，另曾以案外人身份向本案一审法院——河南省高级人民法院提出了一份执行异议申请。河南省高级人民法院经审理，认为其异议主张不成立，遂以 2021 年 4 月以裁定方式驳回了其执行异议，同时告知其可在 10 日内向最高人民法院申请复议。

六、案外人的申请再审、执行异议复议及最终结果

为阻挠执行程序的推进，F 集团公司另向最高人民法院提出了再审申请和执

行异议复议申请。最高人民法院审理后，分别于 2021 年 9 月、2021 年 10 月驳回了其再审申请和执行异议复议申请。至此，F 集团公司几乎穷尽了法律赋予其的所有救济途径，并成功使得李某根等申请人胜诉利益的实现日期大大推迟。

在最高人民法院上述驳回裁定作出后不久，执行法院对案涉财产进行了拍卖，将执行款划转至申请人指定账户。本案执行程序在经过了 2 年之后终于宣告结束。

七、执行异议专栏

1. 案外人执行异议的提出条件与审查处理

根据《最高人民法院关于适用〈中华人民共和国民事诉讼法〉的解释》的规定，案外人提出执行异议应具备以下条件：（1）对执行标的提出异议的必须是案外人。当事人、利害关系人认为执行行为违反法律规定提出异议的不是案外人异议。（2）必须是案外人对执行标的主张自己的权利。实践中，案外人所主张的能够排除法院强制执行的权利主要是物权，即所有权、担保物权（抵押权、质押权、留置权等）或用益物权，如土地使用权。其中所有权异议是最常见的。案外人对执行标的主张的权利也可能是债权，如案外人可能对执行的标的物有租赁使用权、买回权、借用使用权，或者有请求被执行人向自己交付这个标的物的权利。如果案外人仅仅是对法院的执行工作提出自己的意见或者建议，这不是案外人异议。（3）一般应向执行法院提出异议。由于《民事诉讼法》规定执行由第一审人民法院或者与第一审人民法院同级的被执行的财产所在地人民法院负责，但非法院作出的一些法律文书也由相应法院执行，因此，常常会出现生效法律文书制定的主体与执行主体不同。（4）案外人执行异议必须在执行程序结束之前提出，如果执行程序已经结束，案外人再提异议的，则属于新的异议，应通过新的诉讼程序解决，而不能作为执行异议处理。（5）案外人对执行标的提出异议，负有举证责任。案外人对执行标的主张权利的，应当向人民法院提供必要的证据加以证明，阐明事实。案外人提出异议应当采取书面形式。

案外人对执行标的提出的异议，经审查，法院按照下列情形分别处理：（1）案外人对执行标的不享有足以排除强制执行的权益的，裁定驳回其异议；（2）案外人对执行标的享有足以排除强制执行的权益的，裁定中止执行。驳回案外人执行异议裁定送达案外人之日起 15 日内，法院不得对执行标的进行处分。

2. 执行异议的事由应当一次性提出

为了解决实践中有的异议人以不同的事由分开提出异议以拖延执行的问题，最高人民法院《关于人民法院办理执行异议和复议案件若干问题的规定》（法释〔2015〕10 号，简称为《异议复议规定》）第 15 条借鉴国外立法例，明确了异议事由一并提出的原则。当事人、利害关系人对同一执行行为如果有多个异议事由，但未在异议审查过程中一并提出，撤回异议或者被裁定驳回异议后，再次就该执行行为提出异议的，人民法院不予受理。案外人撤回异议或者被裁定驳回异议后，再次就同一执行标的提出异议的，人民法院不予受理。

3. 案外人异议之诉

案外人异议之诉是我国现行《民事诉讼法》上规定的一种特殊诉讼制度。所谓案外人异议之诉，具体是指案外人就执行标的物有足以排除强制执行的权利时，在执行程序终结前，可针对申请执行人、向执行法院提起的旨在排除对执行标的物强制执行的诉讼。我国《民事诉讼法》第 227 条规定："在执行过程中，案外人对执行标的提出书面异议的，人民法院应当自收到书面异议之日起十五日内审查，理由成立的，裁定中止对该标的物的执行；理由不成立的，裁定驳回。案外人、当事人对裁定不服，认为原判决、裁定错误的，依照审判监督程序办理；与原判决、裁定无关的，可以自裁定送达之日起十五日内向人民法院提起诉讼。"据此，案外人异议之诉的前置程序是案外人异议，即仅仅当案外人对执行标的提出书面异议、法院裁定驳回该异议之后，案外人或当事人对裁定不服的，才涉及异议之诉的提起问题。一般认为，案外人异议之诉不涉及原判决、裁定本身的对错问题，而仅涉及对执行标的本身的实体权利争议，如果案外人或当事人认为原判决、裁定存在错误，损害其合法权益的，可以依照审判监督程序提出再审申请。

根据《民事诉讼法》第 227 条，案外人异议之诉的主体包括案外人、当事人（即申请执行人和被申请执行人），案外人可将申请执行人作为异议之诉的被告，也可以将申请人执行人与被执行人列为共同被告。同时，根据此第 227 条，无论案外人申请人再审还是另行提起异议之诉，均须以案外人异议为前提，未经异议程序，其不得直接对原裁判申请再审。

另外，在案外人提出异议之后，法院在审查案外人的异议期间可以对财产采取查封、扣押、冻结等保全措施，但不得进行处分；驳回案外人执行异议裁定送达案外人之日起十五日内，法院也不得对执行标的进行处分。

4. 被执行人名下的唯一住房可以执行

按照最高人民法院《关于人民法院民事执行中查封、扣押、冻结财产的规定》，如果执行标的系被执行人本人及其所扶养家属维持生活必需的居住房屋，可以豁免执行。但是，并非被执行人只要仅有一套房屋，就一律停止执行。如果被执行人名下的唯一住房，超出了被执行人及其所扶养家属生活必需的范围，人民法院可以执行。最高人民法院《异议复议规定》第 20 条对执行被执行人名下的唯一住房的情形，按照申请执行的债权种类是金钱债权还是交付房屋的不同作出了不同的规定。具体即在金钱债权执行中，符合下列情形之一，被执行人以执行标的系本人及所扶养家属维持生活必需的居住房屋为由提出异议的，人民法院不予支持：（1）对被执行人有扶养义务的人名下有其他能够维持生活必需的居住房屋的；（2）执行依据生效后，被执行人为逃避债务转让其名下其他房屋的；（3）申请执行人按照当地廉租住房保障面积标准为被执行人及所扶养家属提供居住房屋，或者同意参照当地房屋租赁市场平均租金标准从该房屋的变价款中扣除 5～8 年租金的。执行依据确定被执行人交付居住的房屋，自执行通知送达之日起，已经给予 3 个月的宽限期，被执行人以该房屋系本人及所扶养家属维持生活的必需品为由提出异议的，人民法院不予支持。

马某山等诉万和公司案大事记（2015.1—2021.10）

一、诉前财产保全（2015.1）

1. 2015 年 1 月 26 日，马某山、赵某军、李某根（以下简称马某山等）向河南省高级人民法院提出诉前财产保全申请。

2. 2015 年 1 月 27 日，河南省高级人民法院作出（2015）豫法立民保字第 6 号民事裁定，依法查封被申请人万和公司开发的位于太原市东岗片区棚户区改造项目的房产。

二、一审阶段（2015.2—2019.5）

3. 2015 年 2 月 20 日，马某山等以万和公司为被告向河南省高级人民法院提交起诉书。

4. 2015 年 3 月 10 日，万和公司提出管辖权异议，申请将本案移送至山西省高级人民法院管辖。

5. 2015 年 7 月 24 日，太原市迎宾区政府向法院提出复议，主张法院无管辖权，不得作出诉前或诉讼财产保全；裁定查封的是案外人财产，保全错误。

6. 2015 年 8 月，河南省高级人民法院作出（2015）豫法民－初字第 5－4 号民事裁定书，驳回了太原市迎宾区政府的复议请求。

7. 2015 年 9 月 10 日，河南省高级人民法院（2015）豫法民一初字第 5－5 号民事裁定书，驳回万和公司的管辖权异议。

8. 2015 年 9 月 20 日，万和公司向最高人民法院提起上诉，请求撤销河南省高级人民法院（2015）豫法民一初字第 5－5 号民事裁定书，将本案移送山西省高级人民法院管辖。

9. 2016 年 3 月 10 日，最高人民法院裁定驳回了万和公司就管辖权异议的上诉。

10. 2016 年 12 月 23 日，迫于上千户回迁居民的上访压力，太原市迎宾区政府发出《通知》，将涉案房产中的 7#楼、8#楼作为回迁楼分配给了回迁户。

11. 2017 年 1 月 19 日，根据马某山等的财产保全续封申请，河南省高级人民法院对 2015 年依法查封的万和公司建设的太原市东岗片区棚户区改造项目的 7#楼、8#楼一层至十八层住宅房屋；1#楼、2#楼一层至三层临东岗路及以内的所有商铺进行了续封，续封期限三年，自 2017 年 1 月 28 日起至 2020 年 1 月 27 日止。

12. 2017 年 2 月—2019 年 4 月，河南省高级人民法院因内部人事变动等因素，对本案的审理推进缓慢。

13. 2018 年 1 月 19 日，河南省高级人民法院就本案审理重新组织了合议庭并通知争议各方。

14. 2018 年 1 月 20 日，迎宾区政府就案涉房产的续封保全裁定提出复议。

15. 2018 年 2 月 2 日，河南省高级人民法院（2015）豫民一初字第 5－4 号民事裁定书，驳回了迎宾区政府针对河南省高级人民法院对案涉房产进行续封保全裁定之复议申请。

16. 2019 年 5 月 16 日，河南省高级人民法院作出（2015）豫法民一初字第 00005 号民事判决书，判决万和公司于本判决生效后十日内支付马某山、李某根、赵某军：（1）投资款本金 22 063 414.18 元及利息；（2）补偿款 8 500 万元及违约金及逾期利息；（3）驳回马某山、李某根、赵某军其他诉讼请求。

三、二审阶段（2019.6—2020.1）

17. 2019 年 6 月 1 日，万和公司提起上诉。

18. 2019 年 9 月 10 日，最高人民法院（第四巡回法庭）开庭审理本案。

19. 2020 年 1 月 6 日，应马某山等人申请，河南省高级人民法院依据（2019）最高法民终 1400 号委托保全函，再次续封了涉案房产，续封期三年，至 2023 年 1 月 26 日。

20. 2020 年 1 月 18 日，最高人民法院作出（2019）最高法民终 1400 号民事判决，判决驳回上诉，维持原判。

四、执行阶段（2020.2—2021.8）

21. 2020 年 3 月 20 日，因被告未履行生效判决确定的给付义务，马某山等向一审法院河南省高级人民法院提出强制执行申请。

22. 2020 年 5 月 14 日，河南省高级人民法院作出（2020）豫执 20 号执行裁定，将该案指令安阳市中级人民法院执行。

23. 2020 年 5 月 25 日，安阳市中级人民法院向协助执行义务人太原市迎宾区政府、F 集团公司发出协助执行通知书。但未获回应。

24. 2020 年 6 月 10 日，马某山等提出"追究案外人妨碍民事诉讼法律责任申请书"，申请法院依法追究案外人太原市迎宾区政府、F集团公司妨碍判决义务履行的法律责任。

25. 2020年6月15日，马某山等向安阳市中级人民法院提出追加被执行人申请，申请将迎宾区政府、F集团公司追加为本案被执行人。

26. 2020年6月22日，F集团公司向安阳市中级人民法院提交执行异议申请书。

27. 2020年7月5日，迎宾区政府就协助执行事宜向安阳市中级人民法院发送回复意见，称其不知案涉房产被查封事宜，认为一、二审判决错误，其无协助执行义务。2020年7月12日，马某山等就迎宾区政府的回复意见发表反驳意见。

28. 2020年8月7日，安阳市中级人民法院作出（2020）豫05司惩152号决定书，认定太原市迎宾区政府擅自将法院查封的太原市东岗片区棚户区改造项目的7#楼、8#楼一层至十八层房产作为回迁楼分配给回迁户，决定对太原市迎宾区政府罚款100万元。

29. 2020年8月20日，太原市迎宾区政府不服（2020）豫05司惩152号决定书，向河南省高级人民法院提起复议。

30. 2020年8月22日，安阳市中级人民法院通知争议各方将就"追加被执行人申请"召开听证会。

31. 2020年10月18日，F集团公司就二审判决向最高人民法院提出再审申请。

32. 2020年10月30日，安阳市中级人民法院就本案"追加被执行人申请"事宜召开听证会，争议各方参加听证会并进行举证、质证和辩论。

33. 2020年11月1日，马某山等向法院提交书面申请书，请求法院裁定迎宾区政府、F集团公司立即追回被其擅自处分的法院查封财产，保护申请执行人的合法权益。

34. 2020年11月2日，安阳市中级人民法院作出（2020）豫05执152号之一执行裁定，裁定：太原市迎宾区政府、F集团公司于2020年12月15日前，追回太原市东岗片区棚户区改造项目的7#楼、8#楼一层至十八层房产，逾期不能追回的承担相应赔偿责任。

35. 2020年11月2日，安阳市中级人民法院作出（2020）豫05执152号之二执行裁定，称已采取向被执行人发出限制消费令等措施，但无财产可供执行，故终结本次执行程序。（实质上是为了满足法院的年终结案指标考核要求，告知之后可以重新启动执行程序）

36. 2020年11月10日。河南省高级人民法院作出（2020）豫司惩复21

号复议决定书，裁定驳回迎宾区政府的复议申请，维持了安阳市中级人民法院（2015）豫05司惩152号对迎宾区政府罚款100万元的决定。

37. 2020年11月11日，F集团公司不服，以其与执行案件无关、对查封房产不知情、未处分查封房产、通过招拍挂程序取得该项目土地等理由向安阳市中级人民法院提出执行异议。

38. 2020年12月3日，安阳市中级人民法院作出（2020）豫05执异199号执行裁定书，驳回迎宾区政府就安阳市中级人民法院（2020）豫05执异152号之一之执行裁定书的异议。

39. 2020年12月7日，安阳市中级人民法院经审理查明，F集团公司接管了案涉查封房产，其提出执行异议申请主张其是受政府委托的投资人，但未向法院提供相应证据材料。安阳市中级人民法院审查认为，F集团公司虽非该案被执行人，但在太原市迎宾区政府擅自处置时查封房产时实际接管了涉案房产，其有义务追向并应在不能追回的情况下承担相应的责任；其异议请求理由不成立，遂作出（2020）豫05执异204号执行裁定，驳回其执行异议请求。

40. 2020年12月10日，在听证会之后，安阳市中级人民法院作出（2020）豫05执异109号执行裁定书，准予马某山等三人撤回追加被执行人的申请。

41. 2020年12月19日，为推进执行程序，马某山等人提交"房屋拍卖申请书"，申请安阳市中级人民法院对本案查封房产进行司法拍卖。

42. 2020年12月20日，F集团公司以（2020）豫05执异204号执行裁定严重违反法定程序、缺乏事实和法律依据为由向河南省高级人民法院申请复议。

43. 2021年1月13日，安阳市中级人民法院（2020）豫05执152号之三执行裁定书，裁定：迎宾区政府、F集团公司在未追回房产价值范围内，向马某山等三人承担赔偿责任，以1.8亿元为限，应在收到裁定后10日履行，逾期将强制执行。

44. 2021年1月19日，河南省高级人民法院经审查认为，F集团公司提出的复议理由缺乏事实和法律依据，遂作出（2020）豫执复620号执行裁定，驳回其复议申请，维持河南省安阳市中级人民法院（2020）豫05执异204号异议裁定。

45. 2021年2月15日，F集团公司就执行事宜向河南省高级人民法院提出执行异议申请。

46. 2021年4月12日，河南省高级人民法院作出（2021）豫执异10号执行裁定书，驳回 F 集团公司的执行异议请求。

47. 2021 年 4 月 21 日，F 集团公司就河南省高级人民法院（2021）豫执异 10 号执行裁定向最高人民法院申请复议。

48. 2021 年 9 月 10 日，最高人民法院裁定驳回 F 集团公司的再审申请。

49. 2021 年 9 月 30 日，最高人民法院裁定驳回 F 集团公司的执行异议复议。

50. 2021 年 10 月，安阳市中级人民法院对案涉房产进行司法拍卖，李某根等人收到执行款项。本案执行程序宣告结束。

'02

第二编
国内建设工程仲裁
案件办案实录

第一章

争议的产生

案情简介：南国公司 v. 北京 B 大学建设工程施工合同结算纠纷仲裁案①

2007 年 6 月—2008 年 7 月，北京南国建筑工程有限责任公司（以下简称"南国公司"）中标北京 B 大学（以下简称"B 大学"）1－2#宿舍楼改造施工工程，南国公司中标价为 3 218.568 万元。双方签署的施工合同约定：合同工期为330 天，自 2007 年 4 月 28 日至 2008 年 3 月 22 日，后经双方协商、工期变更为2007 年 6 月 6 日至 2008 年 7 月 3 日。根据施工合同约定，在工程竣工之前，B大学向南国公司分期支付工程预付款与进度款共计 2 563 万元，占合同约定工程款总额的逾 80%。但围绕工程结算总额，双方之间产生了较大分歧。在 2008 年7 月至 2012 年 5 月的近 4 年中，双方就工程余款的结算进行了 6 轮协商，但因观点分歧较大，一直未能达成一致意见。

2010 年 2 月，在项目完工后、整体验收之前，南国公司依据投标文件、施工总承包合同及工程竣工图，并结合 B 大学签认的材料认价单，施工中发生的变更、洽商等资料，向 B 大学报送项目竣工结算报告，申报结算总金额为 4 631 万元。B 大学经核验后提出，该结算书的申请结算金额存在金额虚增问题，并就人工费、变更洽商、清单工程量等部分项目的申报金额进行了核减。2010 年 5 月 9日，经项目监理公司审定、B 大学与南国公司共同认可送审金额为 3 965 万元。（见附件 1－工程项目总价汇总表）

2011 年 6 月 4 日，审计公司出具的最终版审定金额为 3 558 万元，审减金额为 407 万元。按照此审定金额，B 大学应另向南国公司支付的项目余款为 995 万

---

① 特别说明：根据北京仲裁委员会/北京国际仲裁中心（以下简称北京仲裁委）的仲裁规则，其仲裁员名册中的仲裁员不得在该机构审理的任何案件中担任律师，无论是代理申请人还是被申请人，此规定有利于确保仲裁裁决的公正性，并最大限度减少仲裁员同时作为案件一方代理律师所可能引发的仲裁审理公正性受影响及利益冲突等问题。本案发生时，本书作者作为本案被申请人（北京 B 大学）的代理律师，尚非北京仲裁委的仲裁员，故符合该等仲裁规则。本书作者在 2015 年被聘为北京仲裁委的仲裁员之后，近年来在该机构审理了数百件仲裁争议案件，再未在北京仲裁委代理过任何一个案件。

元（3 558 万元－2 563 万元＝995 万元）。但南国公司认为审减金额不成立，坚持要求 B 大学按照送审金额 3 965 万元支付余款。双方就项目结算总额与 B 大学应支付余款金额经多次协商未达成一致意见，B 大学拒绝支付工程余款，南国公司则组织农民工以讨要工程款等名义多次冲击 B 大学正常的教学科研秩序，双方间争议久拖不久。

本书作者当时作为 B 大学的常年法律顾问，参与了 B 大学与南国公司间争议的部分协商工作。考虑到双方的立场差异及施工合同约定，本人代表 B 大学在明确 B 大学不可能按照南国公司单方主张支付工程余款之态度的前提下，建议南国公司按照合同约定向北京仲裁委提出仲裁申请，依法解决双方间争议。后南国公司听取了本人建议，于 2012 年 5 月以 B 大学为被申请人向北京仲裁委提起了仲裁申请，要求 B 大学支付拖欠工程款 1 854 万元①（包括送审金额中遗漏的变更增项 400 万元、不合理审减金额 385 万元，及 B 大学同意支付的审定金额与已付金额之间的差额 995 万元），并支付逾期付款利息 420 万元，合计 2 274 万元。

在仲裁过程中，为厘清工程实际造价，在北京仲裁委组织下，双方共同委托第三方造价鉴定机构对工程造价进行了鉴定。依据造价鉴定结论，仲裁庭于 2013 年 8 月 9 日作出仲裁裁决，认定 B 大学应支付的工程款余款为 933 万元（比 B 大学主张的金额 995 万元少 62 万元），另支付逾期付款利息 181 万元，合计 1 114 万元。B 大学的抗辩主张绝大部分获得了支持。之后，B 大学向南国公司支付了裁决认定的款项。双方间长达 5 年多的工程余款争议获得了彻底解决。

附件 1　工程项目总价汇总表

工程名称：北京 B 大学学生宿舍加固加层工程 1#2#楼		
序号	单项工程名称	金额/元
一、	B 大学学生宿舍 1#、2#楼原投标合同价	32 185 680
1.	单项工程费（建筑、装饰、强电、弱电、给排水、消防、采暖、安全防护及文明施工）	29 075 680
2.	暂估完全项工程（甲方分包）	1 610 000
3.	预留金	1 500 000
二、	清单工程量调整部分	4 204 684
1.	（土建）清单工程量差异调整	4 126 262
2.	（水暖）清单工程量差异调整	8 486

---

①　该 1 854 万元是按照监理公司审定的送审金额 3 965 万元，减去 B 大学已支付的 2 563 万元，（3 965 万元－2 563 万元＝1 402 万元）；再加上其仲裁中新补报的 3 项（抹灰、预拌砂浆、人工费）共 451.7 万元。合计为 1 854 万元。420 万元利息估计是按 1 854 万元本金，并于 2008 年 8 月 1 日起计算，得出的数。

续表

序号	单项工程名称	金额/元
3.	（电气）清单工程量差异调整	69 936
三、	暂估价部分（土建、水、电）	− 322 734
1.	（土建）暂估价部分	− 224 043
2.	（水暖）暂估价部分	− 397 196
3.	（电气）暂估价部分	298 505
四、	设计变更及洽商变化部分（土建、水、电）	4 517 267
1.	（土建）设计变更及洽商部分	3 076 196
2.	（水暖）设计变更及洽商部分	402 455
3.	（电气）设计变更及洽商部分	1 038 616
五、	相关项目	− 3 110 000
1.	甲方指定分包（消防报警、综合布线、闭路电视、室外工程）	− 1 610 000
2.	预留金	− 1 500 000
六、	人工费及材料价差调整	2 177 632
1.	人工费调整	487 236
2.	材料费调整	1 690 396
	合　计：	39 652 529

第二章

仲裁申请与答辩

第一节　仲裁申请的提起

仲裁申请书

申请人：北京南国建筑工程有限公司

住所：北京市东城区永定门沙子口中街××号

法定代表人：李某会　董事长

被申请人：北京 B 大学

住所：北京市海淀区××路××号

法定代表人：陈某　校长

案由：建设工程施工合同纠纷

仲裁请求：

1. 裁决被申请人向申请人支付拖欠的工程款人民币 18 541 826.34 元及逾期付款利息×××元（以××××元为基数，按照银行同期贷款利率计算，自×年×月×日起至×年×月×日止，暂计至×年×月×日为×××元）；

2. 裁决被申请人向申请人支付律师费人民币 50 万元；

3. 本案仲裁费由被申请人承担。

事实与理由： 略

此致

北京仲裁委员会

申请人：南国公司（盖章）
年　月　日

一、仲裁申请提起时的注意事项

1. 合同中须存在明确的仲裁条款，仲裁条款的常见表述方式如下：

（1）最常见、最简单的仲裁条款。凡因本合同引起的或与本合同有关的任何争议，均提请×××仲裁委员会按照其届时有效的仲裁规则进行仲裁。仲裁裁决是终局的，对双方均有约束力。[①]

（2）对仲裁程序有特别约定的仲裁条款。适用普通程序，由 3 名仲裁员进行审理。适用简易程序，由 1 名仲裁员进行审理，相对而言，简易程序的期限通常较短，审理效率更高，而普通程序中当事人可以选择自己所信任的仲裁员。当事人可以根据合同性质、金额对仲裁程序及仲裁员人数作出如下特殊约定。

【适用普通程序】双方一致同意，如发生争议，不论争议金额大小，均提交××仲裁委员会并适用该会仲裁规则项下的普通程序进行仲裁。

【适用简易程序】双方一致同意，如发生争议，不论争议金额大小，均提交××仲裁委员会适用该会仲裁规则项下的简易程序进行仲裁。

【按特定金额为限适用程序】双方一致同意，如发生争议，均提交××仲裁委员会适用该会仲裁规则进行仲裁。当本请求争议金额超过_____万元的，适用普通程序；当本请求争议金额不超过前述数额的，适用简易程序。

2. 当事人间存在两份（以上）合同时可否合并申请仲裁

实践中经常出现，当事人之间存在两份或两份以上相互关联的合同，其中一份载有仲裁条款，而其他合同中不存在仲裁条款，或者多份合同均存在仲裁条款，但约定的仲裁机构不一致。在此等情形下，应如何处理呢？

首先，仲裁申请的提起必须以存在仲裁条款（或仲裁协议）为前提，若关联合同中一份有仲裁条款，另一份无仲裁条款，通常只能就有仲裁条款的那份提起仲裁，不论关联合同之间的关系多么紧密。若另一份无仲裁条款的合同约定的争议解决方式是诉讼或者约定事项不属于仲裁范围（比如公司解散、婚姻家庭等事宜不属仲裁范围），而仲裁机构进行了裁决，法院可裁定不予执行该裁决，实践中仲裁机构通常也不会受理此类案件。

其次，若两份合同约定的仲裁条款不同，比如一份约定的仲裁机构是北京仲裁委，另一份约定的是中国国际经济贸易仲裁委员会，则当事人就两份合同项下的争议只能分别向两个仲裁机构提出仲裁申请，不存在合并申请与合并审理的问题。如果仲裁机构对此类争议进行了合并处理，则属于仲裁审理/裁决超范围，属于法定可撤销裁决的情形。

最后，在特定情形下，可以提起合并申请并申请合并审理。如依据北京仲裁委 2019 年版的《仲裁规则》第 8 条规定，在满足以下各项条件时，当事人可以就多份合同项下的争议在同一案件中合并申请仲裁：（1）多份合同的仲裁协议

---

① 此种情形下，案件未来审理时适用简易程序还是普通程序通常取决于双方争议金额大小以及约定的仲裁机构的规定，比如，按照北京仲裁委员会 2019 年 9 月 1 日生效的《仲裁规则》的规定，当事人争议金额在 500 万元人民币以下的，除非当事人另有约定，适用简易程序，由一位独任仲裁员进行审理。

内容相同或相容；（2）多份合同存在主从合同关系（此情形下，从合同须是不具有独立性、不能独立履行、其权利义务必须以主合同约定为基础的），或多份合同当事人相同且仲裁标的为同一种类或有关联。实践中，当事人就多份合同合并申请仲裁的，由仲裁机构根据实际情况决定是否同意合并处理。

二、仲裁申请书准备中的注意事项

1. 仲裁申请书的基本要素

一份仲裁申请书通常应包括如下五部分。

（1）当事人的基本信息（包括申请人与被申请人的姓名、性别、出生年月、民族、工作单位、住址，申请人或被申请人为单位的，应写明单位名称、法定代表人/负责人的姓名及职务、单位地址）。

（2）仲裁请求事项（即仲裁要实现的目的，1、2、3……）。比如请求支付货款的金额、逾期利息金额、律师费、仲裁费等。从实践来看，仲裁请求的表述应尽量做到具体明确，包括请求的具体金额、利息的计算标准与起止日期等应列明。另应注意关于请求事项的变更时限，不同仲裁机构的仲裁规则可能存在不同。

（3）事实和理由。需要写明仲裁请求所依据的事实与依据，包括合同依据、法律依据、证据情况，以及仲裁条款的具体约定。

（4）尾部。申请人签名或盖章、年月日。

（5）附件。证据清单及具体证据材料。实践中，国内仲裁案件中，基于仲裁策略考虑，也有不少申请人习惯于在提交仲裁申请书时暂不提交证据或仅提交部分证据。

实践中，申请仲裁除须按被申请人人数向仲裁机构提交仲裁申请书和证据及副本外，一般还须按仲裁庭组成人员数向仲裁机构提交申请书和证据副本，并须在仲裁机构受理后、在仲裁规则规定时限内选定仲裁员。

2. 仲裁庭的组成与仲裁员的选定

仲裁案件根据具体适用程序的不同分为普通程序与简易程序两类案件，普通程序案件一般由三名仲裁员组成仲裁庭仲裁，简易程序案件则由一名仲裁员独任仲裁。仲裁员是案件的审理者和裁判者，是决定案件的最关键因素。如何选择仲裁员是当事人最为关心的问题之一。对于简易程序而言，独任仲裁员可以由双方当事人共同选定。如果双方当事人无法共同选定，则由仲裁委员会主任指定。对于普通程序而言，双方当事人可以分别选定一名仲裁员，首席仲裁员可由双方共同选定。如双方无法共同选定，则由主任指定。第三名仲裁员为首席仲裁员，由双方共同选定，如无法达成一致，则可以基于约定由已经选定或指定的两名仲裁员共同指定，如该两名仲裁员无法达成一致，则由仲裁委员会主任指定。如果争议双方对于仲裁员人选的国籍、专业、语言等有特殊约定的，按照该特殊约定处理。在选定仲裁员的过程中应注意下列事项。

（1）应在规定时限内提交指定仲裁员名单，否则可能导致丧失选择仲裁员的权利。比如很多仲裁机构的仲裁规则中均规定，若任一方未能在仲裁规则规定期限内选定仲裁员的，即由仲裁委员会主任指定。在笔者代理的一起由中国国际经济贸易仲裁委员会（以下简称贸仲）审理的仲裁案件中，对方代理律师因提起管辖权异议而忘记在贸仲仲裁规则规定时限内选定仲裁员，[①] 贸仲指定仲裁员后该代理律师又申请选定其他人为仲裁员，但其申请最后被贸仲拒绝。

（2）仲裁员的选择标准包括专业、敬业、声誉、时间等方面，要综合考虑这些因素并结合案件实际情况来确定仲裁员人选。一般而言，"仲裁员的专业能力越强，在仲裁庭内部的影响力就越大。仲裁员的专业能力包括行业经验和法律经验两方面。行业经验是从事涉案交易的经验，法律经验是处理涉案交易纠纷的经验。二者兼具的仲裁员的影响力最大。"[②] 根据北京仲裁委副秘书长陈福勇博士的总结，[③] "要选择专业水平高、愿意表达敢于说话的仲裁员。专业水平高和名气大不必然画等号。所以在选择仲裁员之前，要多下功夫，研究不同仲裁员的专长，既有理论又有实践的最好，实践经验丰富的次之。敢于说话也很重要，不发声，起不到对当事人利益保护的作用。有些仲裁员，理论水平高，名气大，是某一领域的专家，但在开庭时参与意愿不高。原因有二：一是可能太忙，没有仔细研究案情；二是对一些标的额不是很大的案件重视程度不够。故应结合案情，慎重选择大牌仲裁员。"简单来讲，仲裁员的专业水平、经验、经历与敬业程度，应当是当事人选择确定仲裁员的重要考虑因素。对于建设工程案件，应当在认真阅读仲裁员名册并充分了解仲裁员的知识、经验基础上，选择熟悉建设工程法律和实务的仲裁员组成仲裁庭。

（3）对于仲裁机构指定和对方选定的仲裁员，应关注其与对方代理人或当事人之间可能存在的各种利害关系，如有发现应及时提请仲裁委注意是否存在回避情形。当然，按照仲裁规则，当事人或其代理人与仲裁员之间存在可能影响公正裁决的私人关系的属于应当回避事由，仲裁员一般不会接受该等选定。对于很多仲裁员而言，为了避嫌，都会尽量避免让其他人觉得自己与选定自己的一方当事人有私人关系。从各仲裁机构对仲裁员的职业准则要求来看，仲裁员本身即使

---

① 贸仲《仲裁规则》第 27 条规定，"申请人和被申请人应各自在收到仲裁通知后 15 天内选定或委托仲裁委员会主任指定一名仲裁员。当事人未在上述期限内选定或委托仲裁委员会主任指定的，由仲裁委员会主任指定"。

② 邓永泉："商事仲裁实务解构：当事人如何选定对自己有利的边席仲裁员"，载安理律师事务所官网（http://www.anlilaw.com/100031/163），访问日期：2021 年 6 月 25 日。

③ 陈福勇："国企使用仲裁的误识澄清与实例分享"，2020 年 5 月 29 日京企云帆法制讲堂课件。

是一方当事人选定的，也不代表该当事人的利益，更不能为该当事人争取不当利益。

（4）国内目前有250余家商事仲裁机构，绝大部分仲裁机构的仲裁规则中均明确规定，当事人只能在其仲裁员名册中选定或指定仲裁员。贸仲等个别仲裁机构的仲裁规则允许争议各方在达成一致的情况下选择仲裁员名册之外的人作为仲裁员，但也需要经过仲裁委员会的审批程序。

3. 律师代理建设工程仲裁案件的执业风险提示

（1）仲裁实行一裁终局制度，律师在仲裁代理中应充分告知当事人仲裁的基本制度，制订恰当的仲裁思路，并在必要时接受合理的调解方案。

（2）律师应认真审查仲裁协议的效力，并根据当事人的意愿，及时对效力存在缺陷的仲裁协议提出异议，并就可纳入仲裁的争议范围向委托人进行说明。

（3）律师应协助委托人在规定时限内指定仲裁员并建议委托人指定熟悉建筑工程领域专业知识的仲裁员。

（4）律师应及时根据仲裁规则，提醒当事人变更请求或提出反请求。

（5）为避免裁决难以执行，律师应及时提醒并帮助委托人申请财产保全。

（6）律师应充分了解仲裁机构的仲裁规则和程序，重视举证责任等相关规定，及时提交证据或申请鉴定，避免丧失权利。

（7）律师对于委托人不服的裁决，如发现存在符合撤销和不予执行情形，应及时提醒委托人向有管辖权的法院提出主张。

三、仲裁庭针对仲裁请求的通常审查要点[①]

1. 仲裁请求的法律属性

根据法律性质不同，仲裁请求可分为给付之诉、形成之诉、确认之诉三类。其中，给付之诉对应实体法上的请求权，其内容是申请人要求被申请人履行一定的给付义务，如要求其继续履行、赔偿损失、支付违约金、返还财产、恢复原状、折价补偿、采取补救措施、给付定金或违约金、补偿实现债权费用、承担连带给付责任等。其中的赔偿损失请求权按照合同责任之不同，可分为基于合同无效或被撤销的过错损害赔偿，缔约过失责任损害赔偿，未解除合同情况下（如部分履行、迟延履行、瑕疵履行、加害履行等）的违约责任损害赔偿，解除合同情况下的损害赔偿，解除合同情况下无法恢复原状的损害赔偿，违反后合同义务的损害赔偿等。形成之诉对应的实体法上的形成权的内容是申请人拟以其单方意思表示使既有的民事法律关系或民事权益发生变动，如请求裁决解除合同、裁决抵

---

① 此部分内容参见邓永泉："识别请求属性，明确审理对象"，载邓永泉：《商事仲裁实务解构》（https://www.sohu.com/a/390155078_365918），访问日期：2021年9月10日。

销等。确认之诉对应实体法上的支配权，其内容是申请人要求确认民事法律关系或民事权益存在或者不存在。确认之诉常见的请求有四类：第一类是确认合同效力，主要包括确认合同无效或有效；在给付之诉中，仲裁庭也会依职权主动审查案件合同是否有效，但这不属于仲裁请求。第二类是确认合同是否已解除。第三类是确认是否已抵销。第四类是确认权属，其内容繁杂广泛，常见的典型请求如确认物权的权属、确认请求权是否存在（如确认是否丧失定金）。针对不同类型的仲裁请求，仲裁庭的审理和裁判思路会存在一些差异。

2. 可仲裁性或请求事项是否属于仲裁范围

根据我国《仲裁法》第二条和第三条规定，合同纠纷和其他财产权益纠纷可以仲裁，婚姻、收养、监护、扶养、继承纠纷以及依法应当由行政机关处理的行政争议不可以仲裁。另外，仲裁请求属于非金钱债务的情况下，仲裁庭要审查其是否存在现行法律规定的不能要求履行的情形。

当事人只能将仲裁协议约定仲裁事项范围内的争议提交仲裁，仲裁机构对该范围之外的争议没有管辖权。当然，若被申请人没有提出异议，仲裁庭就会取得管辖权，但谨慎起见，仲裁庭还是要对此进行审查并审慎处理。

3. 仲裁请求的吸收

部分仲裁请求实际上是其他请求的组成部分或成立要件，即被其他请求吸收。例如，合同解除，申请人要求返还某一具体财产，同时又另请求返还全部财产，前者属于后者的组成部分，可以被后者吸收。又如，申请人请求裁决被申请人构成违约，同时请求裁决被申请人赔偿其违约造成的损失；前者属于后者的成立要件，可以被后者吸收。

例如，在本书作者代理的一起由贸仲审结的案件中，仲裁裁决针对申请人的第一项仲裁请求——"要求被申请人继续履行合同"（第二项仲裁请求为支付收购余款），发表了如下意见："仲裁庭注意到，本案合同属于股权转让性质协议，作为被申请人的合同义务即是按照合同约定支付股权转让对价款。被申请人的合同义务包含在申请人的第二项仲裁请求中，本项仲裁请求实际上是其第二项仲裁请求的概括表述，不具有独立的履行内容。故仲裁庭对申请人的此项仲裁请求不做独立评述，也无法独立履行。结合本案实际情况，仲裁庭将对本项仲裁请求结合申请人第二项仲裁请求进行论述。"此意见作出的依据即是申请人的第 1 项请求可以被第 2 项请求吸收。

4. 仲裁请求是否存在矛盾或重复

在仲裁实践中，申请人不能同时提出定金与违约金请求，也不能同时提出要求解除合同并支付逾期履行违约金，这些都属于仲裁请求矛盾的情形。从民事损害赔偿主要是赔偿受损一方实际损失的角度，当事人只能主张一种请求。另外，当事人的仲裁请求也可能存在重复或重合。

四、仲裁案件中的财产保全

仲裁案件的财产保全申请应先向仲裁机构提出，仲裁机构将当事人的申请转交有关管辖法院后，当事人应根据管辖法院要求提交有关资料并缴纳费用。仲裁案件的财产保全一般由财产所在地法院或被申请人住所地法院作出裁定，具体是由中级人民法院抑或基层人民法院管辖，各地情况有所不同。

1. 申请仲裁保全需提交材料清单

以在北京仲裁委员会/北京国际仲裁中心申请保全为例，需提交材料清单如下：①

说明：

1. 全部纸质申请材料应分为保全申请材料、仲裁申请材料及保全担保材料三个部分，每个部分应按照顺序排列整齐。

2. 保全担保材料可以在接到法院通知后再提交。

一、保全申请材料

1. 仲裁委员会出具的仲裁保全移送函。

2. 财产保全申请书（按照推荐样式）。

3. 申请人主体资格材料。

申请人为自然人的，提交身份证复印件；

申请人为单位的，提交加盖单位印章的营业执照复印件、法定代表人身份证明书、法定代表人身份证复印件。

4. 授权委托手续。

（1）授权委托书，含有"授权申请财产保全"内容；

（2）律师事务所向法院出具的函件；

（3）律师证复印件。

5. 被申请人的身份证明材料。

被申请人为自然人的，提交身份证复印件或者其他证明材料；

被申请人为单位的，提交营业执照复印件或者企业信用信息查询材料等。

6. 财产保全线索材料。少量而精确，并由申请人签字或者加盖公章。

7. 保全必要性证据或者说明，即有关一方当事人因另一方当事人的行为或者其他原因，可能使裁决不能执行或者难以执行的证据或者说明。

二、仲裁申请材料

1. 仲裁申请书。

2. 含有仲裁协议（条款）的合同。

---

① 此类文件来自北京仲裁委官网，文件著作权亦归北京仲裁委。

三、保全担保材料

1. 保全担保文件。

（1）保险公司向法院出具的加盖该公司印章（非保单专用章）的《保单保函》；

（2）保险公司向申请人出具的《保单》原件。

2. 业务资质文件。

如果是总公司提供担保的，提交如下文件：

（1）经营保险业务许可证复印件；

（2）营业执照复印件；

（3）法定代表人身份证明书原件；

（4）身份证复印件；

（5）监管机构出具的保险条款和保险费率备案表；

（6）向监管机构备案的《诉讼财产保全责任保险条款》，其中一般不得设定责任免除事项。

上述材料全部加盖总公司的印章。

如果是分公司提供担保的，除提交加盖分公司印章的上述（1）到（6）项的材料外，还需要提交如下文件：

（1）总公司的经营保险业务许可证、营业执照、法定代表人身份证明书及身份证复印件。

（2）总公司出具的《授权书》，内容包括"总公司现授权某某分公司开展诉讼财产保全责任保险业务，提供保单保函为财产保全申请人提供担保，以本公司名义处理一切与之有关的各项事务（包括法律事务），并承担连带赔偿责任"。

上述材料需加盖总公司的印章。

3. 偿付能力材料。

（1）企业经营状况承诺书，内容为："我公司在此郑重承诺，我公司没有处于被责令停业，财产被接管、冻结及破产状态。无违法犯罪记录且无拒不承担为财产保全申请人履行担保义务记录。现特此声明，如发现我公司存在上述任何情况，我公司愿意承担由此造成的一切法律后果。

凡我公司向贵院出具的保单（保险合同）内容与保单保函（书面担保书）内容如存在不一致之处，一切以保单保函（书面担保书）的内容为准。"

（2）上一年度的审计财务报告（含资产负债表）及偿付能力报表或其他证明材料。（注册资本一般应高于10亿元，单笔保险金额一般不得超过其净资产的30%）

2. 向法院提交的财产保全申请书示例

财产保全申请书

申请人一：新疆锐奇创业投资有限公司（以下简称新疆锐奇）

住所：新疆伊犁州霍尔果斯口岸滨河路一巷××号×栋×单元×××室

法定代表人：张某兰

申请人二：张某兰，女，汉族，住址河北省保定市雄安东街29号，身份证号：××××

被申请人：成都市春晓医院管理有限公司（以下简称成都春晓）

住所：成都市青羊区东坡路××号×栋×单元×××号　　邮编：×××××

法定代表人：赵某西　　　　　　　　　　　　电话：028－××××

请求事项：

查封、冻结被申请人成都春晓持有的"沈阳春秋医疗美容门诊部有限公司"70%的股权（该公司注册资本50万元），保全财产价值为人民币35万元。

事实与理由：

2018年4月7日，被申请人成都春晓与申请人一新疆锐奇、申请人二张某兰、目标公司（北京韩美医疗美容门诊部有限公司）共同签署《投资协议》，约定被申请人成都春晓以1.26亿元收购目标公司70%的股份，股权转让价款分4期支付，依次为8000万元、500万元、1250万元、2850万元，后三期股权转让价款被申请人应在目标公司实现对赌期间（2018年度、2019年度、2020年度）承诺经营业绩目标后分别支付给申请人一，并应按约定向申请人二支付业绩奖励；申请人则应就承诺业绩及回购条款向被申请人提供目标公司另30%股权质押担保。双方另约定，在业绩对赌期内，申请人享有对目标公司经营决策的主导权和独立性。

《投资协议》签订后，申请人严格按照约定履行了各项义务，并超额完成了2018年度的经营业绩（对赌目标1200万元，实际完成额远远超出）。根据对赌条款，被申请人应在2018年年度审计报告出具后10个工作日内向申请人一支付第二期股权转让对价款500万元。但被申请人先是试图大幅调减申请人2018年度的经营业绩（至约1100万元，根据此业绩金额，被申请人可以不支付对赌奖励，并有权减少支付股权转让价款），该企图遭到申请人拒绝后，被申请人于2019年1月29日下午带领数十名人员闯入目标公司，强行接管了目标公司，强行带走了公司的监控存储器、财务凭证、营业执照、公章、客户资料等核心资产，悍然剥夺了申请人依据《投资协议》第12.2条享有的对目标公司的经营决策权、主导权和独立权，使得目标公司的正常经营无以为继。被申请人的严重毁约行为背离了基本的商业诚信，给申请人造成了巨额损失。被申请人存在以转让所持目标公司股权等方式逃避债务之可能。若不能及时采取保全措施，将危及申请人债权的实现。

担保方式：保单保函

保全财产线索：沈阳春秋医疗美容门诊部有限公司，登记机关为：沈阳市大东区市场监督管理局，公司地址：沈阳市大东区××路××号××层。

此致

沈阳市大东区人民法院

申请人一：新疆锐奇创业投资有限公司（公章）

申请人二：张某兰（签字）

2019 年 3 月 15 日

3. 法院的财产保全裁定

申请人将上述财产保全申请书提交给仲裁机构后，仲裁机构将该申请书寄送给了本案管辖法院沈阳市大东区人民法院，2019 年 4 月 12 日，本书作者委托沈阳当地律师协助向法院提交了保险公司出具的保单保函、责任保险保单，并支付了保全费用 2 270 元。2019 年 4 月 17 日，法院经审查认为，申请人的申请符合法律规定，遂依照《仲裁法》第 28 条、《民事诉讼法》第 103 条第 1 款规定，裁定如下：

查封被申请人成都春晓医院管理有限公司价值 35 万元的财产。

查封、扣押动产的期限为 2 年，查封不动产、冻结其他财产的期限为 3 年。如查封、冻结期限届满，原告应在查封、冻结期限届满前 15 日向本院申请办理延期手续，逾期后果由原告承担。

本裁定书送达后立即生效。

如不服本裁定，可以自收到裁定书之日起五日内向本院申请复议一次，复议期间不停止裁定的执行。

第二节　被申请人的答辩

一般而言，被申请人应当自收到答辩通知之日起 15 日内提交答辩书，答辩书应写明如下内容：（1）被申请人的姓名或者名称、住所、邮政编码、电话号码、传真、电子邮箱以及其他可能的快捷联系方式；法人或者其他组织法定代表人或主要负责人的姓名、职务、住所、邮政编码、电话号码、传真、电子邮箱以及其他可能的快捷联系方式。（2）答辩意见和所根据的事实、理由。被申请人并应提交其答辩意见所依据的证据或者其他证明文件，以及被申请人身份证明文件。被申请人未提交答辩书的，不影响仲裁程序的继续进行。

被申请人如有反请求，应当自收到答辩通知之日起 15 日内提交反请求申请书。逾期提交的，仲裁庭组成前由仲裁机构决定是否受理；仲裁庭组成后由仲裁庭决定是否受理。当被申请人逾期提出反请求时，仲裁机构或仲裁庭通常会考虑反请求与本请求合并审理的必要性、逾期提出的时间、是否会造成程序的不必要拖延以及其他有关因素等来决定是否受理该反请求。

当事人可以变更仲裁请求或者反请求。变更仲裁请求或者反请求应当采取书面形式，仲裁庭组成前由仲裁机构予以受理；仲裁庭组成后由仲裁庭予以受理。当事人对仲裁请求或者反请求的变更过于迟延从而可能影响仲裁程序正常进行的，仲裁机构或者仲裁庭有权拒绝接受其变更。

一、答辩状的格式及撰写中应注意事项

仲裁或诉讼的答辩均可分为程序性答辩与实体性答辩两类。程序性答辩包括管辖权异议、仲裁员应回避未回避等。实体性答辩则是被申请人针对申请人的仲裁请求提出逐一反驳，说明其在事实或法律上不成立。

仲裁答辩的目的主要在于破解申请人的逻辑链条，从案件事实或法律适用两个层面反驳申请人的主张。在案件事实层面，常见的答辩内容包括仲裁协议的效力、合同关系的定性与效力、主体是否适格、权利义务约定是否明确、合同履行中是否存在违约行为以及是否导致损失、是否存在过错、是否存在因果关系等。在法律适用层面，则主要集中在应当选择适用何种法律或国际公约，请求权基础是什么，是否存在责任竞合等。

仲裁答辩的常见理由包括：（1）合同不成立（不生效、无效）；（2）不存在违约（有不可抗力等法律阻却事由）；（3）虽然存在违约，但对方无损失或其损失已经获得补救或补偿；（4）违约金过高，应予调减（若被申请人不提出、仲裁庭无权调减）；（5）申请人主张依据的法律错误；（6）当事人存在错列、漏列或少列错误；（7）存在仲裁程序错误，比如应适用普通程序审理的，适用了简易程序，或者相反；（8）仲裁时效已过等。

仲裁答辩状的撰写要点包括：（1）找出申请人提出的仲裁请求，以及其事实依据、法律依据，并分析其逻辑关系是否成立；（2）对影响申请人仲裁请求的关键性事实及依据进行分析；（3）逐条核对申请人在其仲裁申请书中所陈述的与所提供证据间的对应关系并进行分析，标出缺乏证据支持的事实及对仲裁请求的影响；（4）对对方缺乏原件支持的证据进行梳理、标识；（5）依据对证据的全面分析，结合委托人确认的事实，确定答辩状核心内容；（6）将证据作为答辩状的附件。

本案中被申请人的答辩书示例。

答辩书

答辩人：北京 B 大学（以下简称 B 大学）

住所：北京市海淀区××路××号　　　　　　邮编：×××××

法定代表人：陈某　校长

电话：××××

被答辩人：北京南国建筑工程有限责任公司（以下简称南国公司）

住所：北京市东城区永定门沙子口中街××号　　　邮编：×××××

法定代表人：李某会　董事长

电话：××××

答辩人现就被答辩人南国公司与 B 大学之间发生的建筑工程款结算争议向你会提出的仲裁请求，提出答辩如下。

答辩请求：

1. 驳回南国公司有关支付工程款 18 541 826.34 元及利息损失之不当仲裁请求；

2. 由南国公司承担本案全部仲裁费用。

答辩事实与理由：

B 大学严格按照《施工合同》约定履行了向南国公司支付工程款的全部义务，剩余工程款未能结算的原因完全是南国公司拖延提交结算资料及无理取闹所致。具体如下：

一、南国公司所谓 18 541 826.34 元工程款之主张缺乏基本事实与法律依据。

本案所涉工程南国公司的中标价为 32 185 610 元。合同工期为 2007 年 4 月 28 日—2008 年 3 月 22 日。实际开工日期为 2007 年 6 月 6 日，竣工日期应为 2008 年 5 月 1 日，而南国公司实际竣工验收日期为 2008 年 11 月 24 日（见证据 1：竣工验收单）。工程实际交付日期为 2008 年 7 月 3 日，因南国公司人手不足等施工方原因（见证据 13：监理会议纪要等），按交付日算，工程竣工超期 60 多天；若按竣工验收日期，则超期 7 个多月。给 B 大学造成了较大的经济损失。

……

综上，根据 2010 年 4 月 20 日、5 月 7 日，双方达成的一致意见，南国公司的最终结算书所载送审金额为 3 965.252 9 万元，双方约定的审计机构的审定金额为 3 234.69 万元。据此，B 大学在已经支付 2 563 万元工程进度款之后，仅需再向南国公司支付结算余款 671 万元。南国公司所谓 B 大学应另支付 1 854 万余元与 671 万元之间的差额约 1 200 万元款项之主张缺乏基本的事实与法律依据。

二、B 大学支付剩余工程款的前提条件是审计机构已完成了结算审计，本案中，因南国公司原因，此付款前提尚不具备，付款条件尚未成就。

......

三、南国公司所谓420余万元利息损失的主张完全是无稽之谈。

本案中，双方对尾款支付时间有明确约定，该约定的付款时间尚未到来，B大学支付工程尾款的条件尚未成就，南国公司所谓利息损失不可能存在。

四、南国公司在2年前已正式提交最终结算资料的情形下，又提出新的结算项目，其主张缺乏基本事实基础，也无任何法律依据。

南国公司仲裁申请中新提出的三部分结算项目及其实际情况分别是：（略）。

四、到期质保金160万余元。南国公司实际上已经收到了该质保金。

B大学已实际支付给南国公司工程款2 563万元，不论是按照合同价3 218万元，抑或初审价格3 234万元，均已超过了合同约定的75%，将近工程款总额的80%。剩余工程款属于合同约定的待审计后支付的20%工程尾款。故，南国公司有关到期质保金的主张缺乏法律依据。

五、南国公司所提交证据中存在明显的伪造痕迹。（略）

综上所述，答辩人认为，南国公司的仲裁请求缺乏基本的事实依据和证据支持，请求依法驳回其仲裁请求。

此致

答辩人：北京B大学

代理人：任自力

2012年8月13日

附件：证据清单（略）

二、建设工程仲裁案件庭审前准备技巧及应注意事项

在所有的仲裁案件中，申请人或被申请人的代理律师均需要围绕己方的请求或主张来思考代理策略及方案，所有代理工作均需要围绕确立己方主张、反驳对方主张来展开，比如己方的主张合理、证据真实、已有证据能够证明所主张的法律事实、证据之间可以相互印证、当事人或证人陈述可信、对法律的理解正确，对方的主张缺乏事实与法律依据、对方对法律的理解存在偏差等。具体而言，在承办案件的不同阶段存在不同的代理技巧，相关技巧的熟练运用对于案情通常较为复杂的建设工程案件的成功代理至关重要。代理律师的工作可分为庭审前、庭审中、庭审后三个阶段。此三个阶段的关注重心各有不同。

在庭审前准备阶段，代理律师应当充分全面地了解案件背景情况，熟悉案件相关材料，收集相关证据，在对已有证据资料进行充分分析基础上，对仲裁结果进行预判并与当事人进行有效沟通，并及时准备相关仲裁文件（比如授权委托书、法定代表人身份证明、法人的营业执照、仲裁申请书及证据、答辩书及证据）等。详述如下。

（1）认真倾听委托人陈述并做好记录。此阶段应认真倾听当事人对案件基本情况（如争议相对方、争议核心事项等）的描述，准确了解委托人的诉求，争取对案件有一个整体把握，在沟通中应当做好笔记，对于涉及刑事责任的案件或当事人陈述的核心信息，有条件的，可以让当事人在所做笔记或会议纪要上签字确认，以免事后产生不必要的争议。比如，不少案件的当事人在代理合同签署之前所提供的信息是不完整的，部分当事人甚至存在隐瞒对自己不利证据的情况，此情形下，律师在代理合同签署之后可能会发现，代理合同及代理方案确定的基础信息发生了重大变更，自己原来对仲裁结果的预判也可能会发生巨大变化，此情形下，若留有一份委托人签字确认的会谈记录或纪要，无疑更有利于与委托人之间的顺畅沟通，并避免委托人提出过分的主张。

（2）制作问题清单，进一步收集案件相关资料。问题清单是判断律师专业能力的一个重要指标，要求委托人按清单所列提供与案件有关的所有资料及委托人认为与案件有关的所有资料；跟踪所了解的案件相关情况，随时向委托人发补充清单，要求委托人提供资料。建设工程争议或索赔涉及的材料较多，相关材料均应纳入问题清单及资料收集考虑范围，主要包括但不限于：项目前期审批手续、发包人资质文件、承包人资质文件、标前文件、招标文件、招标图纸、水文地质等施工现场数据、技术标准或规范等技术性文件、法律法规与政策性文件、投标文件、中标通知书、中标文件、中标备案合同、标后未备案合同、施工图纸及其变更文件、工程进度计划、开工文件、发包人指令及确认文件、监理通知、往来函件及签收记录、会议纪要、承包人施工记录、施工工料机动态文件、工程照片及影像资料、气象资料、监理月报、分包合同、发包人自供设备及材料相关文件、承包人供应设备及材料相关文件、工程洽商与签证文件、设备或材料的认证文件、阶段性质量验收文件、工程款申报文件、工程款支付文件、分部分项工程验收申请文件、单位工程竣工验收报告、工程质量文件、工程结算资料、结算协议书、造价信息资料、竣工验收资料、工程保修文件等。

（3）制作争议案件大事记。在对案件所有资料进行系统分析之后，应制作一份争议案件大事记，将案件相关关键节点清晰地表述出来，供自己事后不时使用，也可在开庭时将之提交给仲裁庭，帮助仲裁庭快速及时地把握大致案情与争议焦点。

（4）制作案件资料目录。应将收集到的所有案件资料进行归类，制作一份完整的资料目录（对于案件证据繁杂的案件，可以另制作一份核心资料/证据目录），进而将案件争议问题以专题的形式进行探讨并附相关证据支持。对于那些案情复杂、证据繁多的建设工程仲裁案件，提前制作好案件大事记与资料目录可以大大节省之后对案件进行复盘所需要的时间。

第三章

仲裁庭审中应注意的事项

第一节　证据的准备、提交与质证

一、本案中 B 大学提交的证据材料清单示例

被申请人证据材料清单（一）

编号	证据名称	证明目的	页码
1	工程质量竣工验收单	工程竣工验收时间为 2008 年 11 月 24 日，竣工滞后数月。	1－2
2	建设工程施工合同	南国公司应提交结算资料的时间；B 大学结算尾款的前提条件——竣工结算审计完成。	3－40
3	结算书（2008.12）	南国公司提交的第二份结算书仍存在资料不完整等问题，竣工结算迟延原因在南国公司。	
4	工程结算的问题（2009.1.15）	监理公司认为南国公司的第一份结算书存在重复申报工程款等严重问题。	41－42
5	工程遗留问题	南国公司施工中的不规范及给 B 大学造成的损失。	43－47
6	会议纪要（210.4.20）	（1）双方就人工费、材料费争议的解决方式达成合意；（2）南国公司同意放弃基础难度增加等其他费用主张 415 万元；（3）监理公司审定的结算金额为 3 747 万元。	48－55

续表

编号	证据名称	证明目的	页码
7	会议纪要（2010.5.7）	双方就人工费、材料费等的结算达成一致意见。	56 – 58
8	结算书（2010.5.9）	南国公司最终报送审计的结算金额为 3 965 万元及其构成。	59 – 167
9	审计公司的初审说明（2010.6.30）	审计机构对结算资料的首次初审金额为 3 201 万元。	168 – 169
10	监理会议纪要（第 17 期）	南国公司所谓抹灰加厚等问题不存在，因只要求顺平顺直。	170 – 172
11	招标文件第 13 条（第一部分 投标须知 节录）	南国公司所谓抹灰及墙面混凝土加厚增加费用主张缺乏依据。	173 – 197
12	监理会议纪要（第 25 期）与工作联系单	南国公司施工中使用的是现场搅拌砂浆而非预拌砂浆，B 大学与监理公司均曾对其现场搅拌砂浆中的不规范操作提出了纠正要求，其要求增加此项费用与客观事实相悖。	198 – 202

被申请人（公章）　　　　　　　　　　　　　　　　　　　经办人：任自力

提交日期：2012 年 6 月　 日

被申请人证据材料清单（二）

编号	证据名称	证明目的	页码
13	监理会议纪要（第 11、35、43 期）及 014 号监理通知	（1）因南国公司原因，施工人员不足、混凝土供应不及时等，造成工期延误； （2）2008 年 4 月 30 日，施工进度方面还存在若干未完成项目； （3）南国公司施工期间的暖气供应和停供由 B 大学动力中心负责。	203 – 211
……	……	……	……
22	关于南国建筑公司欠供暖费的说明（2009.5.8）	南国公司拖欠 B 大学动力中心供暖费 44.4 万元未付，B 大学动力中心要求从南国公司工程尾款中扣除。	323

被申请人（公章）　　　　　　　　　　　　　　　　　　　经办人：任自力

提交日期：2012 年 8 月　 日

二、建设工程仲裁案件中证据材料的准备与提交

1. 新《证据规定》中关于举证责任的规定

最高人民法院于 2019 年 12 月 25 日公布了《关于修改〈关于民事诉讼证据的若干规定〉的决定》（以下简称新《证据规定》），从 2020 年 5 月 1 日起开始施行。就包括建设工程纠纷在内的所有商事仲裁案件的举证而言，与最高人民法院新《证据规定》确立的规则基本一致，但也存在一些区别，尤其是关于举证时限和逾期提交证据的认定，各仲裁机构的仲裁规则并不尽一致，律师代理此类案件时应予以充分注意。一般而言，仲裁中对于举证时限的要求较为宽松，就建设工程仲裁案件而言，仲裁中针对造价审计鉴定的运用比诉讼更宽松。

2. 仲裁中运用的证据方法

仲裁上运用的证据方法包括仲裁推定（根据已知事实推定）、仲裁认知（众所周知的事实以及显著的事实）、庭审笔录、专家证言、交易习惯（行业、地区的交易习惯，如建工合同中的包清工、不包清工等，或者当事人之间的特殊交易习惯——文件的签署，如双方代表签字即生效、付款习惯等）、经验法则（一般人普通生活经验的认知，如高额借贷应有大额款项交付的证据，若无法提供，则认为该事实不存在）等。

3. 证据清单或目录编排中的注意事项

对于建设工程案件，尤其是那些复杂的案件而言，其所涉证据数量通常较大，证据种类也较多，故代理律师一定要对案件证据进行认真、细致的梳理，编排出一份内容清晰、要点明确的证据清单或目录，以便于仲裁庭在比较短的时间内迅速了解案件内容，同时方便自己及仲裁庭的庭审使用和查阅。

常见的证据编排方法有三种：（1）按照时间逻辑排列，此方法符合人的思维习惯，但未必利于突出欲证明的案件事实。（2）按照争议焦点或要件事实的逻辑排列，此方法利于突出案件事实，但有可能导致时间线的杂乱。实践中，可根据具体案情需要灵活运用。（3）对于案情复杂的建设工程案件，以可视化图表方式提交证据的情形日益增多，相对于传统的文书证据呈现方式，将案涉工程的工艺流程或时间轴等以可视化图表的方式呈现出来，更利于仲裁庭准确把握案件的争议焦点和己方主张，此方法值得律师借鉴运用。

4. 新《证据规定》中关于"书证提出命令"的内容

"书证提出命令"由《最高人民法院关于适用〈中华人民共和国民事诉讼法〉的解释》第 112 条创设，该条规定："书证在对方当事人控制之下的，承担举证证明责任的当事人可以在举证期限届满前书面申请人民法院责令对方当事人提交。申请理由成立的，人民法院应当责令对方当事人提交，因提交书证所产生的费用，由申请人负担。对方当事人无正当理由拒不提交的，人民法院可以认定

申请人所主张的书证内容为真实。"新《证据规定》第 45 条至第 48 条对该制度进行了完善。

首先，其明确了"书证提出命令"的申请条件。一方当事人申请法院责令对方提出书证的，应提交申请书，载明：（1）书证名称或内容；（2）拟证明的事实及其重要性；（3）对方当事人控制该书证根据。对应地，如当事人载明的书证不明确，对待证事实的证明无必要或待证事实对裁判结果无实质影响，书证未在对方控制之下的，人民法院不同意该申请。

其次，其列举了控制书证的当事人应提交书证的范围，包括：（1）在诉讼中曾引用；（2）为对方利益所制作；（3）对方依法有权查阅、获取；（4）账簿、记账原始凭证；（5）其他。

最后，其规定了不按要求提交书证的法律后果。控制书证的当事人无正当理由拒不提交，或者以妨碍对方当事人使用为目的，毁灭有关书证或者实施其他致使书证不能使用行为的，人民法院可以认定对方当事人主张的书证内容为真实。

5. 关于电子数据证据的最新规定

随着互联网技术的发展，电子数据的重要性越发凸显，有关电子数据证据的规定也是近几次《民事诉讼法》修改和司法解释制定的重点。最高人民法院 2020 年 5 月 1 日开始实施的新《证据规定》较之前的规定有明显改进：

（1）具体规定了电子数据的范围。新《证据规定》第 14 条进行了不完全列举，即电子数据包括下列信息、电子文件：网页、博客、微博等网络平台发布的信息；手机短信、电子邮件、即时通信、通信群组等网络应用服务的通信信息；用户注册信息、身份认证信息、电子交易记录、通信记录、登录日志等信息；文档、图片、音频、视频、数字证书、计算机程序等电子文件；其他以数字化形式存储、处理、传输的能够证明案件事实的信息。

（2）明确了关于电子数据原件的认定。新《证据规定》第 15 条规定，"当事人以视听资料作为证据的，应当提供存储该视听资料的原始载体。当事人以电子数据作为证据的，应当提供原件。电子数据的制作者制作的与原件一致的副本，或者直接来源于电子数据的打印件或其他可以显示、识别的输出介质，视为电子数据的原件。"据此，当庭提交的直接打印的手机微信记录、刻录视频的存储优盘等，均可以视作原件。

（3）明确了电子数据的审查规则。新《证据规定》第 93 条规定了对电子数据真实性认定的要素，包括电子数据的生成、存储、传输所依赖的计算机系统的硬件、软件环境是否完整、可靠、正常等七大类因素。第 94 条规定了推定电子数据真实的五大情形（除非有足以反驳的相反证据），包括当事人提交的对己不利的、中立第三方保存的、正常业务活动中形成的、以档案管理方式保存的、按照双方约定方式保存、传输和提取的五种情形。

（4）明确了关于书证的规定适用于电子数据证据。书证是民事案件中认定案件事实的主要证据形式之一，电子数据具有与书证相似的稳定性、客观性，新《证据规定》第99条明确了关于书证的规定适用于电子数据，使得电子数据的认定规则得到了确定。

三、仲裁开庭审理中应注意的程序性事项

仲裁案件与诉讼案件在审理程序方面基本一致，但也存在一些需要注意的问题。

（1）仲裁案件不公开进行，一方当事人有旁听人员列席，须征得另一方当事人和仲裁庭同意。

（2）仲裁案件的代理人，没有人数的限制，可以根据案件需要委托两位以上代理人出庭，而诉讼案件中当事人一方最多只能聘请两位代理人。

（3）仲裁案件的审限一般自仲裁庭组庭之日起计算，而非受理之日起计算。

第二节　仲裁庭审中的实务技巧

美国著名庭审律师丹尼尔·艾·斯黟在其所著《走向法庭——律师庭审制胜战略》一书中称："人们总是说庭审的三个最重要的法则是准备、准备、再准备。庭审中充满意外，但是我们通过谨慎的计划能够将意外减少到最低程度。"庭审表现是影响仲裁庭接受律师代理观点或主张的重要因素。对于不少案件而言，代理律师针对案件庭审的准备是否充分、透彻在很大程度上直接决定着案件的结果。

国内仲裁的庭审程序一般由六个环节构成，依次是：开庭陈述与答辩、举证与质证、庭审调查、庭审辩论、庭审调解、最后陈述。实践中，因不少仲裁员习惯于在双方举证质证环节进行调查询问，故举证质证与庭审调查两个环节经常会存在交叉。庭审是律师参与仲裁或诉讼业务的核心，庭审各环节也是充分展现律师专业水平的主战场，庭审成功是案件代理取得满意结果的前提，而律师要取得庭审成功必须在开庭前做到对案件进行充分、全面、透彻的准备。庭审准备包括对庭审调查的准备、对庭审辩论的准备、对法律条文的摘录与熟悉、对案例的标注与熟悉等很多方面。对于仲裁代理经验不足的律师来说，仲裁庭审各环节中，均存在不少需要重视的事项或代理技巧。

一、庭审陈述与答辩环节的代理技巧

庭审陈述与答辩是仲裁案件审理中的一个环节。在此环节，代理律师应尽量

做到：

（1）陈述应繁简适度，具体可依据法庭要求和案件复杂程度确定。

（2）尽量在 3~5 分钟之内让仲裁庭理解你的仲裁请求（答辩主张）及核心观点。

（3）仲裁请求（或答辩主张）一定要明确、具体、全面，包括请求权基础、核心观点及依据、支持每项诉讼请求/主张的证据序号及页码、法律依据与合同依据、相关金额计算的依据与过程等。

（4）发言时尽量避免一直低头"照本宣科"，即使是在仲裁员希望你把申请书或答辩书从头念到尾，他同步思考双方理由及案件事实证据情形下，仍需要察言观色、分析判断仲裁员对于案件材料的熟悉程度，并进行相应的陈述方式与内容调整。

（5）尽量进行实质性陈述——事实方面要符合法律逻辑（合同纠纷：主体与签约背景、签约过程、合同主要约定、履行情况、违约情况，标的物情况等），对于建设工程合同争议，通常会涉及工程开工日期、工程主体竣工日期、工期延误天数、工程质量等问题。

（6）进行案件事实陈述时对主要证据可以提及，但不能过多解释，因后面还有举证质证环节。对于案情比较复杂的案件，可适时将当事人法律关系图、可视化图表、案件事实一览表等更利于仲裁庭迅速把握案情的资料提供给仲裁庭并作简要说明。

二、仲裁答辩的常用策略

仲裁答辩的常见策略有三：

第一，答辩应专注于事实或法律，可进行全部或部分答辩，可选择进行庭审前答辩、庭审中答辩或二者兼而有之。

第二，答辩要有针对性，对方陈述时要脱离文本聆听，并与之前看到的仲裁文书在大脑中对比仲裁请求有无变化，事实与理由有无变化，根据对方的口头陈述作出回应。

第三，答辩中应有效利用请求权基础中的抗辩分析方法，包括适用范围抗辩（一方要求承担违约责任、另一方主张合同不成立），构成要件抗辩（没有构成违约），免责抗辩（如诉讼时效已过、属于合同约定的免责事项），减轻责任抗辩等。

三、庭审举证、质证、庭审调查环节的代理技巧

在庭审举证、质证环节，举证一方应说明本方证据的名称、证明目的，质证方则应对举证方每份证据的真实性、合法性、关联性（三性）以及证明目的发

表意见。其中，证据的真实性包括形式真实性和实质真实性，合法性主要关注的是证据的取得途径是否合法，关联性是指证据与本案争议是否相关。从形式上来讲，争议各方均应向仲裁庭提交本方的证据清单（包括证据序号、名称、证明目的、页码），并应在证据清单基础上、围绕争议焦点归纳证据，对那些关键证据进行重点说明；根据提前进行的证据标注或索引，快速地查找说明相关证据；对于涉及案件争议的合同主要条款要充分熟悉。同时，应仔细审核对方的证据、对方对本方证据的质证意见、对方证据中有无对本方有利的证据（若有，应进行清晰的标注），对对方证据有疑问的，要问哪些问题等。

鉴于在当事人举证质证过程中，仲裁庭可能会随时提问，这是仲裁庭在行使庭审调查权，相关询问可能会打乱各方的举证或质证发言节奏，但代理律师必须时刻牢记，仲裁庭审的主导权掌握在仲裁员手中，对于任何一方来说，遇到此类情形的最优选择是及时回答仲裁员的发问，而不宜以"我后面会谈到这个问题"等话语来回复或推迟回答相关发问。代理律师的发言被仲裁员打断时，应立刻停止，若打断的内容非常重要，应简单标记一下，在双方针对该争议点均作陈述后，可以尝试申请补充发表意见，或在辩论环节或最后陈述环节发表补充意见。另外，对仲裁员的假设性问题一定要明确回应。如果不确定相关内容是质证时说好还是在辩论时说更好时，应当马上说，这样即使言有未尽，后面还可以再行补充。

四、仲裁庭审辩论环节的代理技巧

1. 尽量避免照本宣科。为实现更好的辩论效果，代理律师应提前准备好若干发言要点，按照观点的优先顺序来逐一发言，并尽量做到简洁明了。尽量争取用简单明了的语言解释清楚一个相对复杂的争议。

2. 注意争议焦点的归纳总结。仲裁庭在庭审调查之后，通常会对案件的争议焦点进行归纳总结。仲裁庭不归纳争议焦点时，代理律师可以在发言时说出自己认为的争议焦点有哪些，以吸引仲裁庭的注意。当仲裁庭归纳的争议焦点不全面、有遗漏或者过于笼统时，代理律师则应敢于及时进行补充，并说明补充的理由。

一般而言，案件争议焦点在双方的开庭陈述与答辩环节即会有所体现。通常可以根据当事人的具体仲裁请求和答辩主张中存在的交叉来确定争议焦点，对于双方在主张中均未涉及的问题，如法律关系性质或合同效力等需要仲裁庭作出认定的问题，也应当作为争议焦点。对于建设工程类案件而言，当事人争议的焦点通常集中在合同效力、工程是否完工或验收、是否存在工期延误或质量问题等。

3. 庭审辩论中常见的问题。庭审辩论中存在的问题主要包括：发言过于简单、草草结束；直接宣读代理词，发言中与仲裁庭缺乏眼神等交流互动；发言缺乏针对性，不能围绕争议焦点进行、未能回应对方的观点等。出现这些问题的原因主要有二：一是代理律师准备不足，对于双方证据材料及观点未能准确把握，或者庭审经验不足；二是感觉自己一方确实不占理，无法有效反驳对方的证据，只能选择避其锋芒，进行策略上的回应。

4. 庭审辩论的基本要求。庭审辩论中的要求主要包括：（1）内容针对性。辩论内容应围绕双方争议焦点进行，可以是事实认定或者法律适用。（2）辩论的素材，要言之有物。将证据、案件事实、法律或合同规定、可参考案例等进行有效结合。（3）观点明确、逻辑清晰。请求权基础、证据的证明力、举证责任是否完成、证明标准是否达到、经验规则与社会常识是否一致、是否存在重大利益失衡或违反社会公共利益情形等。（4）用语准确、表意清晰。应尽量使用法言法语，论述中可灵活运用排比、对照、反问、设问等修辞手法来增加说服力。（5）尽量做到脱稿辩论、繁简适当、避免过多重复。

5. 充分尊重仲裁庭。对仲裁庭的尊重可体现在两方面：一是当仲裁员发表意见时，你应当立即停止发言。即使该发言是对你观点的打断，也不论你的观点多么重要或多么有说服力；二是除非需要仲裁庭进行释明，不要向仲裁庭提出无关的问题。比如，代理律师不应询问仲裁庭你方是否应当补充证据或者你方对一个问题的解释是否充分，这属于代理律师自行判断的问题。律师在庭审中应牢记自己的角色是回答问题，而非提出问题，部分仲裁员可能会讨厌这种角色的倒置。对于一个执业经验丰富的律师而言，其提出的问题仅有两个：（1）你对仲裁员提问的理解是否正确；（2）仲裁庭有无更进一步的问题。

五、仲裁庭审调解中的代理技巧

古语云："不战而屈人之兵，善之善者也。"对于任何一个仲裁案件而言，不论律师代表哪一方，在裁决书出来之前，裁决结果均具有不确定性。实践中，法律关系清晰、绝对是非分明的争议很少会走到仲裁或诉讼阶段。因此，除非代理律师对案件结果抱有100%的信心或者委托人明确拒绝调解，仍需要慎重对待并妥善利用好庭审调解程序。对于很多仲裁案件来说，争议双方对争议的发生通常均存在一定过错，故仲裁裁决结果通常也会考虑到双方的过错情况。对于任一方而言，若能通过调解解决争议，均可避免对自己一方最为不利的结果。故但凡案件存在调解可能的，一定要准备好调解方案并积极参与调解；确实不愿进行调解或者无相关授权的，也应当做到态度明确且温和。在庭审中，如果希望仲裁庭帮助组织调解的，则需要及时向仲裁庭提出申请。在作者作为北京仲裁委仲裁员审理的某系列案件中，被申请人的律师在其中一个案件庭审结束时感觉自己一方的证据比较弱、败诉风险较大，遂向仲裁庭明确提出希望仲裁庭组织双方在庭后继续进行调解。仲裁庭考虑到对方当事人不反对此意见，遂接受了该申请，在庭后组织双方进行了多轮协商，最终双方就争议的 4 个案件均达成了和解，仲裁庭进而基于双方的和解协议制作了仲裁调解书，圆满解决了双方间的争议。

六、最后陈述环节的代理技巧

国内仲裁案件的最后陈述通常较为简单，尤其在争议各方已经就争议焦点进行过充分辩论的情况下，常见的最后陈述方式是：申请人（坚持仲裁请求），被申请人（坚持答辩意见）。相对而言，国际仲裁案件中的最后陈述则是一个比较重要的环节，此环节通常包括对案件的总结、对证据的分析、对对方观点的反驳等。对于代理律师而言，在最后陈述环节，简单地说坚持仲裁请求或答辩意见并不是一种值得推荐的做法。毕竟，此环节通常是双方能够与仲裁庭进行当面交流、并施加影响的最后环节，故一定要抓住此最后进行口头表达的机会，结合案件的争议焦点等问题再次阐明己方观点。如果庭审中有本来准备好但被仲裁庭打断无机会说的内容，此环节正好可以进行补充说明。当然，如果无新的补充意见，核心观点已经进行过明确表达，也可以简单处理。因为无重点、无新意、大篇幅的重复通常为多数仲裁庭所排斥，此情形下不如不说。

七、庭后工作应注意的事项

首先，应充分重视对庭审笔录的核对。庭审笔录是对庭审过程中各方陈述、观点、证据质证等的全程记录，是仲裁庭撰写裁决时的重要参考依据。若庭审笔录中有与自己庭审中所述不一致的内容，尤其是涉及关键事实、关键证据或核心观点的错误，应及时进行纠正。

其次，应认真准备并提交代理词（代理意见）。若有补充质证意见，也应一并提交。代理词应能够与仲裁申请书或答辩状、证据目录、质证意见、辩论意见等形成一套完善的论证体系，具体撰写中应避免逻辑不清、观点冲突等问题；代理词在内容上可以是对庭审观点的补充、完善与修正，对仲裁庭提问的进一步回答，对所涉法律问题的更进一步研究，或者对案件所涉问题认识的新的表达；代理词在具体撰写上应尽量做到观点明确、逻辑严谨、论证充分。

实例展示：本书作者作为 B 大学代理律师在仲裁庭开庭后提交的代理意见。

代理意见

尊敬的仲裁庭：

作为被申请人北京 B 大学（以下简称 B 大学）的代理人，并根据北京市汉鼎联合律师事务所的指派，经过今天的庭审，我对本案的案情又有了更进一步的认识，现依法发表如下代理意见，供仲裁庭参考：

一、本案纠纷拖延至今，主要是南国公司不按时提交完整结算资料及漫天要价所致，而非 B 大学有意拖延付款。

1. 依据施工合同第 33.1 条，南国公司最迟本应于 2008 年 12 月底前向 B 大学提交"全部工程结算报告及完整的结算资料"。而实际情况是，直至 2010 年 5 月 9 日，南国公司才向 B 大学提交了该等结算报告及资料。

根据庭审情况及 B 大学方证据可知，本案工程合同工期为 20070428 - 20080322，实际开工日期为 2007 年 6 月 6 日，顺延后竣工日期应为 2008 年 4 月 30 日。但因南国公司人手不足、作业不规范等，工程实际交付日期为 20080703，竣工验收日期为 20081124。南国公司虽然于 2008 年 7 月、12 月提交过两份结算报告，但该两份结算报告不仅存在重复申报工程款等虚假申报问题，并且在结算资料的完整性方面也均存在严重缺陷。……

对于南国公司应及时提交完整结算资料的义务，双方在《施工合同》中存在明确、清晰的约定。……

2. B 大学收到南国公司提交的第三份结算书后，在法定时间内向南国公司提交了审计机构（即造价咨询机构）的初审结论，南国公司虽然拒绝认可该初审结论，却不提供异议依据，并频繁更换谈判代表等行为是导致纠纷长期拖延的主要原因。……

二、南国公司对于工程尾款支付前须先进行审计结算之约定，是明知的；其主张以 3 965 万元之送审金额作为结算金额的主张缺乏基本法律依据。

1. 双方在《施工合同》中对于工程尾款支付的前提（即进行结算审计后）的约定是明确的，是南国公司及其他任何人都不能否认的。

《施工合同》专用条款中前后有 5 个条款对于工程尾款的支付前提明确约定，具体如：……

专用条款是施工合同双方签署合同时反复研究和审查的重点，涉及双方当事人的核心利益。本案中，南国公司与 B 大学在《施工合同》总共 47 个专用条款中用了 5 个条款来对工程结算价款的支付问题进行反复约定，这足以说明双方对此问题的重视，也说明双方对于工程竣工结算要经过审计造价这个环节是存在明确、一致合意的。对此约定，依法应予以尊重。

2. 3 965 万元作为送审金额，在相关《会议纪要》等送审资料中有明确记载。至于其中是否含有 600 万元争议额的表述则无关紧要。因造价机构的审核是最终环节，造价机构是依法进行独立审核，并不会，也不应依据送审文件中有无争议而采用不同的审核规则。

三、关于二次造价鉴定。本着促进争议快速解决之原则，我方虽同意二次鉴定，但同时必须强调：

1. 合同双方在施工合同专用条款中用了 5 个条款对工程款结算应先进行

审计（即造价鉴定）进行了约定，该等约定是明确的、清晰的、不容否认的。对此事实，必须给予充分尊重。

2. 用于二次鉴定的资料，须经过开庭质证程序，并应充分尊重双方已达成的合意。正如我方答辩中所述，南国公司所提供证据中存在部分明显属于伪造、虚假的证据。在所依赖鉴定资料不真实的情况下，不可能保证鉴定结论的客观公正。另外，南国公司2010年5月9日提交的结算书及双方签署的《会议纪要》等文件中已确定或达成合意的内容，仲裁庭应予以充分尊重。该等文件是经过监理公司、B大学基建处与南国公司三方审核后报送审计的文件，也是争议双方合意的体现。否则，将引发所有事项的重新协商谈判，纠纷的及时、公正解决将遥遥无期。

以上意见，供参考。

北京市汉鼎联合律师事务所

律师：任自力

2012 年 8 月 13 日

八、仲裁代理中仲裁程序的利用技巧

相对于法院，仲裁规则更灵活、更尊重争议当事人的合意或意见，因此，在仲裁案件代理中，代理律师可以利用的仲裁程序有很多，比如，申请延期举证，申请仲裁庭责令对方当事人提交证据，申请仲裁庭向有关部门或机构调取证据，申请仲裁庭就案件相关事实或证据向有关部门或人员进行查询或核实，申请仲裁庭就争议事项进行认定或推定，申请鉴定或勘验，申请向对方（包括对方证人或负责人）发问，申请仲裁庭要求对方当事人本人或其工作人员出庭作证，申请证人（含专家证人）出庭作证，申请核对账目，申请要求对方当事人对有关事实进行确认，提请仲裁庭注意有关事实、事项或情节等。其中，不少程序性利用技巧也同样可适用于法院审理的案件中。

九、庭审的礼仪、形象及应注意事项

作为一名代理律师，应当时刻牢记如下庭审行为准则，这些准则是确保庭审礼仪和形象的关键。

（1）尊重仲裁庭。庭审中应充分尊重仲裁庭对庭审的组织和主导权，尊重仲裁庭的权威和裁判权。庭审发言时应朝向仲裁庭，脱稿陈述、辩论或回答仲裁庭问题时，与仲裁员应有目光交流。庭审发言时确保语音、语调、语速的平稳，语速不宜过快，语调应有一定节奏，声音不能刺耳。

（2）尊重对方当事人及其律师。在庭审中对于对方当事人及其律师应保持适度的善意和尊敬，尤其是与对方的律师之间，应保持职业上的彼此尊重，在保持身份上的区分之同时，应尽量减少或避免双方当事人之间的情绪对立或不必要的误会，发言中应绝对禁止用手指向对方或其证人，庭审后可与对方律师进行礼节性交谈，庭审结束后离场时应主动与对方律师打招呼。

（3）尊重法律职业。在开庭之前应调整好状态，以最好的状态出庭，包括：着装——着正装出庭（律师袍，或深色西服与鞋袜等）；守时——提前安排好日程，确保在开庭前 15 分钟左右到达开庭地点，避免因堵车等原因的迟到；真诚——与仲裁庭或对方律师交流时保持真诚、谦虚心态，具有法律情怀；敬业——对委托人的委托事项勤勉尽责、坚韧不拔；遵守仲裁庭纪律；对法律保持敬畏之心——严格排斥一切违反法律法规或职业道德的行为。

第四章

建设工程鉴定中常见法律问题

第一节　建设工程造价鉴定实录

建设工程仲裁案件中，经常会涉及工程质量、价款的鉴定问题，其中造价鉴定非常常见。同类争议在法院审理的建设工程纠纷中也比较普遍，最高人民法院针对此类问题作出了一系列的生效判决，该等判决对国内仲裁机构处理同类造价争议具有重要参考作用。故建设工程仲裁案件的代理律师也需要适时关注相关司法裁判案例情况。

一、建设工程造价鉴定的三种常用方法

根据最高人民法院的相关判决，司法实践中通过鉴定方式确定工程价款的方法主要有三种：（1）以合同约定总价与全部工程预算总价的比值作为下浮比例，再以该比例乘已完工程预算价格进行计价；（2）已完施工工期与全部应完施工工期的比值作为计价系数，再以该系数乘合同约定总价进行计价；（3）依据政府部门发布的定额进行计价。对于约定了固定价款的建设工程施工合同，双方未能如约履行，致使合同解除的，在确定争议合同的工程价款时，既不能简单地依据政府部门发布的定额计算工程价款，也不宜直接以合同约定的总价与全部工程预算总价的比值作为下浮比例，再以该比例乘以已完工程预算价格的方式计算工程价款，而应当综合考虑案件实际履行情况，并特别注重双方当事人的过错和司法判决的价值取向等因素来确定。

二、本编所涉案件施工合同造价鉴定实录

在南国公司与 B 大学建设工程施工合同结算纠纷一案中，仲裁庭审理后认为，需要委托鉴定机构来对双方争议的焦点——案涉建设工程的实际造价金额进行鉴定。在仲裁庭的组织下，本案争议双方选定了一家工程造价鉴定机构，并按要求将工程造价所需资料陆续提交给了鉴定机构。下面是本案中涉及的部分造价

鉴定资料。

1. 被申请人（B大学）提供的案涉工程部分原始文件目录

所 有 原 件 目 录

序 号	名　称	大 概 内 容	文件张数	页 码	备 注
1	工程动工报审表	工程实际开工日期	1	1	实际开工时间
2	……致，北京……建筑工程有限公司	1#楼4月15日正式使用，需系统调试	1	2	
3	监理会议纪要　第17期	墙面不平抹灰需加厚，只需做到顺平顺直。	3	3——5	抹灰无需增加厚度
4	关于1#、2#楼内墙抹灰的要求	尽量修补，顺平顺直	1	5加	
5	监理会议纪要　第14期	搭设搅拌机棚	3	6——8	
6	工作联系单　编号017	冬期砌筑及抹灰砂浆按配合比搅拌，防冻剂掺量准确。	1	9	使用现场搅拌砂浆，而不是预拌砂浆
7	监理会议纪要　第25期	搅拌机保温措施不到位，外加剂计量无规范	3	10——12	
8	监理会议纪要　第2期	墙面质量差需修补加固方案	4	13-16	墙面质量差设计已出修改意见，且已被纳入结算
9	监理审核2008年12月报结算意见	审核意见表	3	19-21	监理单位两份结算审核意见
10	监理审核2008年7月报结算问题	结算书的原则，合法、合理、公平公正	2	22-23	
11	基建处召集竣工前专题会议	收尾、修补、结算	3	24-26	结算专题会
12	监理会议纪要　第39期	1#楼保证4月10日交付使用	3	30-32	
13	……欠暖气费问题	欠动力中心暖气费		33	欠动力中心暖气费
14	监理通知　编号014	1#楼交工时间紧，专业施工人少	1	34	
15	监理会议纪要　第9期	2008年元旦竣工	3	35-37	
16	监理会议纪要　第11期	水钻打洞	3	38-40	水钻打洞问题

所 有 原 件 目 录

序 号	名　称	大 概 内 容	文件张数	页 码	备 注
17	监理会议纪要　第29期	1-4层1、3段通暖气，2段待打压后通气	2	41-42	
18	监理会议纪要　第35期	停止供暖需与动力中心汇报	3	43-45	欠动力中心暖气费
19	……公司"致函"……北京……	水钻打洞	1	46	都是关于水钻打洞问题
20	监理公司致……项目部工作联系单	水钻打洞	1	47	
21	致……公司，遗留问题	遗留问题待解决	2	48-49	遗留问题及回复
22	……回复遗留问题	回复	3	50-52	
23	工程项目审核委托书	结算报送审计资料	11	53-63	基建处审核意见、遗留问题、人工、材料调整纪要、2010年4月20日纪要。

2. 部分争议问题的澄清表

序号	分类	需澄清的问题	申请人意见	被申请人意见	备注
			〔（2012）京仲案字第　　案件）澄清表		
1		结施-S16、结施-S17、结施-S18I、II、III段装屋面配筋图中标高15.58中是否有水平的砼板，如有板厚为多少？			
2	土建	建施-1081#2#窗窗棚六层平面图说明中第10条："六层窗窗隔墙通顶。"是否为隔墙砌筑到装屋面板或屋面梁下面？			
3		建施-102设计说明、材料做法表中吊顶做法中吊顶高度，请明确一至三层、六层窗窗吊顶高度？一至六层卫生间、盥洗间、门厅、走道？			
4					
5					
6					
7					
8					
9					
10					
11					
备注：双方意见必须要有相应的证据支持					

3. 造价鉴定机构的现场勘查记录表

			现场勘察记录表	
项目名称：	京仲案字第　　号仲裁案		日期：	第　页共　页
申请人：			被申请人	
鉴定人：			其他：	
序号	部位	需现场勘察的内容	现场勘察记录	
1		改建部分施工期时间段		
2	施工期	新建部分施工期时间段：其中结构；其中钢结构和幕墙；其中安装；		
3	分包结算金额	1. 消防工程；2. 通风与空调工程；3. 结构加固等工程		
4				

4. 工程量核对表

序号	项目编码	项目名称	双方申报工程量		双方对工程量计算范围解释说明及核实结果			备注
			申请人	被申请人	申请人说明	被申请人说明	核实后工程量	

(（2012）京字第●●案件）工程量核对表

		土建部分						
	一	清单部分						
		1	补充项目					
14	B1补	拆暖沟盖板	39.24	0				有无确认资料
15	B2补	拆暖沟砖砌体	138.24	0				有无确认资料
16	B3补	拆暖沟C10砼底板		0				有无确认资料
17	京010101007004	土（石）方外运	238.160	0				有无确认资料
18	B6补	清理基础墙面	8857.000	0				有无确认资料
	B.1	楼地面工程						
1	020102002001	块料楼地面 详见88J1-1 楼8D（铺地砖楼层2~6层，宿舍，走廊，楼梯间，阳台） 1.5~10厚铺地砖，稀水泥浆（或彩色水泥浆）擦缝； 2.6厚建筑胶水泥砂浆粘结层； 3.素水泥浆一道（内掺建筑胶）； 4.34~39厚C15细石混凝土找平层； 5.素水泥浆一道（内掺建筑胶）； 6.拆除现浇混凝土楼板	721.78	400.29				计算范围
2	020102002002	块料楼地面 详见88J1-1 楼8F2（防滑地砖楼面）2~6层卫生间，淋浴间 1.5~10厚铺地砖，稀水泥浆（或彩色水泥浆）擦缝； 2.撒素水泥面（洒适量清水）； 3.20厚1：2干硬性水泥砂浆粘结层； 4.20厚1：3水泥砂浆保护层（装修一步到位时无此道工序）； 5.1.5厚聚氨酯涂膜防水层（材料或按工程设计）； 6.20厚1：3水泥砂浆找平层，四周及竖管根部位抹小八字角； 7.素水泥浆一道（内掺建筑胶）； 8最薄处30厚C15细石混凝土从门口处向地漏找1%坡； 9.现浇混凝土楼板	311.98	-51.46				计算范围
3	020102002004	块料楼地面 详见88J1-1 楼9F2（铺防滑地砖地面）卫生间，淋浴	97.28	49.66				计算范围
4	B.2	墙柱面工程						

5. 造价核对工作会议通知函

造价核对工作会议通知函

致：（2012）京仲案字第××××××案件申请人及被申请人

收件人：北京南国建筑工程有限责任公司　　　　　　　　　刘某涛　先生

北京B大学　　　　　　　　　　　　　　　　　　　　　王某成　先生

自：北京求真工程管理有限公司

发件人：付某君

时间：2013年1月11日

编号：××××××-003/FLJWL/YW

关于：邀请双方当事人参加造价核对工作通知函

致本案申请人及被申请人：

　　我司受鉴定委托人北京仲裁委的委托，对本案进行工程造价鉴定，我公司正在开展本案的鉴定工作，依据有关规定和本案鉴定工作的需要，请申请人与被申请人派各专业工程师于2013年1月15日（星期二）上午9：30分到北京求真工程管理有限公司（地址：北京市西城区北展北街华远企业号9号楼1单元303

室）参加造价核对工作，核对期约需2天，具体核对时间安排待双方派出的造价核对专业工程师见面后再行商定。

本次各专业需要核对的工程量以及需要澄清的问题我司已做汇总，将发各方授权代表人邮箱，望双方专业工程师能提前做好准备，核对时携带工作底稿。

邮件已发如下邮箱，请注意查收（若未收到邮件，请及时与我司相关负责人联系）。

- 申请人刘某涛：××××@163.com
- 被申请人王某成：××××@bfsu.edu.cn

各造价专业工程师需由法人代表人授权，或由已授权代表陪同，核对过程中形成的成果文件，需双方授权人代表签字。双方其他授权人可根据各自情况自行安排是否参加。

特别提醒：请参与鉴定工作的授权人携带有效身份证件。新增加的授权委托人请同时携带授权委托书。

如在上述时间当事人未能按时参加造价核对工作，将承担相应的法律后果。

注：收到本通知函后加盖单位公章或签字回传求真公司以示收到。

本案工作的我公司联系人：付某君

联系电话：（010）××××

传真：（010）××××

电子邮箱：××××

公司地址：北京市西城区北展北街×号楼×单元×××室

邮　编：100044

签收单位（盖章）：

签收人：

顺致问候。

北京求真工程管理有限公司

6. 造价鉴定机构组织会议的会议纪要

会议纪要

会议议题：（2012）京仲案字第×××××仲裁案件造价鉴定质证会

参会人员：北京南国建筑工程有限责任公司（申请人）：详见会议签到表

北京B大学（被申请人）：详见会议签到表

北京求真工程管理有限公司（造价鉴定单位）——王某

会议时间：2012年11月15日13：30

会议地点：北京求真工程管理有限公司会议室

今天，主要安排以下质证内容：

一、首先验证授权代表的有效性

验证参与质证鉴定会议人员的有效性，查看身份证原件，都是法人授权人。

二、将申请人与被申请人提供的资料进行交换，会后并分别对对方的资料发表书面质证意见

1. 被申请人翻阅申请人提交的鉴定资料，双方发表质证意见（详见附件1）

2. 申请人翻阅被申请人提交的鉴定资料，双方发表质证意见（详见附件2）

三、鉴定单位提出的问题

1. 申请人申请造价中的清单工程量调整部分是依据什么计算的？

2. 申请人申请的人工及材料价差调整的依据是什么？

3. 申请人提交的材料价格确认单编号不连续，确认已经提交了全部的价格确认单？

4. 申请人提交的工程洽商记录编号不连续，确认已经提交了全部工程洽商记录？

5. 申请人提交的设计变更通知单编号不连续，确认是否已经全部提交了设计变更单？

6. 申请人申请的人工价差调整依据及方法？

7. 被申请人提交的《报告书》中审核说明第2条中提及的争议问题：请问双方争议的原因是什么？

1）暖气沟拆除；

2）基础水钻开洞；

3）窗帘；

4）甲方（被申请人）遗留问题：什么遗留问题？

申请人（签字）：　　　　　　　　　　　　　　　　被申请人（签字）：

鉴定单位（签字）：

实例展示

（2012）京仲案字第×××××号案件

工程造价鉴定意见书

我司受北京仲裁委的委托，对北京南国建筑工程有限公司（以下简称申请人）与北京B大学（以下简称被申请人）之间所涉的1#学生公寓加层等2项工程《建筑工程施工合同》所引起的争议进行造价鉴定。我司依据建筑行业相关法律、法规以及北京市建筑行业管理部门和北京市工程造价管理部门颁发的相关文件，按照工程造价鉴定程序，对本案的工程造价进行客观、公正的鉴定，具体报告如下：

一、案件情况

1. 工程名称：1#学生公寓加层等 2 项工程；

2. 申请人：北京南国建筑工程有限公司；

3. 被申请人：北京 B 大学；

4. 工程地点：海淀区西三环北路 2 号；

5. 建筑面积：新建 4 798.8 平方米，加固改造 9 600 平方米；

6. 合同金额：32 185 680.00 元；

7. 申请人申请造价：44 177 311.03 元；

8. 被申请人申请造价：32 346 909.00 元；

9. 合同约定开竣工时间：2007 年 4 月 28 日开工，2008 年 3 月 22 日竣工；

10. 实际开竣工时间：2007 年 6 月 6 日开工，2008 年 7 月 3 日竣工；

11. 施工合同承包范围："建筑工程、结构工程、给排水工程、采暖工程、消防水工程（含消防栓）、弱电仅为预埋穿带线、甲方分包工程；消防报警、综合布线、闭路电视、室外工程；拆除工作范围：贴建部分，以及室内所有拆除项目包括但不限于内隔墙、门、窗、各种管道、暖气、卫生洁具等。"

二、工程造价鉴定范围：申请人和被申请人于 2007 年 4 月 27 日签订的《1#学生公寓加层等 2 项建设工程施工合同》所涉工程整体造价。

三、工程造价鉴定依据

1. 双方认可的《建设工程施工合同》；

2. 经申请人与被申请人双方共同确认的施工图纸、竣工图纸、工程设计变更与洽商记录等资料；

3. 双方各自提交的工程造价预算书；

4.《质证会议纪要》及附件；

5.《现场勘查记录表》；

6.《澄清表》；

7.《工程量核对表》；

8. 2001 年《北京市建设工程预算定额》及其相关规定，《北京市房屋修缮工程预算定额》《北京市房屋修缮工程间接费及其他费用预算定额》及造价处其他相关规定；

9.《北京市工程造价信息》（以下简称信息价）；

10. 申请人与被申请人提供的其他相关资料。

四、造价鉴定原则

1. 工程量。根据竣工图纸和洽商计算工程量。

2. 综合单价。（1）合同中有约定综合单价的按约定执行。（2）合同中虽未约定，但双方申报鉴定造价中的综合单价一致的，按双方申报价格执行。

（3）合同中未约定综合单价，双方申报鉴定造价中的综合单价不一致的：（a）消耗量按 2001 年《北京市建设工程预算定额》；（b）人工单价执行合同中约定的人工单价；（c）费率，执行合同约定的费率；（d）材料价格，合同中有相同材料价格的执行合同中的价格，合同中无相同材料价格的依据施工当期信息价或市场价执行。

五、造价鉴定结论

1. 确定部分鉴定造价：32 377 828 元；

2. 不确定部分鉴定造价：5 195 355 元。

六、鉴定造价不确定部分相关说明

1. 关于申请人申请人工和材料价差调整：总计申请金额 2 177 632.00 元。

（1）申请人意见。依据"北京 B 大学加固加层 1#2#干成施工结算"会议纪要（时间：2010 年 5 月 7 日）进行计算，我方认可总价，即总价 2 177 632.00 元。

（2）被申请人意见。依据双方的《会议纪要》进行计算，认可以《会议纪要》确认的原则为准。

鉴定意见：鉴于双方对人工、材料调价存在争议，但对所涉《会议纪要》（时间：2010 年 5 月 7 日）认可，故依据我司计算的实际工程量和《会议纪要》确定的调价原则计算出人工、材料调整价差并计入确定部分；依据《会议纪要》确定的人工、材料调整总价和计入确定部分的人工、材料调整价差的差额部分计入不确定部分，供仲裁庭及双方当事人参考。

2. 关于申请人申请因抹灰及墙面砼加固厚度增加所增加的费用，申请金额 1 680 468.75 元。

（1）申请人证据资料及意见：监理《会议纪要》第 2、第 17、第 18 期（2007.10.18）"第五，需要解决的问题：现有喷射砼墙面不平整，若要保证平整垂直方正将造成抹灰加厚，设计工程量签证问题，需要甲方、监理对此明确"，证明老墙体质量差，导致需要增加抹灰厚度；抹灰检验批，证明确实对墙体进行了抹灰加厚；

（2）被申请人意见：含在投标中，监理《会议纪要》的答复是"顺平、顺直即可"；抹灰检验批，只表明抹灰项目满足规范要求，并不能说明申请人增加了抹灰投入。

鉴定意见：根据现有资料无法确定抹灰及砼加厚的原因、方案、加厚的厚度及抹灰加厚的施工范围，无法准确计算相应费用，故现按申请人申请的工程量，按常规的施工方案考虑加厚情况计算出造价计入不确定部分，供仲裁庭及双方当事人参考。

3. 关于申请人申请使用预拌砂浆增加费用，申请金额 533 436 元。

（1）申请人证据资料及意见：略

（2）被申请人意见：略

鉴定意见：根据现有资料无法确定现场实际使用的是预拌砂浆还是现拌砂浆。鉴定造价中计算出预拌砂浆与现拌砂浆的差价，列入不确定部分，供仲裁庭及双方当事人参考。

4. 关于申请人申请因被申请人违约导致申请人增加的人工费 2 164 882 元。

（1）申请证据资料及意见：略

（2）被申请人意见：略

鉴定意见：根据现有资料无法确定申请人是否存在人员窝工、窝工原因及窝工人数等。现按申请人申请计算，列入造价不确定部分，供仲裁庭及双方当事人参考。

5. 其他争议：略

附：鉴定造价汇总表（略）

第二节　建设工程造价鉴定相关专栏

一、建设工程造价

建设工程造价，简称工程造价，是指根据国家定额规定和双方合同约定确定工程的建设价格，其贯穿于工程建设全过程的各个阶段，并与工程设计方案、施工方案、施工工艺、方法及工程质量有密切联系。从财务角度看，工程造价由工程成本价（直接成本与间接成本）、利润（酬金）、税金等组成。工程造价是所有建设项目可行性研究报告中投资估算部分的重要组成内容。在建设项目的可行性研究、设计、施工招投标、建筑施工、竣工结（决）算阶段、质量保修等阶段，均存在工程造价的编制与审核问题。一般而言，通过招投标程序承包和发包工程是确保工程质量、控制工程造价的重要措施。律师在招投标过程中，应根据《建筑法》《招标投标法》《合同法》等相关规定对招投标文件中涉及工程造价的标底、商务标、技术标、施工组织设计等内容进行审查。建设工程在施工阶段各环节、各工序中经常涉及工程造价的变化，如施工图的变更导致造价的增加或减少，施工方案、施工方法、施工工艺的变化导致工程造价的变化，建筑材料、设备、设施的变化或市场行情的涨、跌引发工程造价的变化，施工质量、工期等引起的造价变化。

二、竣工结算

工程竣工通过验收合格后，建设单位、施工单位对工程总造价要进行结算，以确定最终造价及工程尾款金额。建设单位、施工单位各自均须对工程造价进行财务决算，以检查项目的效益。律师应提示或协助当事人着重对工程竣工结算造价，进行审查或者对审价单位出具的审价报告进行审核。其中，对工程竣工结算的审查内容主要包括：

（1）竣工结算时效。有合同约定的按约定，没有约定的可以按建设部《建筑工程施工发包与承包计价管理办法》《建设工程价款结算暂行办法》规定的时间办理结算。

（2）竣工结算依据。①工程量计算依据。施工图纸及其说明、现场签证、施工合同、施工组织设计方案、招投标报价书等涉及工程造价的其他资料。②定额适用依据。定额（单价、费用、费率）的适用，人工费差价调整方法依据等。合同有约定的按约定，没有约定的按施工期间的定额根据当时的市场信息价调整材料、人工差价，定额无子目的按市场价。

（3）现场签证效力审查。应按照合同约定的签证时效、程序及权限审查相关签证的效力。

三、新《证据规定》中关于审判人员、鉴定人员"鉴定职责"的规定

由于"鉴定不计入审限"，以及在很多情况下鉴定结果直接决定判决结果，实践中，鉴定拖延和"以鉴代审"的情况比较突出。针对此问题，新《证据规定》明确了审判人员、鉴定人员在鉴定程序中的如下职责：

（1）审判人员应在委托书中明确鉴定事项、鉴定范围、鉴定目的和鉴定期限，并应组织当事人对鉴定材料进行质证。

（2）鉴定人员应签署承诺书，承诺客观公正、保证出庭作证，如虚假鉴定的，人民法院应当责令退还鉴定费用并进行处罚；鉴定人员应在法院确定的期限内完成鉴定，否则当事人可以申请法院另行委托鉴定人，原鉴定人收取的鉴定费应当退还；对于鉴定人无正当理由撤销鉴定意见的，应当退还鉴定费用，由法院予以处罚，并支持当事人关于鉴定人负担合理费用的主张。

四、工程签证常见法律问题

工程签证是建设工程项目施工过程中的例行工作，其具体是指工程发、承包双方的法定代表人或授权代表在工程施工与结算过程中对工程量变更、合同价款增减、支付各种费用、顺延竣工日期、承担违约责任或损失赔偿等内容所达成的一致意见或补充协议。工程签证作为建设工程合同双方意思表示一致的产物与体现，其本身相当于一份补充协议。对于签证时签证事项已经发生或履行完毕的签证，可以直接作为计算工程价款的依据；对于签证时尚未发生或尚未履行完毕的签证事项，则需要与签证履行资料结合起来作为工程价款的结算依据。

工程签证的种类可分为工期签证、费用签证、质量签证、工期＋费用签证、工程量签证、价款签证等。工程签证的表现形式可以有很多种，比如可以是工作联系单、工程联系单、会议纪要、备忘录、预算书或工程签证等，只要其内容具有发、承包双方对工程工期、质量、材料、人工、价款等进行共同确认或补充约定的性质，即属于工程签证。

由于工程签证的内容通常涉及工期与价款等核心事项，故其对于合同双方都很重要。对于施工单位来讲，通过工程签证，其可以增加结算价款、顺延工期、避免承担逾期竣工的违约责任等。对于建设单位而言，工程签证本身则往往意味着建设项目工期的延长与费用的增加，尽管特定情形下也存在工期缩短或费用减少的可能。但对于绝大多数建设工程而言，因施工本身涉及方方面面的因素，发承包双方就施工或结算中的具体问题进行协商沟通并达成补充约定是非常正常的现象。如果双方就工期、费用等事项经过沟通未能达成一致意见（比如，针对工期顺延或费用增加，施工方提出签证认可请求后，发包方或监理方只是写明"情况属实"，但未明确同意顺延工期或费用增加，嗣后即可能存在双方间就签证实行是否达成一致意见的争议），也就是说未能形成工程签证，则双方只能依照施工合同的约定来确定彼此的权利义务及进行工程结算。换言之，工程签证文件在建设工程争议中是确定双方权利义务的非常重要的证据。

五、最高人民法院相关经典案例及判决要旨

1. 通过鉴定来确定建设工程是否存在质量问题及质量问题的严重程度

最高人民法院在新疆昆仑工程建设有限责任公司、新疆联合利丰房地产开发有限责任公司建设工程施工合同纠纷案【（2019）最高法民终1863号】中判决认为：本案当事人申请依据施工图纸对已完成工程进行工程质量鉴定并计算已完成工程不合格需返工及加固修复的费用，一审以其未提供工程质量存在缺陷的相关证据未完成基本举证义务为由未准许鉴定申请。而工程质量是否合格，是否需要进行修复以及修复费用的确定均属于专业问题，其有权向法院申请鉴定，一审未准许工程质量鉴定不仅影响当事人的实体权利，而且影响当事人的程序利益，剥夺了当事人的举证权利。

2. 工程量争议范围不能确定时可申请对项目总的工程量进行鉴定

最高人民法院在黑龙江四海园建筑工程有限公司、齐齐哈尔市中医医院建设工程施工合同纠纷案【（2016）最高法民终799号】中，判决认为：根据相关司法解释规定，当事人对建设工程的计价标准或者计价方法有约定的，按照约定结算工程价款。当事人对部分案件事实有争议的，仅对有争议的事实进行鉴定，但争议事实范围不能确定，或者双方当事人请求对全部事实鉴定的除外。本案双方当事人之间约定按照固定单价结算工程价款，但工程竣工后对于工程量有争议且

争议范围不能确定，一审法院应按照上述司法解释之规定，依据当事人的申请就全部案涉工程量进行鉴定。

3. 建设工程存在重大设计调整时可通过鉴定确定工程价款

在武汉第四建设集团有限公司与武汉市后湖发展区物业有限公司建设工程施工合同纠纷案【（2018）最高法民再166号】中，最高人民法院认为：案涉工程在设计规划、施工面积、工程量、工期上均超出了原合同约定的范围，应当认定为重大设计变更……设计变更、工程建设规模变更等情况导致工程量大幅增加，由于市场、人工等波动因素的影响，工程成本处于变动状态，在此情况下，如承包人未明确同意按照合同价格进行结算，不宜仅以施工方继续施工为由推定当事人具有继续按照合同价格结算的意思表示。可以参照签订建设工程施工合同时当地建设行政主管部门发布的计价方法或者计价标准通过鉴定来计算工程款。

六、最高人民法院《关于审理建设工程施工合同纠纷案件适用法律问题的解释（一）》中针对工程造价鉴定问题的规定

相对于之前的司法解释，最高人民法院《建工合同司法解释（一）》中针对工程造价鉴定问题有如下新规定：

当事人约定按照固定价结算工程价款，一方当事人请求对建设工程造价进行鉴定的，人民法院不予支持。（第28条）当事人在诉讼前已经对建设工程价款结算达成协议，诉讼中一方当事人申请对工程造价进行鉴定的，人民法院不予准许（第29条）。当事人在诉讼前共同委托有关机构、人员对建设工程造价出具咨询意见，诉讼中一方当事人不认可该咨询意见申请鉴定的，人民法院应予准许，但双方当事人明确表示受该咨询意见约束的除外（第30条）。当事人对部分案件事实有争议的，仅对有争议的事实进行鉴定，但争议事实范围不能确定，或者双方当事人请求对全部事实鉴定的除外（第31条）。当事人对工程造价、质量、修复费用等专门性问题有争议，人民法院认为需要鉴定的，应当向负有举证责任的当事人释明。当事人经释明未申请鉴定，虽申请鉴定但未支付鉴定费用或者拒不提供相关材料的，应当承担举证不能的法律后果（第32条）。人民法院准许当事人的鉴定申请后，应当根据当事人申请及查明案件事实的需要，确定委托鉴定的事项、范围、鉴定期限等，并组织当事人对争议的鉴定材料进行质证（第33条）。鉴定人将当事人有争议且未经质证的材料作为鉴定依据的，人民法院应当组织当事人就该部分材料进行质证。经质证认为不能作为鉴定依据的，根据该材料作出的鉴定意见不得作为认定案件事实的依据（第34条）。

第五章

国内建设工程仲裁案件中
若干疑难专题

第一节　黑白合同相关争议的处理

一、黑白合同的含义与成因

黑白合同，或称阴阳合同，在建设工程领域很普遍，尤其是在房屋建设工程领域。所谓白合同，主要是指经过招投标程序备案的合同，即招标人与中标人根据招标文件和投标文件签订的中标合同，该合同需要按照建设行政主管部门的要求履行招标备案与合同备案手续。所谓黑合同，则主要是指合同内容与中标合同存在实质性不一致的合同，是招标人与中标人在备案合同之外另行签署的补充协议，是当事人间实际履行的合同。在建设工程项目依法不需要招标或者实际也未进行招标情形下，也存在当事人将签订的建设工程合同在当地建设行政主管部门备案的同时，签订与该备案合同存在实质性内容不一致的黑合同的现象。

黑白合同形成的根本原因主要在于当事人的真实意思表示不符合现行法律法规的规定，或无法得到建设行政主管部门的认可，无法备案。比如，现行建设工程管理规范不允许施工方垫资施工，合同中若有垫资条款无法进行备案，而实际上当事人之间又存在垫资施工的约定，这样，为了规避监管规定，双方就签订一份合同用于备案，私下另签一份补充协议用于实际履行，黑白合同就产生了。

关于黑白合同的形成时间存在三种情况：黑合同在先，白合同在后；黑合同在后，白合同在先；黑白合同同时签订。在实践中，一般是黑合同在先，白合同在后，或者黑白合同同时签订，但黑合同的日期写在后面。因为，一旦经过了招投标程序、确定了施工单位和合同的实质性内容，施工单位作为中标人即有权利拒绝再签署黑合同（比如提供垫资等），这时黑合同通常就无法达成了。

建设工程领域黑白合同的同时存在，在实践中引发大量的纠纷。一般来说，如果黑合同履行顺利，不会产生纠纷。但实际情况是，很多施工企业签订黑合同的初衷与主要目的是确保获得中标项目，实际履行中一旦发生亏损，施工企业即希望按照白合同中对其更有利的约定来进行结算。

我国《招标投标法实施条例》第57条第1款规定，"招标人和中标人应当依据招标投标法和本条例的规定签订书面合同，合同的标的、价款、质量、履行期限等主要条款应当与招标文件和中标人的投标文件的内容一致。招标人和中标人不得再订立背离合同实质性内容的其他协议。"根据此规定及我国民法典相关条款，建设工程合同的实质性内容主要是指合同的标的、价款、质量、履行期限等内容。如果当事人间另行签署的合同或补充协议在这些内容上面与中标或备案合同存在不同，即属于实质性内容不一致，该两份合同之间即构成黑白合同。

二、黑白合同的结算与裁判规则

由于黑白合同存在内容上的实质性差异，故按照不同的合同来进行结算，对当事人的权利义务影响存在显著不同，这也是实践中黑白合同结算纠纷大量存在的主要原因。根据我国现行规定，司法实践中对于黑白合同的结算主要存在以下裁判规则：

第一，以备案的白合同为准。对于属于法律、行政法规规定必须进行招投标的建设工程，在2004年最高人民法院《关于审理建设工程施工合同纠纷案件适用法律问题的解释》（以下简称《施工合同司法解释》）出台之前，主流观点认为应该按照黑合同确定的方法来结算工程价款。[①] 因为黑合同即补充协议是双方真实意思的表示，当事人在履行中也是按照黑合同来履行的，但也有观点认为应当按照白合同进行结算，应为白合同是经过招标投标并备案的，经过建设行政机关的审查，具有形式上的合法性。但在上述司法解释出台后，即2005年1月1日之后，各地法院一律是按照白合同进行结算。该解释第21条规定，"当事人就同一建设工程另订立的建设工程施工合同与经过备案的中标合同实质性内容不一致的，应当以备案的中标合同作为结算工程价款的根据。"若备案的中标合同与当事人实际履行的合同均因违反法律、行政法规而无效的，可以参考当事人实际履行的合同进行工程价款结算。

第二，以实际履行的合同为准。对于不属于法律、行政法规规定必须进行招标投标的建设工程，实际也未进行招标投标，当事人将签订的建设工程施工合同在当地建设行政主管部门进行了备案，备案合同与当事人实际履行的合同存在内容上的实质性差异，则应以当事人实际履行的合同为准进行结算。此时的备案本身对于当事人实际履行的合同的效力并无实质性影响。

[①] 根据北京市高级人民法院的相关规定，法律、行政法规未规定必须进行招投标的建设工程，但依法经过招标投标程序并进行了备案的，结算时也应以白合同为准。

第三，在结算内容上，根据财政部与原建设部颁布的《建设工程价款结算暂行办法》（财建〔2004〕369号）第7条的规定，发包人、承包人应当在合同条款中对涉及工程价款结算的下列事项进行约定：（1）预付工程款的数额、支付时限及抵扣方式；（2）工程进度款的支付方式、数额及时限；（3）工程施工中发生变更时，工程价款的调整方法、索赔方式、时限要求及金额支付方式；（4）发生工程价款纠纷的解决方法；（5）约定承担风险的范围及幅度以及超出约定范围和幅度的调整办法；（6）工程竣工价款的结算与支付方式、数额及时限；（7）工程质量保证（保修）金的数额、预扣方式及时限；（8）安全措施和意外伤害保险费用；（9）工期及工期提前或延后的奖惩办法；（10）与履行合同、支付价款相关的担保事项。同时，该暂行办法第8条规定，发、承包人在签订合同时对于工程价款的约定，可采用固定总价、固定单价、可调价格等不同的约定方式。

第二节　律师在建设工程招标投标环节应注意的事项

一、律师应熟悉建设工程招标的规定与范围

首先，律师应熟悉建设工程招标投标环节的相关法律规定。在我国，相关规定包括《招标投标法》《建筑法》《工程建设项目招标范围和规模标准规定》《建筑工程设计招标投标管理办法》《房屋建筑和市政基础设施工程施工招标投标管理办法》《工程建设项目勘察设计招标投标办法》《工程建设项目施工招标投标办法》及相关法律、法规和司法解释等。

其次，应查明工程项目是否属于必须公开招标范围，并据此提供有针对性的法律服务。根据我国《招标投标法》和《工程建设项目招标范围和规模标准规定》的规定，大型基础设施、公用事业等关系社会公共利益、公众安全的项目，全部或者部分使用国有资金投资或者国家融资的项目，使用国际组织或者外国政府贷款、援助资金的项目，包括项目的勘察、设计、施工、监理以及与工程建设有关的重要设备、材料等的采购，达到下列标准之一的，必须进行招标：（1）施工单项合同估算价在200万元人民币以上的；（2）重要设备、材料等货物的采购，单项合同估算价在100万元人民币以上的；（3）勘察、设计、监理等服务的采购，单项合同估算价在50万元人民币以上的；（4）单项合同估算价低于第（1）（2）（3）项规定的标准，但项目总投资额在3000万元人民币以上的。其中，关系社会公共利益、公众安全的基础设施项目的范围包括：煤炭、石油、天然气、电力、新能源等能源项目；铁路、公路、管道、水运、航空以及其

他交通运输业等交通运输项目；邮政、电信枢纽、通信、信息网络等邮电通信项目；防洪、灌溉、排涝、引（供）水、滩涂治理、水土保持、水利枢纽等水利项目；道路、桥梁、地铁和轻轨交通、污水排放及处理、垃圾处理、地下管道、公共停车场等城市设施项目；生态环境保护项目；其他基础设施项目。关系社会公共利益、公众安全的公用事业项目的范围则包括：供水、供电、供气、供热等市政工程项目；科技、教育、文化等项目；体育、旅游等项目；卫生、社会福利等项目；包括经济适用住房的商品住宅以及其他公用事业项目。使用国有资金投资项目的范围包括：使用各级财政预算资金、使用纳入财政管理的各种政府性专项建设基金、使用国有企业事业单位自有资金且国有资产投资者实际拥有控制权的项目。

最后，律师应同时了解可以不进行招标的项目范围。根据《工程建设项目招标范围和规模标准规定》《工程建设项目施工招标投标办法》和《房屋建筑和市政基础设施工程施工招标投标管理办法》的规定，有下列情形之一的，可以不进行招标：（1）涉及国家安全、国家秘密或者抢险救灾而不适宜招标的；（2）属于利用扶贫资金实行以工代赈需要使用农民工的；（3）施工主要技术采用特定的专利或者专有技术的；（4）施工企业自建自用的工程，且该施工企业资质等级符合工程要求的；（5）在建工程追加的附属小型工程或者主体加层工程，原中标人仍具备承包能力的或承包人未发生变更的；（6）停建或者缓建后恢复建设的单位工程，且承包人未发生变更的；（7）建设项目的勘察、设计，采用特定专利或者专有技术的，或者其建筑艺术造型有特殊要求的，经项目主管部门批准的；（8）法律、行政法规规定的其他情形。

二、律师应认真审核工程招标条件、主体资质及招标文件内容

首先，律师应了解建设工程的招标须具备下列条件：（1）招标人已经依法成立；（2）按照国家有关规定需要履行项目审批手续的，已经履行审批手续；（3）工程资金或者资金来源已经落实；（4）施工招标的，应有满足施工需要的设计文件及其他技术资料；（5）法律、法规、规章规定的其他条件。招标人采用公开招标方式的，应当发布招标公告，应当通过国家指定的报刊、信息网络或者其他媒介发布。招标人采用邀请招标方式的，应当向三个以上具备承担招标项目的能力，资信良好的特定的法人或者其他组织发出招标邀请书。

其次，律师应注意审查招标人、投标人的资格是否具备，并应认真审核招标文件的内容是否符合规定。比如，九部委制定的《标准施工招标文件》（2017年版）规定的招标文件应包括如下内容：①招标公告（未进行资格预审）或投标邀请书（适用于邀请招标）；②投标人须知，包括总则、招标文件、投标文件、投标、开标、评标、合同授予、重新招标和不再招标、纪律和监督等；③评标办

法（综合评估法）；④合同条款及格式，包括通用合同条款、专用合同条款及合同附件；⑤工程量清单；⑥图纸；⑦技术标准和要求；⑧投标文件格式。

三、律师应注意审核投标活动中相关主体的行为是否合法

律师应当熟悉法律禁止投标人从事的各类行为，并对投标人行为的合法性进行审核，尤其是当律师为投标人或相关主体提供法律服务时。比如，按照现行法律规定，投标人不得相互串通投标报价，不得排挤其他投标人的公平竞争，损害招标人或者其他投标人的合法权益；不得与招标人串通投标，损害国家利益、社会公共利益或者他人的合法权益；不得以向招标人或者评标委员会成员行贿的手段谋取中标；不得以低于成本的报价竞标，不得以他人名义投标或者以其他方式弄虚作假，骗取中标等。这些行为一旦发生，均可能导致中标合同的无效甚至投标人被追究刑事责任。若建设工程施工合同存在违反《招标投标法》如下规定之情形，该合同在诉讼或仲裁实践中大概率被认定为无效合同：在确定中标人前，招标人不得与投标人就投标价格、投标方案等实质性内容进行谈判。同时，对于中标人而言，也需要遵循相关行为规范。比如，中标人应当按照合同约定履行义务，完成中标项目，而不得向他人转让中标项目，也不得将中标项目肢解后分别向他人转让；中标人按照合同约定或者经招标人同意，可以将中标项目的部分非主体、非关键性工作分包给他人完成；接受分包的人应当具备相应的资格条件，并不得再次分包；中标人应当就分包项目向招标人负责，接受分包的人就分包项目承担连带责任；依法必须进行招标的项目，招标人违反本法规定，与投标人就投标价格、投标方案等实质性内容进行谈判的，给予警告，对单位直接负责的主管人员和其他直接责任人员依法给予处分；前款所列行为影响中标结果的，中标无效。

另根据最高人民法院《关于审理建设工程施工合同纠纷案件适用法律问题的解释（一）》第1条的规定，建设工程施工合同具有下列情形之一的，应当依据《民法典》第153条第1款，认定无效：（1）承包人未取得建筑业企业资质或者超越资质等级的；（2）没有资质的实际施工人借用有资质的建筑施工企业名义的；（3）建设工程必须进行招标而未招标或者中标无效的。承包人因转包、违法分包建设工程与他人签订的建设工程施工合同，应当依据《民法典》第153条第1款及第791条第2—3款，认定无效。

第三节　合同交底与律师起草合同
交底文件时应注意的问题

一、合同交底的含义及意义

合同交底是建设工程合同管理的重要制度，是指施工单位（承包人）的合同管理人员在对合同的主要内容作出解释和说明的基础上，通过组织项目管理人员和各工程小组负责人学习合同条文和合同总体分析结果，使各执行部门和执行人员熟悉合同中的主要内容、各种规定、管理程序，了解施工单位的合同责任和工程范围、各种行为的法律后果等，从而保证施工单位正确履行合同和防范合同风险。它包括合同分析、合同交底、交底的对象提出问题、再分析、再交底的过程。

合同交底的意义主要包括：（1）利于合同相关方统一理解合同，避免因不了解合同或对合同理解不一致造成工作上的失误；（2）利于合同当事人发现合同问题、完善合同风险防范措施，有利于合同风险的事前控制；（3）利于合同当事人内部进一步了解自己权利的界限和义务的范围、工作的程序和法律后果，摆正自己在合同中的地位，有效防止由于权利义务的界限不清引起的内部职责争议和外部合同责任争议的发生，提高合同管理的效率；（4）利于增强当事人内部人员自觉执行合同管理程序和制度的意识，并促使其采取积极的措施防止和减少工作失误和偏差。

二、律师起草合同交底文件时的注意事项

律师为当事人起草合同交底文件时应注意，合同交底文件一般应当包括以下内容：（1）工程概况及合同工作范围；（2）合同关系及合同涉及各方之间的权利、义务与责任；（3）合同工期控制总目标及阶段控制目标，目标控制的网络表示及关键线路说明；（4）合同质量控制目标及合同规定执行的规范、标准和验收程序；（5）合同对本工程的材料、设备采购、验收的规定；（6）投资及成本控制目标，特别是合同价款的支付及调整的条件、方式和程序；（7）合同双方争议问题的处理方式、程序和要求；（8）合同双方的违约责任；（9）索赔的机会和处理策略；（10）合同风险的内容及防范措施；（11）合同进展文档管理的要求。

第四节 违法发包、转包、违法分包与挂靠的相关法律问题

违法发包、转包、违法分包与挂靠是国内建设工程领域中的常见违法行为，此类行为引发大量的工程质量、施工安全或结算纠纷，对于我国建筑市场秩序与建设工程参与各方的合法权益有重大负面影响。我国虽然早在1998年《建筑法》中对此类行为即有相关禁止性规定，但因规定的粗疏等因素，此类行为多年来一直广泛存在。针对此类行为，住房和城乡建设部在总结实践经验的基础上，先后制定颁布《建筑工程施工转包违法分包等违法行为认定查处管理办法（试行）》（建市〔2014〕118号）、《建筑工程施工发包与承包违法行为认定查处管理办法》（建市规〔2019〕1号，此文取代了建市〔2014〕118号文，以下简称《办法》）等文件，对此类行为的法律规制在不断完善。《办法》明确规定，建设单位与承包单位应严格依法签订合同，明确双方权利、义务、责任，严禁违法发包、转包、违法分包和挂靠，确保工程质量和施工安全。《办法》的具体规定如下。

一、违法发包及其认定标准

所谓违法发包，是指建设单位将工程发包给个人或不具有相应资质的单位、肢解发包、违反法定程序发包及其他违反法律法规规定发包的行为。《办法》第6条规定，"存在下列情形之一的，属于违法发包：（1）建设单位将工程发包给个人的；（2）建设单位将工程发包给不具有相应资质的单位的；（3）依法应当招标未招标或未按照法定招标程序发包的；（4）建设单位设置不合理的招标投标条件，限制、排斥潜在投标人或者投标人的；（5）建设单位将一个单位工程的施工分解成若干部分发包给不同的施工总承包或专业承包单位的。"

二、转包及其认定标准

所谓转包，是指承包单位承包工程后，不履行合同约定的责任和义务，将其承包的全部工程或者将其承包的全部工程肢解后以分包的名义分别转给其他单位或个人施工的行为。《办法》第8条规定，"存在下列情形之一的，应当认定为转包，但有证据证明属于挂靠或者其他违法行为的除外：（1）承包单位将其承包的全部工程转给其他单位（包括母公司承接建筑工程后将所承接工程交由具有独立法人资格的子公司施工的情形）或个人施工的；（2）承包单位将其承包的全部工程肢解以后，以分包的名义分别转给其他单位或个人施工的；（3）施工

总承包单位或专业承包单位未派驻项目负责人、技术负责人、质量管理负责人、安全管理负责人等主要管理人员，或派驻的项目负责人、技术负责人、质量管理负责人、安全管理负责人中一人及以上与施工单位没有订立劳动合同且没有建立劳动工资和社会养老保险关系，或派驻的项目负责人未对该工程的施工活动进行组织管理，又不能进行合理解释并提供相应证明的；（4）合同约定由承包单位负责采购的主要建筑材料、构配件及工程设备或租赁的施工机械设备，由其他单位或个人采购、租赁，或施工单位不能提供有关采购、租赁合同及发票等证明，又不能进行合理解释并提供相应证明的；（5）专业作业承包人承包的范围是承包单位承包的全部工程，专业作业承包人计取的是除上缴给承包单位'管理费'之外的全部工程价款的；（6）承包单位通过采取合作、联营、个人承包等形式或名义，直接或变相将其承包的全部工程转给其他单位或个人施工的；（7）专业工程的发包单位不是该工程的施工总承包或专业承包单位的，但建设单位依约作为发包单位的除外；（8）专业作业的发包单位不是该工程承包单位的；（9）施工合同主体之间没有工程款收付关系，或者承包单位收到款项后又将款项转拨给其他单位和个人，又不能进行合理解释并提供材料证明的。"若两个以上的单位组成联合体承包工程，在联合体分工协议中约定或者在项目实际实施过程中，联合体一方不进行施工也未对施工活动进行组织管理的，并且向联合体其他方收取管理费或者其他类似费用的，视为联合体一方将承包的工程转包给联合体其他方。

三、违法分包及其认定标准

违法分包，是指承包单位承包工程后违反法律法规规定，把单位工程或分部分项工程分包给其他单位或个人施工的行为。《办法》第12条规定，"存在下列情形之一的，属于违法分包：（1）承包单位将其承包的工程分包给个人的；（2）施工总承包单位或专业承包单位将工程分包给不具备相应资质单位的；（3）施工总承包单位将施工总承包合同范围内工程主体结构的施工分包给其他单位的，钢结构工程除外；（4）专业分包单位将其承包的专业工程中非劳务作业部分再分包的；（5）专业作业承包人将其承包的劳务再分包的；（6）专业作业承包人除计取劳务作业费用外，还计取主要建筑材料款和大中型施工机械设备、主要周转材料费用的。"

四、挂靠及其认定标准

挂靠，是指单位或个人以其他有资质的施工单位的名义承揽工程的行为。其中的承揽工程，包括参与投标、订立合同、办理有关施工手续、从事施工等活动。《办法》第10条规定，"存在下列情形之一的，属于挂靠：（1）没有资质的单位或个人借用其他施工单位的资质承揽工程的；（2）有资质的施工单位相互借用资质承揽工程的，包括资质等级低的借用资质等级高的，资质等级高的借用资质等级低的，相同资质等级相互借用的；（3）本办法第 8 条第 1 款第（3）至（9）项规定的情形，有证据证明属于挂靠的。"

五、对违法发包、转包、违法分包、挂靠行为的处罚

《办法》另规定，任何单位和个人发现违法发包、转包、违法分包及挂靠等违法行为的，均可向工程所在地县级以上人民政府住房和城乡建设主管部门进行举报，后者应当依法受理、调查、认定和处理，除无法告知举报人的情况外，应当及时将查处结果告知举报人。县级以上地方人民政府住房和城乡建设主管部门如接到人民法院、检察机关、仲裁机构、审计机关、纪检监察等部门转交或移送的涉及本行政区域内建筑工程发包与承包违法行为的建议或相关案件的线索或证据，应当依法受理、调查、认定和处理。主管部门对建设单位、施工单位给予罚款处罚的，可依法对单位直接负责的主管人员和其他直接责任人员进行处罚。

第五节　暂估价相关法律争议与问题

一、暂估价含义及其常见争议①

在建设工程案件中，暂估价争议是常见的法律争议之一。根据住房和城乡建设部 2013 年 7 月 1 日发布的《建设工程工程量计价规范》（GB 50500—2013），暂估价（provisional estimate）是指招标人在工程量清单中提供的用于支付必然发生但暂时不能确定的材料的单价以及专业工程的金额。一般而言，暂估价是在招标阶段已经预见必然会发生的费用，但因为工程设计深度不到位、质量标准不明确、部分工程缺少计价依据与市场信息、部分建筑材料品质或价格档次暂时无法确定、施工中可能发生的工程变更或价款调整等导致暂时无法确定其价格或金额。此时引入暂估价，可以缩短招标投标周期、降低招标投标难度，甚至在一定程度上转嫁部分风险。但由于暂估价项目的金额具有不确定性，其在工程建设与结算中又有许多管理隐患，故其本身也是造价或结算纠纷的常见原因之一。

暂估价可分为材料暂估价、工程设备暂估价、专业工程暂估价。工程造价审

---

① 在本书第三编的国际建设工程仲裁案件中，中外双方争议的核心点之一即是有关暂估价的争议，即合同中约定的"预估的"技术服务最大人日数与实际发生的人日数存在较大差异，业主方应该按照预估数还是实际发生数来支付人日服务费。

计中比较常见的争议是材料暂估价和专业工程暂估价争议。材料暂估价一般指招标时无法确定价格的材料，以装饰材料居多，比如地砖、墙砖、青石板等，专业工程暂估价一般指消防、玻璃幕墙等专业性较强，需要交由专业分包人才能完成的工程等。从实践来看，因暂估价问题引发的建设工程结算争议主要有如下情形：

1. 暂估价项目设置混乱。包括：（1）材料暂估价和专业工程暂估价界定不清；（2）将业主直接发包的或普通的工程分项也列入暂估价中；（3）将专业工程暂估价列入材料暂估价项目甚至分部分项工程中；（4）将设备价格列入暂估价项目。

2. 暂估价的价格构成缺少明细或说明。如材料暂估价是否包含采购管理费及现场保管费，专业工程暂估价是否包含相应的措施费用及规费等约定不明。在分包价款及材料价格无法与之对应时经常产生争议。

3. 暂估价项目设置过多，资金占比过大。理论上，暂估价在结算阶段要据实调整，其项目若设置过多且未考虑到实际价格因素，可能会突破招标人的预算投资规模，导致工程结算造价争议或失控。也正因如此，部分地区存在对暂估价的限制性规范。如北京市建委曾发文规定，建设工程招标人在招标文件中将用于支付必然会发生但暂时不能确定价格的建筑材料、建筑构配件和设备设为暂估价，或将暂时不能确定金额的专业工程设为暂估价项目，应当按照国家和本市工程造价管理规定执行，暂估价和暂定项目应反映市场价格水平，暂估价和暂定项目的合计金额占合同金额的比例不得超过30%，超出的视为该工程不符合招标条件，不予备案。

4. 暂估价项目缺少规范。比如，（1）暂估材料单价缺少合理规范的价格招标或价格认定的方式、程序，定价过程过于随意，价格过高时易造成招标方损失，增加工程结算难度，价格过低时施工企业会拒绝采购，从而增加工程建设管理难度；（2）专业分包工程相关合同的签订不规范，缺少包括招标人、总承包人及分包商各自的权利和义务，分包工程范围、分包工程变更，分包工程定价方式、分包工程价款与支付等方面内容的约定。

5. 将暂估价与暂列金额混同。二者均指暂未确定的费用，具有一定相似性，发包人与承包人往往会因为概念不清楚产生争议。二者的区别主要有：[①]（1）发生可能性不同。暂列金额是包含在合同价里面的一笔费用，其发生与否具有不可预见性，可能发生，也可能不发生；暂估价是必然会发生的。（2）含义及性质不同。根据《建设工程工程量清单计价规范》（GB 50500—2013），暂列金额

---

① 张仁藏："建设工程中如何确定'暂估价'方案？"载新浪博客（http://blog.sina.com.cn/s/blog_70ead15f0102x72x.html），访问日期：2021年9月10日。

（provision sum）是指招标人在工程量清单中暂定并包括在合同价款中的一笔款项，由发包人暂定预留并掌握使用，若施工中未实际发生，由发包人收回。暂估价（provisional estimate）是指招标人在工程量清单中提供的用于支付必然发生但暂时不能确定的材料的单价以及专业工程的金额。暂估价部分在竣工结算时会根据市场实际价格进行调整。

在涉及政府投资项目的审计中，经常遇到的暂估价争议包括：① 将暂估价等同于结算价，导致工程造价严重失实或存在质量问题；争议双方在施工过程中对材料的采购未按照规定进行询价或未进行实质性询价，或者未妥善保存相关询价记录导致竣工结算审计时无法证明其价格来源的真实性；专业工程暂估价在合同中金额占比过大，导致施工中变更数量过多、金额过大，影响工程结算审计，悖离推行工程量清单计价方式的初衷；将暂估价的认定责任交给审计或造价咨询机构，因审计或造价咨询机构依法无权、通常也无能力进行材料价格的认定，故常导致工程结算争议的久拖不决。

二、预防暂估价争议的相关法律风险提示

暂估价项目是建设工程造价管理的重要内容之一，应从建设项目的招标投标、施工、竣工结算等不同阶段加强对暂估价的全过程控制。

第一，招标人对暂估价项目的规定应尽量明晰化。招标人应根据项目具体情况（金额、重要性、复杂性等）、具体要求和期望（造价控制目标等）进行个案分析及决策，在编制招标文件时应明确暂估价的具体构成（如约定暂估价后是否还计收规费、利润、税金等其他费用，应根据工程造价信息或参照市场价格作出符合工程实际的估算）、调整方法及结算原则，包括应明确对于依法必须进行招标的暂估价采用何种招标方式、承包商不接受暂估价时如何处理等事项，以便于承包商投标时编制相对准确的施工方案和投标报价，从而减少或避免在项目施工过程中发生争议。

第二，总承包商对暂估价项目的实施负有谨慎管理义务。若暂估价项目由总承包商自行实施的，总承包商就其实施的工程向业主承担全部责任；若暂估价项目由总承包商自行委托（以招标或其他方式）第三方实施的，总承包商就该分包商或供应商的工作向业主承担全部责任；暂估价项目由业主指定第三方的（不论业主是否参与签署分包或供货合同），总承包商仅承担过错责任；若暂估价项目由发包人/业主和总承包商共同招标选定第三方，除非存在业主明确指定第三方的情形，总承包商应就该暂估价项目的分包商或供应商的工作向业主承担全部

责任。

第三，充分发挥项目监理单位的监督义务。工程项目的监理单位应协助建设方减少暂估价的模糊性，发包人和承包人也可以借助监理单位的力量，尤其是针对一些技术复杂项目及材料价格。

第四，发包人应根据具体情况决定对拟招标项目的直接参与程度。对于金额大、复杂的拟招标项目应加强控制；对于金额小、常规、竞争性充分的拟招标项目则应尽量减少直接参与，而宜通过总包/分包方式进行控制。

第六节　建设工程价款优先受偿权问题

一、关于建设工程价款优先受偿权的主要规范

在国内建设工程领域，发包人不按合同约定向承包人支付工程价款的现象非常普遍，因此形成的纠纷也很常见。为保护建设工程承包人的合法权益，我国原《合同法》第 286 条规定了建设工程价款优先受偿权制度，即"发包人未按照约定支付价款的，承包人可以催告发包人在合理期限内支付价款。发包人逾期不支付的，除按照建设工程的性质不宜折价、拍卖的以外，承包人可以与发包人协议将该工程折价，也可以申请人民法院将该工程依法拍卖。建设工程的价款就该工程折价或者拍卖的价款优先受偿。"2021 年 1 月 1 日生效的《民法典》第 807 条全盘承继了《合同法》第 286 条的规定，即"发包人未按照约定支付价款的，承包人可以催告发包人在合理期限内支付价款。发包人逾期不支付的，除根据建设工程的性质不宜折价、拍卖外，承包人可以与发包人协议将该工程折价，也可以请求人民法院将该工程依法拍卖。建设工程的价款就该工程折价或者拍卖的价款优先受偿。"

根据《建工合同司法解释（一）》，对于和发包人订立建设工程施工合同的承包人、依据《民法典》第 807 条请求其承建工程的价款就工程折价或者拍卖的价款优先受偿的，应予支持。承包人享有的建设工程价款优先受偿权优于抵押权和其他债权。装饰装修工程具备折价或者拍卖条件，装饰装修工程的承包人请求工程价款就该装饰装修工程折价或者拍卖的价款优先受偿的，应予支持。建设工程质量合格，承包人请求其承建工程的价款就工程折价或者拍卖的价款优先受偿的，应予支持。未竣工的建设工程质量合格，承包人请求其承建工程的价款就其承建工程部分折价或者拍卖的价款优先受偿的，应予支持。承包人应当在合理期限内行使建设工程价款优先受偿权，但最长不得超过十八个月，自发包人应当给付建设工程价款之日起算。发包人与承包人约定放弃或者限制建设工程价款优先

受偿权，损害建筑工人利益，发包人根据该约定主张承包人不享有建设工程价款优先受偿权的，法院不予支持。

二、建设工程价款优先受偿权的行使及其限制

根据上述规定，承包人行使建设工程价款优先受偿权应当符合如下条件：

（1）存在发包人未按合同约定支付工程价款的事实，包括支付金额和支付期限不符合合同约定，工程价款不以数额确定为前提。实践中，在承包人提出优先受偿权请求的情形下，仲裁机构可参照最高人民法院上述司法解释规定的原则或是通过工程造价鉴定确定工程价款数额后，裁决承包人在发包人欠付工程价款的范围内对所承建的某项建设工程享有建设工程价款优先受偿权。该优先受偿权成立时间应以承包人的工程价款债权成立时间为准。

（2）承包人对发包人进行催告后，发包人在合理期限内仍未支付工程价款。

（3）优先受偿权的行使不以工程竣工为前提。

（4）建设工程的性质应当适宜折价、拍卖。不宜折价、拍卖应理解为法律禁止流通物。如公有物，如国家机关办公建筑物及军事设施；公用物，如道路、桥梁、机场、港口、公共图书馆、公共博物馆等。

（5）根据《民法典》第807条，建设工程价款优先受偿权的权利主体仅限于承包人，建设工程的范围仅限于建设工程施工合同中发包人欠付的工程价款，对于工程勘察合同、设计合同的工程承包人无优先权。另外，合法分包人、转包、违法分包以及实际借用资质承揽工程的实际施工人也不具有优先权，因为合法分包人、转包人、违法分包人、实际施工人与发包人无直接的合同权利义务关系，发包人无直接支付工程价款的义务，但发包人直接确定专业分包合同的除外。对于合法分包人，若工程欠款债权事实清楚，其可以依法主张代位权。

（6）建设工程合同被确认无效后，承包人仍然享有建设工程价款的优先权。最高人民法院（2010）法民一终字第18号民事判决书也认为：即使施工合同无效，施工人请求支付工程价款的，该工程性质也不会改变成补偿款。

三、建设工程价款优先受偿权的内容

依据原《合同法》第286条与《民法典》第807条规定，优先受偿权的内容为工程价款，但对于工程价款的具体范围或构成，实践中一直存在争议。根据原建设部1999年1月5日发布的《建设工程施工发包与承包价格管理暂行规定》第5条的规定，建设工程价款由直接费用、间接费用、利润和税金组成。实践中，很多承包人在提起仲裁或诉讼请求时，请求受偿的金额包括间接费用、利润及税金等。但依据最高人民法院《关于建设工程价款优先受偿权问题的回复》第3条明确规定：建筑工程价款包括承包人为建设工程应当支付的工作人员报

酬、材料款等实际支出的费用。据此，施工的利润，以及因发包人违约所致停工、窝工等损失均应排除在优先受偿之外。但也有法院判决认为该等违约损失系直接费用范围，应优先受偿。最高人民法院《建工合同司法解释（一）》针对此问题有进一步的规定，其明确了预期付款利息、违约金、损害赔偿金等不属于优先受偿的范围，即承包人建设工程价款优先受偿的范围依照国务院有关行政主管部门关于建设工程价款范围的规定确定；承包人就逾期支付建设工程价款的利息、违约金、损害赔偿金等主张优先受偿的，法院不予支持。

第七节　仲裁裁决的申请执行与撤销问题

一、《仲裁法》关于仲裁裁决执行的规定

根据我国《仲裁法》及其司法解释的规定，仲裁裁决一经作出即生效，当事人应当履行裁决。一方当事人不履行的，另一方当事人可以依照《民事诉讼法》的有关规定向人民法院申请执行。受申请的人民法院应当执行。执行被申请人提出证据证明裁决有《民事诉讼法》第213条第2款规定的情形之一的，经人民法院组成合议庭审查核实，裁定不予执行。一方当事人申请执行裁决，另一方当事人申请撤销裁决的，人民法院应当裁定中止执行。人民法院裁定撤销裁决的，应当裁定终结执行。撤销裁决的申请被裁定驳回的，人民法院应当裁定恢复执行。当事人请求不予执行仲裁调解书或者根据当事人之间的和解协议作出的仲裁裁决书的，法院不予支持。当事人申请执行仲裁裁决案件，由被执行人住所地或者被执行的财产所在地的中级人民法院管辖。

二、申请法院撤销仲裁裁决的常见理由

根据我国《仲裁法》第58条及《仲裁法》司法解释的规定，当事人提出证据证明裁决有下列情形之一的，可以向仲裁委员会所在地的中级人民法院申请撤销裁决，法院经组成合议庭审查核实裁决有下列情形之一或者认定裁决违背社会公共利益的，应当裁定撤销该裁决：

（1）没有仲裁协议的，包括当事人未达成仲裁协议、仲裁协议被认定为无效或被撤销的情形（当事人在仲裁程序中未对仲裁协议的效力提出异议，在仲裁裁决作出后以仲裁协议无效为由主张撤销仲裁裁决或者提出不予执行抗辩的，法院不予支持）；

（2）裁决的事项不属于仲裁协议的范围或者仲裁委员会无权仲裁的（即属于超裁），对于此类情形，经法院审查属实的，应撤销仲裁裁决中的超裁部分。

但超裁部分与其他裁决事项不可分的，人民法院应当撤销仲裁裁决；

（3）仲裁庭的组成或者仲裁违反法定程序的（是指违反《仲裁法》规定的仲裁程序和当事人选择的仲裁规则可能影响案件正确裁决的情形）；

（4）裁决所根据的证据是伪造的，或者对方当事人隐瞒了足以影响公正裁决的证据的（当事人申请撤销国内仲裁裁决的案件属于此类情形的，法院可以依法通知仲裁庭在一定期限内重新仲裁）；

（5）仲裁员在仲裁该案时有索贿受贿，徇私舞弊，枉法裁决行为的。

三、申请撤销仲裁裁决的期限要求

根据《仲裁法》，当事人申请撤销裁决的，应当自收到裁决书之日起 6 个月内提出。法院应当在受理撤销裁决申请之日起 2 个月内作出撤销裁决或者驳回申请的裁定。法院受理撤销裁决的申请后，认为可以由仲裁庭重新仲裁的，通知仲裁庭在一定期限内重新仲裁，并裁定中止撤销程序。仲裁庭拒绝重新仲裁的，法院应当裁定恢复撤销程序。仲裁庭在法院指定的期限内开始重新仲裁的，法院应当裁定终结撤销程序；未开始重新仲裁的，法院应当裁定恢复撤销程序。若当事人对重新仲裁裁决仍不服，可以在重新仲裁裁决书送达之日起 6 个月内依据《仲裁法》第 58 条规定向法院申请撤销。

四、仲裁裁决的不予执行

仲裁裁决生效后，若义务人一方不主动履行，就会涉及权利人一方申请有管辖权法院强制执行的问题。但仲裁裁决书包括调解书，若存在部分无法执行情形且该部分不可分的，法院可以裁定驳回申请，相关情形主要有四种：（1）权利义务主体不明确；（2）金钱具体金额不明确，或计算方法不明确，导致无法计算出具体数额；（3）交付特定物不明确或无法确定；（4）行为履行的对象范围不明确。比如，仲裁裁决或调解书仅确定继续履行合同，但对继续履行的权利义务以及履行的方式具体内容不明确，即无法执行，又如，仲裁裁决一方履行供货合同，但履行的内容未明确，履行的标的、数量、金额、时间，包括具体是哪份订单等具体信息均没有，这些均应裁定驳回执行申请。

五、实践中向法院申请撤裁的 13 种常见情形

法院对仲裁裁决的审查，主要集中在对仲裁程序的审查，包括违反法定程序、没有仲裁协议、超裁（裁决事项超出仲裁协议约定范围）、当事人隐瞒或伪造证据、仲裁庭枉法裁决、仲裁裁决违反社会公共利益等。从实践来看，大多数撤裁申请都会主张仲裁程序违法，具体包括 13 种情形：（1）违反《仲裁法》或仲裁规则中关于仲裁庭人数和组成的规定，比如当事人在合同中约定适用普通程

序审理，仲裁庭却适用简易程序审理；（2）未给当事人选定或者共同选定仲裁员的机会；（3）仲裁员应当回避而没有回避；（4）向被申请人送达申请书的，不符合仲裁规则或当事人约定的期限方式等内容；（5）未按照仲裁规则规定给予被申请人相应的答辩期；（6）当事人约定开庭审理未开庭；（7）未按照仲裁规则或当事人约定的方式通知当事人参加庭审；（8）当事人有正当理由申请延期开庭而未予准许，导致该当事人未能出庭；（9）证据未出示或未经过质证程序，此种情形下，该未出示或未经质证的证据是否构成裁决的依据在所不问；（10）未给予当事人陈述辩论机会；（11）仲裁庭未形成多数意见时，未按照首席仲裁员的意见裁决；（12）除依照《仲裁法》第54条规定和不签名的情形外，仲裁员未在仲裁裁决上签名；（13）仲裁中未进行调解，也未达成和解协议，即作出调解书或作出基于调解协议、和解协议的仲裁裁决。

六、撤销仲裁裁决典型案例分析

案例1：首席仲裁员言辞不当，且应回避未回避，仲裁裁决被撤销

2009年12月22日，上海市第二中级人民法院作出的（2007）沪二中民五（商）初字第95号民事裁定书撤销了贸仲上海分会2007年8月16日作出（2007）中国贸仲沪裁字第016号裁决书。

撤裁理由：仲裁员在仲裁程序中应当平等对待各方当事人。贸仲《仲裁员守则》第10条规定："在开庭审理时，仲裁员不得出现倾向性，注意提问和表达意见的方式方法，避免对关键性问题作出过早的结论，避免出现与当事人争议或对峙的局面。"在本案中，首席仲裁员在仲裁庭组织调解过程中，对一方当事人发表了不当言论，当事人申请回避未获准许，首席仲裁员未主动辞职。

该案中，首席仲裁员在调解程序中讲道："……我知道他们是台湾人，台湾人一向不讲这个（指诚实信用），你们不是从台湾来的吗？他们那个地方的民族，你看看，我也没去过台湾，一上电视，立法院里捋胳膊、挽袖子、摔板凳的，都是那么一些化外之民，所以到了咱们大陆，这些人也不知道该怎么去做……"开庭后，当事人向贸仲上海分会提交了请求首席仲裁员陈某回避的申请。贸仲于2006年9月1日作出（2006）中国贸仲京字第8843号决定，驳回当事人提出的回避申请，主要理由为：该次开庭，其目的是在仲裁庭主持下进行调解；陈某发表的言辞是在征询当事人调解意向的过程中产生的，不是针对特定的当事人或当事人所处的特定社会群体，其出发点是希望当事人应在尊重事实、在诚实信用的基础上发表观点；仲裁活动本身是在相对封闭、不公开的状态下进行，除非当事人不遵守该原则，因此，并不存在社会公众对当事人评价降低的可能。裁决作出后，该方当事人向法院提出了撤裁申请。上海市第二中级人民法院经审理认为：本案首席仲裁员在仲裁开庭时发表的言辞不当，有违仲裁员的公正性和独

立性，其应当回避而未回避，违反了《仲裁规则》（2000年10月1日起施行）关于回避的相关规定。遂裁定撤销了贸仲上海分会于2007年8月16日作出的（2007）中国贸仲沪裁字第016号仲裁裁决。

案例2：违反一裁终局制度，仲裁裁决被撤销①

2020年4月27日，北京市第四中级人民法院以（2017）京04民特39号民事裁定书撤销了〔2017〕中国贸仲京裁字第0836号裁决书。

撤裁理由：本案中，北京市第四中级人民法院认为，《仲裁法》第9条规定，仲裁施行"一裁终局"制度，即对于"同一纠纷"，仲裁审理并作出裁决后，不再受理当事人基于该纠纷的仲裁申请，其核心是对"同一纠纷"的判断。对此，可以参照最高人民法院《关于适用〈中华人民共和国民事诉讼法〉的解释》第247条关于"一事不再理"原则及判断标准的规定，从当事人、诉讼标的、仲裁请求三个方面予以分析认定。针对本案所涉纠纷，贸仲分别于2013年12月30日和2017年6月30日作出了两次裁决，该情形明显违反了《仲裁法》第9条规定的"一裁终局"制度，应当予以撤销。本案中，第一个仲裁裁决明确认定，"A公司实际取得因本案涉及的P公司的股权收购所应得的权益或与此相关的其他权益补偿后，申请人有权就代理酬金进行索取，被申请人也有义务向申请人支付代理协议约定的酬金"。第二个仲裁裁决是基于第一个裁决的前述认定以及后续发生的申请人怠于、拒绝履行索偿权益的"新的事实"作出的。我国《仲裁法》第9条规定："仲裁实行一裁终局的制度。裁决作出后，当事人就同一纠纷再申请仲裁或者向人民法院起诉的，仲裁委员会或者人民法院不予受理。裁决被人民法院依法裁定撤销或者不予执行的，当事人就该纠纷可以根据双方重新达成的仲裁协议申请仲裁，也可以向人民法院起诉。"据此，仲裁实行"一裁终局"制度，即对于"同一纠纷"，仲裁审理并作出裁决后，不再受理当事人基于该纠纷的仲裁申请，其核心是对"同一纠纷"的判断。参照最高人民法院《关于适用〈中华人民共和国民事诉讼法〉的解释》第247条关于"一事不再理"原则及判断标准的规定，可以从当事人、诉讼标的、仲裁请求三个方面来分析：

首先，因本裁定所涉两个案件的当事人、争议标的、仲裁请求具有同一性，故两案应属于"同一纠纷"。具体而言，即两个案件的当事人相同，均为A公司与P公司；两案的争议标的相同，两个案件中，P公司仲裁请求依据的均是其与A公司签订的同一份《代理协议》，均属于委托合同关系；两案的仲裁请求基本一致——P公司在前后两案的仲裁请求中，核心内容均是要求A公司支付《代理

---

① 朱华芳等："2020年度中国仲裁司法审查实践观察报告——主题二（上）：撤销仲裁裁决制度实践观察"，载天同诉讼圈公众号（http://www.legaldaily.com.cn/Arbitration/content/2021-07/26/content_8563668.html），访问日期：2021年10月11日。

协议》项下的酬金 2 100 万美元、相应的利息及预期利益损失。

其次，P 公司所称的 A 公司怠于追索相关权益的情况是否属于"新的事实"。是否属于"新事实"，按照《民事诉讼法》的相应标准，主要看该"新事实"是否具有在当事人之间产生"权利义务"的法律效果，并且基于该"新事实"所产生的权利义务不受前案判决效力的约束。本案中，依照《代理协议》约定，酬金支付条件就是合同的履行条件，前案裁决后，P 公司与 A 公司之间的"权利义务"并无新的变化，故前案裁决后并无"新的事实"产生。故此，两案应属于"同一纠纷"，贸仲对同一纠纷进行了两次裁决的行为，明显违反了"一裁终局"的法律制度，故应予撤销。

'03

第三编
国际建设工程仲裁
案件办案实录

第一章

国际建设工程争议与索赔概述

第一节　国际建设工程争议的特点

所谓国际建设工程，是指一个工程项目的可行性研究、融资、设计、采购、施工、安装、验收、移交，或运营等多个阶段的参与方，来自不止一个国家，并且是按照国际上通用的建设工程项目管理模式、规则及理念来进行管理的建设工程。

国际建设工程争议一般具有纠纷起因错综复杂（通常存在合同双方的混合过错）、纠纷解决时间漫长且成本高昂、涉及法律问题众多、执行困难等特点。以下详述之。

一、纠纷起因复杂

国际建设工程纠纷的产生原因十分复杂，主要包括承包商原因、业主原因、工程自身特点、不可抗力等。

1. 承包商原因

承包商原因，可能出现在项目招标投标阶段、签约阶段或履约阶段。比如，在招标投标阶段，承包商在未进行充分调查，未对项目所在国家或地区的相关资源、市政配套设施、施工所需人员资质、疾病传播及医疗条件、物价水平、业主的融资能力与资信、气候环境因素、法律与文化背景等进行全面调研的情况之下，贸然进行项目的招标投标报价；在项目合同的签约谈判阶段，因自身经验和人才的缺乏，在与业主进行合同谈判时处于弱势地位，不能有效发现合同条款中对自己明显不利或显失公平的条款，或一味地满足业主的不合理要求，丧失了在合同条款中争取对自己有利条款的机会；在合同履行阶段，缺乏国际建设工程的管理经验和能力，仍习惯于按照国内工程管理的传统思路去执行合同，缺乏应对合同风险条款的技巧和经验，包括未能按照合同约定的期限及方式发出索赔通知、保留业主违约证据等，最后导致合同履行困难及在诉诸仲裁或诉讼方式解决争议时无法提供相应证据支持自己的主张。

2. 业主原因

在国际建设工程市场中，业主作为买方与发包方/招标方，通常处于优势地位，因为承包商通常要经过市场的激烈竞争才能获得中标资格，业主则可利用自身的优势地位在合同条款中将项目风险尽可能多地转移给承包商。业主作为商事主体采取相关转嫁风险的行为本身虽然无可非议，但相关风险转嫁行为本身可能会成为相关建设工程施工中的阻力或障碍。尤其是合同约定的调整空间比较小或不允许调整且合同条款对承包商明显不利时，以及业主在未完成工程设计的前提下就开始进行招标，或采用施工总承包、采用设计－建造模式，或采用 EPC 模式，或边设计边施工的模式下，容易导致合同双方间权利义务严重失衡，比如业主对 EPC 合同的承包商进行过多的图纸审批和设备材料审批，相关审批周期严重逾期，或者因业主原因导致承包商无法及时进场施工，或者业主负责提供的原材料逾期导致承包商无法按约定时间进行项目的生产测试等，这些均会产生项目的工期延误和费用索赔纠纷。

3. 工程自身特点

随着国际建设工程设计的创新和工程本身造型的独特化或个性化发展，承包商在设计建造合同或者是 EPC 合同模式下，在项目设计阶段即可能遭遇难以克服的技术难题，从而引发设计工期乃至整体项目工期的延长和纠纷的产生。在工程施工过程中，由于存在各种特殊的地质水文状况，即使是一个有经验的承包商，通常也很难准确预料所有的特殊情况，相关情况一旦出现，必然会对项目的进度和造价产生直接影响。

二、争议解决时间漫长、成本高昂

从国际建设工程争议的解决实践来看，一个国际建设工程的仲裁案件的审理时间长达三五年甚至更长时间，是非常正常的现象。与解决周期相关的，是仲裁或诉讼的成本高昂，不论仲裁费、律师费是按争议金额的比例收取还是按照投入的小时费率收取。有观点说，对于争议金额小于 100 万美元的建设工程争议，从仲裁解决的角度来讲，是没有经济价值的，因为案件审理到最后，很可能该争议金额还不足以支付仲裁费、律师费、专家证人费用等。

也正因如此，许多案件最后是通过和解、调解结案的，因当事人均不愿意承受如此高昂的仲裁成本。

三、法律关系复杂且疑难问题较多

一般而言，国际建设工程本身越重大，其法律关系和施工过程越复杂，其涉及的法律争议也可能越多。尤其是在不同的准据法下，当事人的权利义务可能存在显著差异，比如英美法采取发信主义，项目的设计图纸已经投邮即视为送达，发生法律效力；而大陆法多采收信主义，项目设计图纸需实际到达接收一方才算是送达。而项目的设计图纸由承包商所在国送至业主所在国或项目所在地，通常会需要一定的周期，这会直接影响到项目工期延误与否的认定。又如，若承包商在投标阶段因无法取得勘查许可证等客观原因，导致其无法在投标前对项目施工的水文地质条件进行全面核实，后来发现实际条件与投标阶段业主提供的资料存在严重偏差，此时其是否可以依据合同法的一般性原则或原理，要求业主承担一定的风险责任，在这方面也存在很多争议。另外，在执行方面，如果一方拿到了胜诉的裁决或判决，但不能得到执行地国法院的承认执行，那么该判决或者裁决就等于一纸空文。而若要获得裁决作出国法院的认可和执行，需要当事人双方所在国均属于纽约公约的签署国，或者两国之间签订有关于仲裁裁决承认和执行的双边或者多边协定，对于法院裁决的执行也需要判决作出地国与执行地国之间签订有关于法院生效判决承认执行的双边和多边协定，并需要考虑法院的执行会否受到被执行人的干扰等因素。

就国际建设工程法律争议而言，仲裁是常见的解决纠纷、解决争议的方式。与诉讼相比，仲裁具有一裁终局性，裁决的国际执行程度较高，且具有保密性等优点，故而广受争议各方青睐。实践中，相当一部分国际建设工程合同都有约定采用仲裁方式来解决争议的条款。

近年来，我国企业因工程建设能力突出而被誉为"基建狂魔"，但从国内企业承接国际建设工程的实际施工情况来看，有相当一部分国际建设工程的效益并不理想，其中一个关键因素是国内承包商对于国际建设工程领域占据主导地位的英美法规则，尤其是英国法规则不熟悉、没有敬畏之心。以笔者代理的 A 公司与马来西亚 B 公司之间的钢厂建设总包合同为例，在合同洽谈签署阶段，马方企业一直有专业律师协助草拟、修订合同条款等，中方企业则没有任何法律人员介入，导致合同约定的双方权利义务明显失衡；在合同履行阶段，中方则将合同长期锁在保险柜中，在合同执行过半、双方争议不断时才想起要查看合同的具体规定，最终导致在争议中陷入十分被动的境地。

第二节　国际建设工程的常见管理模式

对于一项国际建设工程而言，采取不同的施工或管理模式，项目风险在业主和承包商之间的分配存在较大差异。常见的项目管理模式主要有以下几类。

一、DBB 模式

DBB 模式，即设计 – 招标 – 施工（Design-Bid-Build，DBB）模式，在此模式下，项目的设计、招投标和施工工作之间存在一个先后顺序，项目的设计和施工分别由设计单位和承包商两个不同的主体承担，二者间彼此独立，咨询工程师负责对项目施工进行监督管理，确保设计方案得以正确实施。这是一种传统的项目管理模式，在国际上最为通用，世界银行、亚洲开发银行贷款项目和采用 FIDIC 施工合同条件（红皮书）的项目均采用此模式。在此模式下，因设计风险由设计单位承担、施工风险由施工单位承担，在实践中容易出现设计责任和施工责任不易区分（比如出现质量事故或设计图纸提供不及时时）、设计单位和施工单位彼此推诿扯皮的现象，业主前期需要投入的管理费较大、协调难度也较大。

二、DB 模式

DB 模式，即设计 – 建造（Design-Build，DB）模式。此模式下，承包商按照合同约定，承担工程的设计和施工，并对承包工程的质量、安全、工期、造价等全面负责。与 DBB 模式相比，DB 模式规模较大，承包商对于整个项目承担大部分责任和风险，被广泛应用于能源、机械、房屋建筑等项目中。FIDIC 生产设备和设计施工合同条件（黄皮书）系适合此类项目的合同范本。在此模式下，由于设计和施工可以较紧密的衔接，故利于在项目设计阶段预先考虑施工因素，从而可以减少由于设计错误或疏忽引起的变更，避免设计和施工间的冲突扯皮。

三、EPC 模式

EPC 模式，即设计 – 采购 – 施工交钥匙（Engineering-Procurement-Construction，EPC/Turnkey）模式。在此模式下，业主将设计、采购、施工整体交给同一家承包商或多家承包商组成的联合体，业主很少参与其中的管理、也很少承担项目风险，项目风险主要由承包商承担。从风险承担上，EPC 模式和 DB 模式比较接近，但 EPC 模式下的承包商除了承担 DB 模式下的风险外，还承担了项目材料或设备的采购风险以及承包商不能合理预见的其他风险，如地质风险等。另外，EPC 是总价包干合同，一般不允许调价，故风险主要由承包商来承担。当前国际建设工程承包市场中，EPC 项目已经超过 50%，我国的 EPC 总承包项目中，超过 65% 的合同额是通过中方融资获得，因此，承包商的风险尤为突出。

四、DBO 模式

DBO 模式，即设计 – 建造 – 运营（Design-Build-Operate，DBO）模式。在此模式下，承包商负责项目设计、建造和运营维护，在合同期满后，将项目所有权交给业主（通常为公共部门）。此模式是许多发达国家普遍采用的用于污水处理、供水工程、海水淡化等公共设施或基础项目的施工模式。对于业主而言，其优点主要是将项目的建设和运营纳入一份单一的合同中，授予一个承包商负责，可大大减少业主对项目竣工移交及质保期内的管理工作，但对于承包商而言，其责任和压力要重得多。在此模式下，通常是由业主（公共部门）负责进行项目融资、承担融资风险，承包商负责设计、建造、运营及不同环节之间的协调风险。FIDIC2008 年推出的设计 - 建造 - 运营合同条件（金皮书）是此类项目的合同范本。

五、其他模式

除上述模式外，实践中还有建造 - 运营 - 移交（Build-Operate-Transfer，BOT）模式，私人主导融资模式（Private Finance Initiative，PFI），公私伙伴关系模式（Public-Private-Partnership，PPP）等。这些模式均可以实现设计与建设的一体化，施工效率相对较高，故采用这些模式的国家也越来越多。

第三节　国际建设工程的常用合同范本

一、国际建设工程的常用合同范本

1. FIDIC 合同范本

FIDIC 是国际咨询工程师联合会下的专业委员会编制的合同范本，这些合同范本被许多国家以及世界银行、亚洲开发银行、非洲开发银行等国际组织采用。其中，FIDIC 编制的一系列工程合同范本在国际范围内享有极高声誉，并在国际建设工程界广泛地应用。其合同范本主要包括施工合同范本、生产设备与设计 - 建造合同范本、设计 - 采购 - 施工/交钥匙施工合同范本、简明合同范本等。

FIDIC 成立于 1913 年，是一个非官方机构，现有会员方 70 多个，其主要是通过编制高水平的行业标准文件，召开研讨会传播工程信息来推动全球建设工程咨询行业的发展。中国在 1996 年正式加入 FIDIC。FIDIC 有四个地区性组织，分别是亚洲及太平地区成员协会、欧共体成员协会、非洲成员协会集团和北欧成员协会集团，其总部设在瑞士日内瓦。FIDIC 下设有土木工程合同委员会、业主与咨询工程师关系委员会等专业委员会，作为当今世界上最具权威性的咨询工程师组织，其在推动全球范围内高质量的工程咨询服务业发展方面作出了巨大贡献。自 1957 年首次编制发布《土木工程施工合同条件》（红皮书第一版）以来，FIDIC 结合国际建设工程市场与商务模式的变革发展，大约每 10 年会对其已有的合同范本进行修订更新，并适时增加新的合同范本，形成了独具特色的、被广泛运用于国际建设工程承包和咨询市场的 FIDIC 合同体系。FIDIC 出版的合同范本分为两类：一类是工程合同范本，另一类的工程咨询服务合同范本。目前，影响比较大的是其 1999 年版施工合同范本。2017 年其对 1999 年版合同范本进行了最新一轮修订。

FIDIC 合同范本中的设计 - 采购 - 施工/交钥匙施工合同又称为 EPC 合同，即 Engineering（设计）、Procurement（采购）和 Construction（施工）的缩写，此合同范本近年来在国际建设工程领域中应用广泛，在此合同模式下，EPC 总承包商一般要负责设计、工程材料和设备的采购、施工安装、项目试运行以及对业主操作人员进行培训等工作，其中的设计不仅包括工程图纸的设计，还包括工程规划和整个设计工程的管理。在此合同模式下，项目的最终价格和要求工期具有较大程度的确定性，由承包商承担项目的设计和施工的全部责任，业主介入较少，通常是由承包商进行全部设计、采购和施工，项目竣工后业主转动钥匙即可运行。在此合同模式下，因承包商的责任较重，故若承包商缺乏足够的时间认真进行投标前的谨慎调查，或者业主要求严密监督和控制承包商的工作，比如要求审核大部分施工图纸等，则不宜使用此合同范本。

2. 英国 NEC 合同范本

NEC 是英国土木工程师学会（ICE）编制的一类标准合同范本。1993 年 ICE 编制出版了其第一版《新工程合同》（New Engineering Contract，以下简称 NEC），1995 年出版了第二版，2005 年出版了第三版，称为 NEC3。英国政府和商务部推荐在英国的所有公共建设工程项目中使用 NEC3 合同范本。

3. 英国 JCT 合同范本

JCT 合同范本是由英国的合同审定联合会（Joint Contracts Tribunal，JCT）编制出版的一类标准合同范本，JCT 是由英国皇家建筑师学会、英国皇家特许测量师学会、英国咨询工程师联合会以及地方当局负责人和分包商共同组建的一个行业性组织。JCT 合同范本包括标准房屋合同、设计 - 建造合同、大型工程施工合同、中型施工合同等范本。相关调查结果显示，[①] 无论从数量上还是合同总额上看，JCT 合同范本都是英国使用最为广泛的标准合同范本。

4. 美国 AIA 合同版本

美国建筑师协会（the American Institute of Architecture，AIA）成立于 1857 年，是美国著名的建筑师专业社团，其成员来自美国以及全世界的注册建筑师，成立目的是提高建筑师的水平并促进其事业成功，通过改善居住环境提高民众的生活标准。AIA 编制的标准合同涵盖范围广泛，包括建设工程项目招标投标、资

---

① 陈勇强、张水波：《国际建设工程索赔》，中国建筑工业出版社 2011 年版，第 32—33 页。

质审查、合同签订、项目实施等工程建设各阶段所需要的各种文件，以及建筑师日常管理中需要的各种表格。

二、国际建设工程合同价款的常见支付方式

合同价格是国际建设工程项目合同中最核心的条款之一。国际建设工程市场上业主方与承包商之间博弈的核心之一是合同价格。业主通常希望承包商提供优质低价的服务，承包商则希望项目利润越高越好。对于合同双方而言，合同价格的风险主要来自两个方面：一是项目的投标报价，项目报价若过低，承包商通常会面临项目的亏损、施工中的偷工减料以及因此导致的工程质量问题；二是合同关于价格条款的约定。若约定不合理，导致双方间利益的失衡，也必然会引发项目建设中的各种争议甚至项目工期的严重延误甚至项目建设的停摆。

围绕建设工程合同价款的支付，常见的有三种方式：单价合同、总价合同、成本加酬金合同。其中，单价合同又称工程量清单合同，主要是指固定单价合同，具体是指合同双方以工程量清单为准来确定工作内容的单价，并以工程单价作为工程款支付的主要依据。单价合同又可分为估计工程量单价合同、纯单价合同、单价与包干混合式合同。单价合同中，业主的风险主要在于工程量的不确定性，而承包商的风险相对较小。总价合同，又称为包干合同，一般要求业主提供详细的工程施工图纸、投标人按照图纸和招标文件要求报一个总价，双方在施工合同中约定好合同总价，承包商负责在该总价下完成约定的全部项目。总价合同，又可分为固定总价合同、调价总价合同，固定工程量总价合同等。在总价合同下，除非业主对项目工程量进行了变更，业主一般不承担风险，项目风险主要由承包商承担。所谓成本加酬金合同，又称成本加补偿/费用合同，具体是指业主向承包商支付实际工程成本中的直接费，按照事先约定的某一种方式支付酬金作为管理费及利润。其一般适用于项目合同签订时，合同双方由于尚未准备好详细的设计图纸，故双方很难确定工程项目及其费用的详细内容。在此方式下，业主承担了项目的成本超支风险，承包商承担的风险则较小。

施工总承包项目一般采用单价合同，EPC项目一般采用固定总价合同。不同的价格形式，合同关于价格的计算和支付等具体规定也不同，当事人承担的风险范围也不尽相同。一般来说，相比而言，承包商在总价合同项下比在单价合同项下要承担更多的工程风险。

在固定总价合同项下，除合同明确规定由业主承担的风险外，其他风险一般都由承包商承担，这会使得EPC承包商的风险明显增加。因为，在EPC合同形式项下，承包商不仅应当将符合合同规格要求的工程交付雇主，而且应当确保达到预定的运行和生产指标，工程项目的大部分风险应当由承包商承担。从项目性质上来说，以土建施工为主的房建、公路、铁路、水库、桥梁、隧道等建设项

目，风险特别是地下风险难以把握，不适用于固定总价合同；成套机电设备占主要部分的工程如电站、工厂等项目，价格风险事先比较容易确定，更适合采用EPC承包模式和固定总价合同形式，而不适用单价合同方式。[①]

简言之，在不同的合同价款支付方式下，业主和承包商的风险不同。在固定总价合同中，承包商所承担的风险最大，成本加酬金合同中业主承担的风险最大。单价合同一般适用于设计和实施风险都比较小的项目，总价合同则适用于设计风险较小而实施风险较高的项目，成本加酬金合同则适用于二者风险都比较高的情况，如果能比较明确的定义项目最终交付成果，那么使用总价合同更利于敦促承包商在施工过程中，有效选择合适的施工工艺或者改良施工工艺，同时也利于实现业主的建设目标与管理费用最小化。

第四节 国际建设工程的索赔与理赔

一、国际建设工程领域索赔的重要作用

国际建设工程承包领域存在着激烈的市场竞争，并且几乎所有的重大建设工程中都存在这样那样的政治、经济或法律风险，国内承包商为获得中标机会，通常会常用低价投标策略，这决定了其投标报价中的利润往往很有限，若其施工中的管理不到位，或者不能有效利用合同规定的索赔程序进行索赔，最终很可能会面临亏损局面。对于很多承包商而言，工程索赔和工程投标是一样重要的事情，若其能够有效利用合同条件进行精准的施工索赔，可以帮助其实现预期的承包收益，反之，则会加剧其亏损结果。从法律上来看，国际建设工程施工的索赔与反索赔是施工合同赋予承包商和业主双方的合同权利，承包商可以向业主索赔，业主也可以向承包商索赔。从实际来看，由于国际建设工程领域主要是一个买方市场，工程施工的风险主要落在承包商一方，故索赔也主要体现为承包商向业主索赔，尽管也不乏业主向承包商索赔的案例。经过数十年的发展，施工索赔近年来已经逐步发展为一种专业行为，承包商的施工索赔团队通常由跨学科的专业人员组成，其中除了专业的、熟悉施工合同条款和经验丰富的法律人员外，还会有熟悉工程设计与施工管理、财务知识，以及丰富协商谈判经验的专业人员等。

[①] 朱中华：“朱中华律师谈国际建设工程投标价格风险防范”，载新浪博客（http：//blog．sina．com．cn/zhuzhonghualawyer），访问日期：2021年3月15日。

二、国际建设工程索赔的准备与程序

为避免或减少项目施工中的各种风险，承包商必须未雨绸缪，提前对相关风险及其应对进行预判。比如，在投标报价之前，应对项目进行积极的谨慎调查，比如要深入分析业主所在国家/地区的政局是否稳定，业主的融资能力与支付信誉情况；在编制标书报价阶段，应当充分熟悉招标文件，根据个案需要做好现场的勘查或核实；在合同签约阶段，对于过于苛刻的合同条款，应敢于提出修改意见而非一味地满足业主的不合理要求；在项目施工阶段则应加强施工管理、做好合同管理和索赔管理，及时提出索赔要求，及时准备编制好索赔文件并与业主方进行协商谈判等。

在索赔程序方面，FIDIC 施工合同条件中对于承包商和业主的索赔程序均有明确规定，如其第 20.1 条规定了承包商的索赔程序，第 2.5 条规定了业主的索赔程序。根据该等规定，承包商和业主在索赔权的行使方面存在不同的限制条件。总体而言，FIDIC 合同范本对于承包商的索赔限制比对业主的索赔限制要严格得多，不论是在索赔时限、逾期索赔后果或者索赔资料提供上。细言之，承包商应当在索赔事件发生后 28 天内向工程师发出通知，说明引起索赔的事件或情况，并在引起索赔的事件或情况后 42 天内向工程师送交一份详细的索赔报告。对于业主而言，其索赔则没有明确的时间限制，只是规定，业主在了解引起索赔的事项或情况后，应尽快向承包商发出收费通知。对于承包商而言，若其在索赔事件发生后 28 天内没有发出索赔通知，项目竣工时间不得延长，其也无权获得追加付款，业主则可免除有关该索赔的全部责任及拒绝承包商的任何索赔要求。从资料或证据准备上，承包商在向工程师发出索赔通知时，需要说明引起索赔的事实或情况、索赔依据，并应在现场或者工程师认可的其他地点保存用于证明任何索赔可能需要的全部详细资料或记录。

三、施工索赔报告的核心内容

施工索赔报告的核心内容一般包括三个关键步骤和内容。

（1）事件调查。即要对风险点进行识别、对索赔事件进行确认，对包括但不限于合同、双方往来信函、会议纪要、设计图纸、竣工图纸、实验报告、施工记录、装箱单、海运单、发票、进出口凭证、进度报告、质量控制报告、变更请求、付款请求、批复证书，验收书等文件资料进行梳理；按照时间先后顺序对项目执行过程中的往来文件等进行程序归档。

（2）进行进度分析和费用分析。即结合各部门提供的信息资料，对计划进度和实际进度进行对比分析，针对索赔事件进行进度计划影响分析，确定延误时间、赶工时间和干扰时间，分析承包商原因和业主原因等。同时对工期延误及其原因进行分析，确定承包商和业主双方应承担的责任及对应的费用部分。

（3）装订索赔报告。在以上分析基础之上，编辑索赔报告，对索赔项目及各细节部分进行分类整理，附上支持索赔报告的各项文件或附件。

第五节　国际建设工程索赔的主要类型

按照不同的标准，国际建设工程的索赔可分为不同的类型。

一、按照索赔目的，可以分为工期索赔和费用索赔两类

工期索赔，即 claim for extension of time，是指承包商以延长工期、推迟竣工日期为目标的索赔。工期索赔的前提是存在工期延误，且工期延误不是由承包商导致，而是由客观原因或者业主方面原因导致的。工期获得合理延长后可以使承包商避免承担"误期损害赔偿费"（Liquidated Damages for Delay）。反之，若工期延误是由于承包商原因所致，如实际开工日期晚于业主指定开工日期、施工机具缺乏或物资供应不及时或组织管理不善等，则承包商无权要求延长工期，在此情形下，承包商只能采取自费赶工措施，把延误的工期补回来，否则承包商就必须向业主承担误期损害赔偿费。从实践来看，工期索赔主要是承包商向业主提出的索赔，是承包商获取救济的主要方式之一。对于业主而言，若因承包商原因导致工期延误，业主可以主张误期损害索赔，通过扣除进度款或履约保函等方式来获得补偿。

以 FIDIC 合同条件为例，其 2017 年版本相对于 1999 年版本在工期索赔上明确了如下 6 种情况下承包商享有进行工期索赔的权利：[1]（1）业主无法按期获得政府许可的延误；（2）不可预见的协助；（3）不利的进场通路；（4）事故或不可预见等原因引起的修补工作；（5）工程量变化超过 10%；（6）业主修补承包商终止通知内容的 14 天，即承包商发出第一封合同终止通知之后，业主有 14 天对通知内容进行修补，否则承包商可以发出第二封通知并立即终止合同，而承包商可以就这 14 天遭受的损失申请工期延长。

费用索赔（Cost Claim），又称为经济索赔，是指以补偿经济损失为目标的承包商索赔。承包商进行费用索赔的前提是，在实际施工过程中发生的施工费用超出了投标报价书中该项工作的预算费用，超支的责任不在承包商，也不属于承包

---

[1] 刘磐："工期索赔系列 | 17 版 FIDIC 扩大了工期索赔范围吗？"载搜狐网（https://www.sohu.com/a/246106619_100229669？spm = smpc. author. fd-d. 15. 162 88712898385sI4K7w），访问日期：2021 年 6 月 8 日。

商的风险范围。比如，承包商的施工受到了业主的干扰，导致施工效率降低，或者业主指令对工程进行了变更或增加导致施工成本增加。在这些情形下，承包商均有权要求业主对其费用（甚至包括合理的利润）进行补偿。如果由于承包人原因导致业主发生了额外的费用开支或受到损失，业主也有权向承包商提出相应的费用索赔。

工期索赔和费用索赔具有高度相关性。承包商向业主提出工期索赔的根本目的在于获得经济补偿或者减少经济损失，其最终体现为一定的费用收取或支出减少。承包商可以通过工期索赔来减少自己向业主承担的误期损害赔偿费支出，若其成功获得工期的延长，甚至可以免除误期损害赔偿责任；若其提前或者按期完工，则可以提出加速施工的费用索赔。费用索赔在很多情形下是伴随着工期索赔提出来的。简言之，二者之间是相辅相成、紧密相关的。

二、按照索赔当事人的不同，可分为承包商和业主间、承包商和分包商间及承包商和供货商间的索赔

承包商和业主之间的索赔，可能是基于工程量的计算、变更、工期、质量和价款等有关的争议，也可能是基于某一方的违约而产生。承包商和分包商之间的索赔多数是属于分包商要求承包商付款或赔偿，或者承包商要求分包商支付违约金等情况，此类索赔若发生于施工过程中，通常被归为施工索赔范畴。承包商和供货商之间的索赔，一般发生在承包商负责建设工程项目相关设备、原材料采购的情形下，因相关设备或原材料的运输、质量、交货等争议引发的索赔。

三、按照索赔发生原因的不同可分为工程量增减索赔、工期延误索赔等

可以分为工程量增减索赔、工期延误索赔、加速施工索赔、不利自然条件和障碍索赔、工程变更索赔、合同文件错误索赔、暂停施工索赔、终止合同索赔、设计图纸逾期索赔、拖延付款索赔、物价上涨索赔、业主风险索赔、不可抗力索赔、业主违约索赔、法律法规变化索赔等。

如前所述，工期索赔的前提是存在工期延误。而工期延误是国际建设工程项目施工中存在的普遍现象，实践中我们很少发现不存在任何工期延误的国际建设工程项目。对于工期延误也可以做不同的分类。比如，按照延误是否处于关键路线上，可以分为关键性延误和非关键性延误；按照延误发生的时间，可以分为单一性延误和共同延误；按照延误原因可分为可原谅可补偿的延误、不可原谅不可补偿的延误。其中，关键性延误是指位于网络进度计划的关键路线上的延误，关键延误肯定会导致总工期延长；非关键性延误是指位于非关键路线上的延误，一般来讲，当其延误时间没有超过浮动时间时，并不会造成总工期延长，承包商仍然得不到工期补偿。单一性延误，是指在同一时间段内干扰事件独立发生；共同

延误（Concurrent Delay），是指多个索赔事件在一段时间内同时发生，且这些事件分别属于应由业主、承包商分别承担责任的过错或风险。共同延误按照事件发生的关系又可分为同时延误和交错性延误。同时延误，是指两个或两个以上的延误从发生到终止时间完全相同，交错性延误则是指当两个以上的延误从发生到终止，只有部分时间重合。可原谅可补偿的延误，是指由于业主和工程师的错误或失误造成的工期延误，在此情况下，承包商可以得到工期延长，也可以得到经济补偿；不可原谅不可补偿的延误是指既不是承包商、也非业主原因，而是由客观原因引起的工期延误，这种情况下，承包商可以获得一定的工期延长作为补偿，但一般得不到经济补偿；不可原谅的延误，是指由于承包商的原因引起的工期延误，在此情况下，承包商不能得到工期延长和经济补偿。

第六节　国际建设工程索赔成功的关键因素

一、影响国际建设工程索赔成功的三个关键方面

对于任何一件国际建设工程的索赔来讲，影响或者决定索赔能否成功的关键因素，均可归为以下三个方面：

第一，需要有良好的合同管理制度。对于合同双方来讲，承包合同或施工合同都是整个项目施工中最关键、最重要的基础和依据，无论是施工过程中索赔，还是工程竣工后的索赔，其具体索赔程序的确定、索赔金额的计算等都需要严格依照合同约定进行。因此，合同管理是影响索赔成功与否的根本因素。对于任何一个有经验的发包人或承包人而言，从准备工程的投标报价阶段开始，就应当仔细深入地研读投招投标文件、施工合同等一系列合同文本及其附属资料，包括但不限于项目合同中列明的所有重要条款，如关于工期、质量、工程变更、违约责任、通知程序、索赔条件及依据等内容。实践中有不少国内施工企业在承建国际建设工程项目中存在重商务谈判而轻合同管理的行为倾向，施工合同一旦签署后即被束之高阁，在施工过程中很少考虑去核对合同中的具体约定，而主要是依赖之前的施工经验和口头约定来推进施工，这种做法对于项目或索赔的推进是有百害而无一利的。

第二，要有强烈的索赔和证据意识。首先，在国际建设工程领域中，当事人应当具有强烈的索赔意识，并要善于发现索赔机会。在国内建设工程领域，"低价中标"现象非常普遍，有人将此现象称为"饿死同行、累死自己、坑死业主"。这种现象延伸到国际建设工程领域，又产生了另一个现象——"中标靠低价、盈利靠索赔"，即若不能有效利用施工合同授予的索赔权，及时提出索赔并

取得索赔成功，很多承包商是无法盈利的。由此我们也可以看出，索赔意识在国际建设工程施工中的重要性。① 其次，要有高度敏感的证据意识。在国际建设工程索赔领域，证据是决定索赔成功与否的关键，索赔证据存在于合同签署、履行的全过程中，合同双方均必须具备在合同履行全程中及时收集整理相关证据的意识。相关证据包括但不限于招投标文件、施工合同及附件、工程图纸技术规范、工程各项施工设计、交底记录、图纸等变更记录、催款或索赔通知及其送达日期，业主和监理工程师就相关事项的签证，项目履行中发生的停水停电等干扰事件及其延续时间的具体记录、业主负责或直接发包的工程材料质量检验、进场验收使用等凭据，工程验收报告及各项技术鉴定报告，相关会议纪要、施工日志等。

第三，要有专业的、跨学科的索赔人员。国际建设工程索赔工作是一项涉及管理、工程技术、财务、法律等多学科多领域的工作，索赔团队不仅应具备索赔意识、建设项目管理经验、相应的工程技术背景，还需要熟悉相关法律法规及项目合同的核心条款。同时，因索赔过程通常也是合同双方进行协商沟通谈判的过程，故索赔人员还应当具备较强的语言能力、沟通协调能力，并掌握一定的谈判技巧。先争取通过友好协商解决争议，协商不成，再诉诸仲裁等方式。唯此，才能更为有效地达成索赔目标。

二、国内企业在国际建设工程索赔方面的主要缺陷

对于国内的承包商而言，以上三方面通常都是比较薄弱的。

首先，在合同管理方面，国内企业普遍缺乏对国际建设工程合同和法律规则的必要重视（这种局面近年来已有所改观），不重视投标前的谨慎调查（比如对项目所在地国家或市场的法律、环境、文化、习俗、气候等条件的细致调查②）；以赌博或碰运气的心态开展充满高风险的国际建设工程业务，草率作出投标决策

---

① 当然，这种靠低价中标、靠索赔来盈利的做法近些年来已经越来越不能适应国际建设工程市场发展的需要。因为，在国际建设工程市场上，主要适用的是英美法规则，英美建设工程法非常重视合同的约定，双方的权利义务均以合同约定为准，一旦合同报价失误或价格形式确定，往往很难事后更改。国内企业希望采用传统习惯做法来低价中标、高价索赔来获取工程利润，通常很难奏效。包括我国在内的许多国家的法律也禁止企业在成本价格以下投标。朱中华："朱中华律师谈国际建设工程投标价格风险防范"，载新浪博客（http：//blog. sina. com. cn/zhuzhonghualawyer），访问日期：2021 年 3 月 15 日。

② 比如在笔者代理的马来西亚钢铁厂总包项目施工索赔中，中方企业在投标时基于国内施工经验，计划从国内派遣施工所需人员去马来西亚施工、按照国内进行同类项目建设的经验，可以安排工人按照 24 小时 3 班轮换的方式进行不间断施工，预计最多 8 个月可以全部完工，合同约定工期 15 个月。但实际上，由于项目启动后马来西亚遭遇经济危机，马来西亚政府为保护本地就业，严格限制外来劳工，导致中方被迫在当地雇佣施工人员，同时项目所在地法律禁止夜间施工，当地工人多数为穆斯林、每天上下午均要定时进行宗教活动，加之双方在合同履行过程中存在的其他违约行为，导致项目实际建设工期 68 个月，项目严重逾期引发了业主方的巨额索赔及双方间长达数年的争议。

甚至以超低价竞标的决策；在签署合同时过于草率，不重视合同中包括工程设计与技术标准等的客观属性，导致项目实际履行中发现与决策时预期的理想状况存在巨大差异，进而出现项目合同履行的严重困难。

其次，国内承包商普遍缺乏进行主动索赔和积极维权的意识。在合同履行阶段，国内承包商多习惯于根据国内建设工程的施工经验来进行施工，缺乏对合同约定内容的重视，将合同仅仅看作一个形式，甚至工程已接近完成，项目负责人还没有看过合同条款，也不了解合同中对双方权利义务的约定，尤其是对合同中保护自身利益的条款不重视，甚至主动放弃己方的权利。同时，也缺乏在合同履行中随时收集、准备索赔证据的意识，而习惯于以合同约定之外的在国际建设工程市场中不被接受的方式进行索赔。比如，受传统观念影响，不少国内企业走出去后经常把商业问题和政治问题混淆，基于两国政治关系稳定，即对商业问题抱有一些不切实际的幻想，却不知在欧美等法律制度健全、法律权威观念根深蒂固的市场中，政治关系并不能解决商业纠纷。

最后，国内企业也普遍缺乏专业的索赔人才。这表现在两个方面，一方面是很多企业缺乏必要的专职法务人员，即使聘有外部律师，若缺乏企业内部法务人员对项目合同文件的有效管理，尤其是若法务人员缺乏国际建设工程合同管理的必要经验，外部律师在收集、准备索赔证据时也通常会面临巨大困难；另一方面，国内兼具法律、工程、外语等多方面知识或能力的复合型人才奇缺，而这类人才是国际建设工程索赔中必不可少的。

第七节　国际上主要的商事仲裁机构

一、国际上主要的商事仲裁机构

目前，国际上的商事仲裁机构大致可分为三类：第一类是具有全球性影响力或知名度的商事仲裁机构，如国际商会、伦敦国际仲裁院、美国仲裁协会/国际争议解决中心、新加坡国际仲裁中心、国际投资争端解决中心等；第二类是具有区域性影响力或行业性特点的国际仲裁机构，如斯德哥尔摩商会仲裁院、日本商事仲裁协会、香港国际仲裁中心、瑞士商会仲裁院、德国仲裁院、维也纳国际仲裁中心、中国国际经济贸易仲裁委员会、北京国际仲裁中心、开罗国际商事仲裁中心、澳大利亚国际商事仲裁中心、吉隆坡区域仲裁中心等；第三类是处理知识产权、保险等行业性争议的仲裁机构，如世界知识产权组织、伦敦海事仲裁协会、美国再保险和保险仲裁协会等。就这些仲裁机构的受理案件范围而言，它们通常可以受理来自世界各地的仲裁案件，从这个角度看，这些机构均属于国际商事仲裁机构。

1. 国际商会仲裁院

国际商会（International Chamber of Commerce，ICC）是 1919 年成立的为世界商业服务的非政府间国际组织，总部设在巴黎。国际商会仲裁院是国际商会下设的机构，成立于 1923 年，是公认的最为著名的国际仲裁机构，其总部设在巴黎，在香港有分支机构，其制定有一套《国际商会仲裁规则》《国际商会调解规则》《国际商会专家意见规则》。根据《国际商会仲裁规则》，国际商会仲裁院广泛地参与仲裁案件的管理。根据《国际商会仲裁规则》，国际商会仲裁院及其秘书处的职责主要包括：启动仲裁申请，确定仲裁费的预付金，确认当事人对仲裁员的委任，在当事人无法就首席仲裁员或独任仲裁员达成合意时指定仲裁员。国际商会仲裁院的仲裁规则区别于世界上其他任何常设仲裁机构和联合国国际贸易法委员会 1976 年仲裁规则的显著特点有两个：第一，仲裁庭在对仲裁案件进行实体审理之前，必须与当事人共同签署一项被称为"审理事项"（terms of reference）的文件；第二，裁决在向双方当事人送达之前，裁决书草稿须经仲裁院审核。根据《国际商会仲裁规则》，仲裁庭需召开案件管理会议对案件的审理程序等进行安排，允许多方仲裁与案件合并，仲裁庭审可以在全球各地进行，在仲裁裁决最终作出之前仲裁院则负责对裁决进行核阅。另外，国际商会仲裁院没有仲裁院名册，仲裁员的指定由其秘书处在不同国家的当地的国家委员会协助下完成。其缺点主要是程序烦琐、复杂且审理成本高昂。

2. 伦敦国际仲裁院

伦敦国际仲裁院（London Court of International Arbitration，LCIA）是世界上最早成立的仲裁机构之一，成立于 1892 年，被认为是第二受欢迎的欧洲国际仲裁机构。其仲裁规则即《伦敦国际仲裁院仲裁规则》所确定的程序安排充满了英国特色，但总体而言比国际商会仲裁规则要简单一些，比如没有"审理范围书"的要求，也没有要求机构核阅裁决书草稿的要求等。与国际商会一样，伦敦国际仲裁院也没有常设的仲裁员名单，其仲裁员的选任主要来自英国的大律师和退休法官，部分原因在于其受理的许多案件涉及英国法管辖的合同。

3. 美国仲裁协会/国际争议解决中心

美国仲裁协会/国际争议解决中心是美国的主要仲裁机构，也是处理全球仲裁争议最多的机构之一，其仲裁规则是《美国仲裁协会国际商事仲裁规则》，该规则适用于大量美国的国内仲裁案件。近年来，美国仲裁协会致力于提升其作为国际仲裁机构的地位，其于 1996 年成立了国际争议解决中心（ICDR）负责审理国际仲裁案件。美国仲裁协会/国际争议解决中心每年的受案数量远高于国际商会和伦敦国际仲裁院，2007 年之后每年高达数万件争议，而国际商会和伦敦国际仲裁院每年受理的案件数量仅有数百件。美国仲裁协会/国际争议解决中心制定有仲裁员名册供当事人进行选择。

4. 新加坡国际仲裁中心（SIAC）

新加坡国际仲裁中心成立于1990年，最初主要处理建设工程、船运、银行、保险等领域的争议，近年来随着受案范围及影响力的不断扩大，其已经成为主要的亚洲国际仲裁机构，受案数量也呈明显攀升之势。新加坡国际仲裁中心仲裁规则在很大程度上借鉴了1976年《联合国国际贸易法委员会仲裁规则》，其最近一次修订是在2010年7月1日完成的。

5. 斯德哥尔摩商会仲裁院

斯德哥尔摩商会仲裁院（Arbitration Institute of the Stockholm Chamber of Commerce，以下简称SCC）成立于1917年，设在瑞典斯德哥尔摩，是斯德哥尔摩商会的一个下属机构，但在职能上是独立的仲裁机构。SCC在适用仲裁规则上比较灵活。"二战"后尤其是冷战时期，SCC作为东西方的桥梁，被不少社会主义国家与西方国家的经贸合同选择为仲裁机构。冷战之后，其重要性有所下降，但一些中亚国家仍偏爱SCC仲裁。

6. 海牙常设仲裁法院

海牙常设仲裁法院是根据1899年第一次海牙和会通过的《关于和平解决国际争端公约》成立的，其最初管理国家与国家之间的仲裁。其仲裁规则在很大程度上也是基于《联合国国际贸易法委员会仲裁规则》，现在主要适用于国家和私人主体之间的纠纷，其审理的国家间的仲裁案件数量非常有限。

7. 北仲

北京仲裁委员会/北京国际仲裁中心（北仲，英文简称BAC/BIAC）设立于1995年9月28日，目前已发展成为国内最著名的仲裁机构之一，在国内外均享有优良声誉和广泛影响力，其在建设工程、金融等领域拥有丰富的仲裁实践经验。北仲现聘有数百名仲裁员，仲裁员精通的专业遍及建设工程、投资金融、能源环保、国际贸易、房地产、知识产权、特许经营等领域，可以为各种复杂经济纠纷提供专业仲裁服务。

8. 贸仲

中国国际经济贸易仲裁委员会（China International Economic and Trade Arbitration Commission，CIETAC），成立于1956年，1988年改为现名，2000年同时启用"中国国际商会仲裁院"名称。CIETAC根据当事人的约定受理契约性或非契约性的经济贸易等争议案件。

二、国际仲裁协议的构成要素

国际仲裁协议通常包括以下要素：（1）仲裁的合意；（2）提交仲裁的争议范围；（3）仲裁机构及其规则的适用；（4）仲裁地；（5）指定仲裁员的方法及

仲裁员的人数、资质；（6）仲裁语言；（7）法律适用或法律选择条款。

就仲裁合意而言，所有的仲裁条款都必须证明当事人存在仲裁合意。从合同的角度来看，这意味着仲裁协议应当明确双方同意将争议提交仲裁而非诉讼或调解解决。就仲裁协议的范围而言，常见的表述如"本协议项下产生的"或"因本协议而引起的或与本协议有关的"或"与本协议相关的全部争议，包括关于其存在有效性，违约和终止的任何问题"，或者"与本协议或其标的物相关的全部争议"。一般来讲，每一个仲裁机构都会有自己的示范仲裁条款，如国际商会的示范仲裁条款为"凡产生于本合同或与本合同有关的一切争议均应按照国际商会仲裁规则由依据该规则指定的一名或数名仲裁员终局解决"，联合国国际贸易法委员会的示范仲裁条款为："由本合同发生的或与本合同有关的任何争议、争端或请求，或有关本合同的违约终止或者无效，应按照目前有效的联合国国际贸易法委员会仲裁规则予以解决。"

仲裁地的选择通常涉及争议应适用哪一个国家的程序法以及仲裁裁决执行中的国内法院的选择，在很多情形下，程序法的不同对于当事人的权利义务会有根本性的影响。仲裁语言作为仲裁协议中的一个要素，其对于仲裁员的选任和仲裁程序的进行也会产生深远影响，亦会直接影响到当事人相关实体或程序性权利的事项。一般而言，当事人都希望将自己的母语约定为仲裁语言。在当事人没有约定的情形下，仲裁机构有权依据仲裁规则来确定适用某一种或某两种语言，一般会是当事人间基础合同所用的语言。法律适用或法律选择条款，主要是指实体法的适用约定及合同的解释及争议解决适用哪一国/地区实体法律的问题。比如，是适用美国还是中国的合同法。

第二章

争议的产生

第一节 工程总包合同的签订与履行

一、案情简介

2007 年 12 月 4 日，A 公司中标 B 公司炼铁项目。2008 年 1 月 15 日，双方签署项目合同约定：（1）A 公司作为总包方，负责项目的设计、设备供货、安装、培训、保驾护航等。总工期 15 个月，从 2007 年 12 月 1 日起至 2009 年 2 月 28 日止；（2）合同设备款总额 5 420 万美元，固定金额；预估技术服务费金额 364.892 8 万美元，并约定了烧结、高炉的安装人日数预估上限（合计 80 496 人日）；（3）项目土建施工由 B 公司自行分包给第三方。

2008 年 4 月 21 日，因亚洲金融危机影响，国际钢材市场价格暴涨，双方就合同价格签署一份《补充协议》，约定 B 公司新增 500 万美元，并约定了支付条件。

2008 年 2 月 28 日之前，A 公司按合同向 B 公司聘请的第三方顾问公司提交了项目的基本设计图纸，并根据项目进度陆续向 B 公司提交了其他设计图纸。因施工中双方均存在大量变更情形，A 公司部分图纸的提交时间晚于合同时间，但图纸的整体提交时间早于 B 公司土建开工时间约 9 个月。因 B 公司移交场地滞后、现场不具备设备存放条件等因素，为确保项目设备后续安装的正常进行，A 公司在未取得 B 公司同意的条件下、自行推迟了部分设备的发货时间，设备的到港与安装存在延误。B 公司负责的土建施工自 2009 年 2 月陆续交付 A 公司进行设备安装。2011 年 12 月，项目整体投产并移交 B 公司。2012 年 9 月，项目高炉附属系统完工。2013 年 7 月，A 公司人员全部撤场。

因项目工期严重超期，实际工期约 68 个月，A 公司实际投入人日数超出合同中预估的最大人日逾 10 万个。B 公司认为，项目工期逾期系 A 公司设计图纸逾期提交、设备发货逾期等所致，故应承担逾期 LAD 等责任；A 公司认为，项目逾期系 B 公司的严重干扰和阻碍行为所致（包括：未及时移交场地、B 公司负责的土建项目严重逾期、B 公司负责的设备保管严重不善及设备出库缓慢等），故 B 公司应承担 A 公司超出合同预估人日部分的技术服务费等实际损失。

另外双方就部分设备（包括快装锅炉、煤气柜电梯、冷却塔等）的安装存在争议，B 公司拒绝就整个项目出具验收证明，并拒绝支付项目余款。

2012—2014 年，A 公司多次向 B 公司催要剩余工程款及超出预估部分人日报酬，未果。2014 年 2 月 28 日，B 公司依据合同约定，以 A 公司基本设计图纸逾期、应付 200 万美元违约金为由先行提出仲裁申请。后仲裁请求增加至约 4 000 万美元。2014 年 3 月初，A 公司聘请本书作者团队提供法律服务，2014 年 3 月 30 日，A 公司提出答辩，同时提出反申请，向 B 公司索要剩余工程款与超出部分人日费等共约 2 000 万美元。后仲裁反请求增加至约 3 000 万美元。

在本律师团队代为提出仲裁反请求之后，2014 年 4 月 10 日，B 公司提出和解动议，之后双方约定暂停仲裁程序，进行和解协商。其间，双方进行过多次文件交换和一次当面协商，但因分歧较大，协商未果。2016 年 2 月，本所律师代表 A 公司选任仲裁员、申请恢复仲裁程序。2017 年 10 月，仲裁庭在新加坡进行了为期 10 天的开庭。2018 年 5 月，仲裁庭作出了仲裁裁决，部分支持了双方的请求。

二、案件核心争议

1. A 公司基本设计图纸提交、设备发货及冷试是否逾期及应否承担 LAD 责任？

2. B 公司的土建施工逾期等违约行为是否成立及应否赔偿 A 公司实际损失？

3. 合同项目是否已实质性完工及 B 公司应否支付设备余款？

4. B 公司应否就超出合同预估部分人日向 A 公司支付服务费？若应当，应按什么费率执行？

5. 双方间 500 万美元的补充合同是否生效及履行？

6. B 公司应否解除 A 公司的 500 万美元保函责任？

三、案件所涉项目合同条款示例

（一）项目合同的通用条款

目　录

1. Definitions and Interpretation 定义和解释（具体条款内容略，下同）

2. Contract Documents 合同文件

3. Scope of Work 工作范围

4. Interaction with Third Party Contractors and Consultant 与合同第三方及顾问的工作关系

5. Design Obligations, Drawings and other Design Documents 设计义务、图纸和其他设计文件

6. Contractor to Inform Itself Fully 承包商充分知悉事项

7. Performance Bond 履约保函

8. Warranty Bond 质保函

9. Variations 合同变更

10. Compliance with Laws 法律适用

11. Assignment and Sub-Letting of the Contract 合同的分包和转让

12. Intellectual Property Rights and Royalties 知识产权和专利

13. Inspection and Testing 检查和测试

14. Packing 包装

15. Delivery 交货

16. Locally Fabricated Parts 本地供货部分

17. Customs Duties and Taxes 海关关税和其他税

18. Interference with Traffic and Adjoining Properties 交通和相邻关系处理

19. Extraordinary Traffic 特殊交通问题

20. Traffic Diversion and Night Work 交通管制和夜班

21. Contractor's Work Programme and Project Schedule 承包商的工作计划和项目进度表

22. Contractor's Site Superintendence 承包商的现场监督

23. Inspection of Operations and Removal of Improper Work 操作检查和消除缺陷

24. Documentation 文件

25. Suspension of Works 工作暂停

26. Care of Works 工作安全规则

27. Damage to Persons and Property 人身伤害及财产损失

28. Urgent Repairs 紧急抢修

29. Time for Completion, Tests On Completion and Acceptance Certificate 竣工日期，完工测试和验收证书

30. Defects Liability 缺陷责任

31. Extension of Time for Completion 竣工延期

32. Liquidated Damages for Delay In Completion 竣工延期的违约损害赔偿金

33. Warranties-Plant and Workmanship 成套设备的质保

34. Servicing 服务

35.　Payment of Contract Price 合同价格支付

36.　Payment of Service Fee 服务费支付

37.　Payments Made Not To Absolve Contractor 付款不能免除承包商义务

38.　Purchaser's Insurances 买方保险

39.Contractor's Insurances 承包商保险

40.Labour 劳务

41.Safety，Security，Nuisance and Disturbance 安全保障，骚动和骚乱

42.Default of Contractor and Termination 承包商不履行责任和终止

43.　Arbitration 仲裁

44.Confidentiality 保密

45.Force Majeure 不可抗力

合同附件清单：

附件 A. 业主方要求

附件 B. 项目进度表

附件 C. 支付条款

附件 D. 供货与工作范围

附件 E. 项目每部分主要设备的技术要求

附件 F. 备件和易耗品

附件 G. 监理计划和要求

附件 H. 验收测试计划和要求

附件 I. 安装、调试和验收测试的监理

附件 J. 项目培训要求

附件 K. 图纸

附件 L. 供应设备目录和清单

附件 M. 履约保函

附件 N. 质保函

附件 O. 承包商的保险

附件 B

项目进度表

1　主要工作程序

1.1　本项目的主要工作程序见附件 B 的附录 1。

2　关键事件和关键日期

2.1　关键事件和完成关键事件的日期和任何延误导致的违约赔偿金额列表如下：

序数	关键事件	关键日期	延误赔偿
（a）	承包商供应以下文件： i. 执行保函 ii. 保险条款用于承包商； iii. 工作人员需上保险； iv. 保险针对人身安全和财产损失	2007 年 12 月 20 日 2008 年 2 月 28 日	0
（b）	收到承包商提供的能使第三方开始并继续咨询其设计的设计文件，但并不限制所有的基础布局图和荷载计划，电气布局和电缆分布	2008 年 2 月 28 日	误工每周 USD250 000.00 累计不超过 USD2 000 000.00
（c）	如第 16 条款所述，所有设备运至马来西亚半岛的任何港口	2008 年 9 月 30 日	误工每周 USD250 000.00 累计不超过 USD2 000 000.00
（d）	冷试车的验收报告	2008 年 11 月 30 日	（i） 误工每周赔款 USD350 000.00 不超过 12 周； （ii） 此后每周的误工为赔款 USD250 000 for 赔偿金额最大不超过 USD6 200 000.00
（e）	工作的竣工和验收报告的出具	2009 年 2 月 28 日	0

附件 C
支付条件

1　合同价格

1.1　本合同付给承包商的价格由以下组成。

（a）固定的价格 USD54 200 000.00 （"合同价格"）；

（b）暂估价 USD3 648 928.80 （"服务费"）由以下服务来支付：

（i）土建工程监理。料场的安装和冷热试监理。这些服务估计总价 USD218 550.00；

（ii）烧结和高炉及其辅助施的安装和冷热调试的监理服务。这些服务总价估计为 USD2 950 146.00；

(ⅲ) 培训服务总价估计为 USD480 232.80。

(以后这些服务总称为"监理和培训服务")。

1.2 合同价格是固定的不能调整和变更,除非有条件。任何合同文件中关于合同价格的描述只是提供信息,不能作为调整价格的依据,除非在条款 10 和 29.2 中适用的条件。

1.3 合同价格中除服务费外,关于工程的需全部支付。服务费单独支付。

2 合同价格的支付条件

2.1 在完成下述重要事件后 14 天内买方应完成合同价格的支付。

序数	重要事件	支付形式	总价（USD $）
(a)	正式协议生效和接到承包商执行保函后	电汇	5 000 000
(b)	接到承包商所有必要的设计文件,含有的信息能使第三方开始第三方的工程设计包括但不局限于地基设计和装载设计及电缆设计	电汇	7 500 000
(c)	设备分批发运到工地,并满足买方开立的信用证中列出的条件。条件见条款 2.2	信用证	27 500 000
(d)	开出冷试证明	电汇	9 200 000
(e)	开出验收证明	电汇	5 000 000

2.2 关于上述 2.1(c)中设备发运,支付程序如下:

(a) 发运的设备组成及分项价格列于该附件 C 中的附件 1。总价为 USD 54 200 000.00("总设备价格");

(b) 设备由承包商分批发运到马来西亚半岛的任意港口;

(c) 每次发货凭发票支付:

(ⅰ) 每次发货,承包商要准备一份详细发票,列明所运设备条目。发票值应为所运设备在附件中标明的分项价格的总和。

(ⅱ) 每次发运买方支付总额用以下公式计算:

$$\frac{发票值}{设备总值} \times USD27\ 500\ 000.00$$

(d) 如果买方满意所标明的条件,则以信用证支付。

3 服务费支付条件

3.1 服务费总额根据下述条款 3.3 中的所列费率,以及条款 3.3 中的 3(ⅰ)和(ⅱ)中列明的最多人日来计算和决定。

3.2 服务费用以下列明的程序和方式支付:

(a) 承包商提供所有在监理和培训服务中涉及的工作人员所填日工作表。所有这些工作人员须按这些表格中的详细要求填写，包括在相应服务中的工作时间。

（b）工作表一式两份交买方指定技术代表，一天结束后确认。一份买方留存。

（c）每个月末，承包商以统一格式的发票递交技术代表，确认该月所发生的所有监理和培训服务费用，并1：

（i）提供每人服务时间总数。

（ii）计算该月服务费用总额。

（iii）根据该月递交和确认的所有工作表。

（d）得到技术代表确认后，承包商把发票递交买方，买方在递交日起1个月内支付。

3.3 服务费率

序数	服务类型	费率（USD 每人日）	估计人日数
1	监理：- i. 所有土建； ii. 承包商工作人员在买方现场关于料场设备的安装及冷热试	31.00	7 050
2	冷热试：- i. 烧结厂； ii. 高炉及其辅助设施	31.00 31.00	4 770 9 900
3	安装：- i. 烧结厂 ii. 高炉及辅助设施 包括相应的技术服务	31.00 31.00	18 414 最多 62 082 最多
4	培训 i. 买方技术人员在承包商设计办公司培训 ii. 买方人员在中国设计院培训 iii. 由承包商人员在买方现场培训1 iv. 验收后，承包商陪同人员	12.60 每个买方人员 12.60 每个买方人员 150.00 53.16	600 5 400 720 5 580

（a）除了4（i）和（ii），所有列明的人工日均为承包商人员人日数。

（b）在监理和培训服务中，一个人日是一个承包商工作人员或一个买方人员的一个工作日。

四、项目的关键事件与实际进度

1. 项目关键事件

No.	合同责任	里程碑节点	违约责任/美元	业主责任	承包商责任
1	授标函	2007.12.04			
2	合同签订	2008.01.15			
3	开工日期	2008.01.15			
4	履约保函	2007.12.20	750万	履约保函金额，2011－12变更为500万美元	
5	各项保险	2008.02.28			
6	基础设计图纸提供	2008.02.28	200万	变更基础设计变详细设计	即使有逾期，只要承包商在20081130前取得冷试证书，即可免除此200万LAD
7	详细设计图纸提供	2008.04.30	N/A		
8	设备发运	2008.09.30	200万	现场不具备接收条件	同上述6
9	冷试证书	2008.11.30	620万	变更土建移交严重拖延严重不完全移交	
10	完工证书	2009.02.28		出具完工证书	工程竣工
11	质保期	12个月	500万		

2. 项目施工区域范围划分

项目按照生产工艺主要划分成1）原料区、2）烧结区和3）高炉/炼铁区三个区域。

1）原料区的主要功能是接收外部采购来的生产原料并按要求进行混合输送到烧结区、高炉区，给烧结、高炉提供原料。按照B公司炼铁项目的工艺要求，原料区的设备应当先行完成冷测试，同时生产原料（铁矿石、铁精粉、焦炭、白灰等）贮存足够的量完成"造堆"以后热试投产，确认可以向高炉区、烧结区供料以后烧结区开始投产热试（一般要提前烧结区热试三到五周时间），烧结区投产热试合格并生产一定量的合格烧结矿后高炉区热试投产（一般烧结区要提前高炉区三到五周左右投产），最后是公辅区的喷煤系统、TRT 发电系统投入运行，这一过程是生产工艺流程所必须也是双方讨论并取得一致的。

2）烧结区的主要功能是将按要求提供的各种含铁成分的粉末状原料，配入适量的燃料和溶剂经混合和造球后在烧结机上经过物理、化学反应生产出烧结矿，用于高炉炼铁。

3）高炉/炼铁区的主要功能是把烧结矿和其他原料经过高炉化学反应生产出铁水；铁水主要用于炼钢。（炼钢为 B 公司原有）

按照项目合同责任划分：

• B 公司负责项目的所有土建施工、原料区的设备安装调试；个别设备的供应、外部水、电、气等的供应，原材料的供应和生产工人、技术、管理人员的配备。

• A 公司负责项目的总体设计、主要设备的供应，高炉区设备安装调试、烧结区设备安装调试，并指导 B 公司原料区的安装调试工作。

3. 项目实际进度

（1）整个项目主体施工遵循下述具体操作程序：

土建施工→结构、机电设备安装→设备单体调试→冷试证书（监理签字的单体及空负荷联动试车记录）→竣工测试。

（2）项目的所有土建施工由 B 公司负责。

（3）原料区的安装施工和冷测试由 B 公司委托第三方承包商完成，A 公司予以指导、协助；A 公司负责烧结区、高炉区的安装施工和冷测试，B 公司予以配合。整个项目的投产竣工测试在 A 公司指导下完成。

（4）烧结区的报验、冷测试工作于 2011 年 4 月完成，2011 年 5 月 23 日烧结区投产，进入热试车阶段。

（5）高炉区的报验、冷测试工作于 2011 年 9 月完成，2011 年 10 月 15 日高炉区投产，进入热试车阶段。

（6）项目中的部分附属分项是在高炉投产后完成并报验合格，煤气柜项目 2011 年 12 月完成，2012 年 1 月投产；喷煤项目 2012 年 3 月完成，2012 年 3 月投产；2 号鼓风机 2012 年 6 月完成，作为 1 号鼓风机的备用；TRT 发电项目 2012 年 9 月完成，2012 年 9 月 10 日投产。

（7）原料区 2011 年 7 月 29 日具备条件开始"造堆"，同年 8 月 15 日开始向烧结区供料。

（8）由于受到原料场不能正常向烧结区供料和高炉没有投产、烧结区的产品——烧结矿没有去向的影响，烧结区在 2011 年 5 月至同年 8 月只能是断续试生产。

（9）高炉区于 2011 年 10 月 15 日点火，并举行了点火仪式，2011 年 10 月 16 日生产出本项目的产品——铁水。

（10）B 公司炼铁项目的高炉炼铁能力设计是利用系数 3.2，也就是日产量 1 440 吨，但是由于 B 公司的炼钢能力所限，不能完全消化掉全部生产出的铁水，致使高炉系统始终处于限产状态，日产量 1 000 吨至 1 300 吨，因此也无法按合同要求对高炉系统进行竣工测试。

（11）在 A 公司催促下，双方在 2011 年 11 月 25 日、26 日对烧结系统进行了指标测试，从测试的结果看，完全达到了合同规定的指标要求；高炉系统由于铁水消化的制约始终处于限产状态生产，但 B 公司也在 2011 年 12 月根据当时的原料品位、送风量、日产量等对高炉的生产指标作出了综合评估，据 B 公司当时的负责人披露：经过测算，高炉各项生产指标完全达到了设计能力。但 B 公司一直拒绝向 A 公司提交该等测试结果。B 公司并一直以附属分项中个别细节争议项未完工为由拒绝进行竣工测试及拒绝 A 公司的付款要求。

4. 项目延期规定的执行

项目施工中，当延误事件出现时，双方均未执行合同规定的项目延期程序及条件，B 公司在合同条款未授权其可主动延期的情形下，多次修订项目网络计划、延长工期并要求 A 公司执行。

五、案件裁决结果

1. A 公司基本设计图纸提交不存在逾期。设备发货及冷测试存在逾期。

2. B 公司的土建施工存在逾期。

3. 合同项目已经实质性完工，B 公司应支付部分设备款，A 公司未完工的设备款应扣减。

4. B 公司无须就 A 公司多投入的人日支付服务费。

5. 500 万美元补充合同已生效并已履行。

6. B 公司应解除 A 公司的 500 万美元保函责任，但 A 公司应赔偿给 B 公司造成的实际损失 400 万美元。

第二节　律师与当事人的前期接洽

一、前期接洽

2014 年 3 月 3 日，A 公司收到新加坡国际仲裁中心发来的快递，获悉马来西亚 B 公司已委托当地律师、以 A 公司为被申请人提起国际建设工程仲裁。A 公司马上启动了律师公开招标选聘程序，其先后与 5 家律师事务所进行沟通，但均不满意。之后通过朋友了解到笔者在建设工程领域有较为丰富的经验，遂前来咨询。

2014 年 3 月下旬，A 公司的案件负责人赵先生一行 3 人来到笔者所在单位，向笔者求助并表达拟聘请笔者代替其进行仲裁维权的意向。笔者根据初步沟通情况，要求其根据所列问题/资料清单尽快提交进一步的案件资料，以便进行进一步的论证，及确定是否承接该案件。A 公司在 3 日内提交了部分所需资料，根据进一步分析，笔者团队认为代理本案具有可行性，并与 A 公司协商具体代理事宜。

二、签署委托代理合同

经友好协商，2014 年 3 月 24 日，本书作者团队与 A 公司签署了委托代理合同。

委托代理协议

委托人：A 公司

住　　所：河北省××市××路××号

电　　话：××××　传真：××××

受托人：北京市汉鼎联合律师事务所（以下简称汉鼎）

地　　址：北京市海淀区西三环北路 87 号国际财经中心 D 座 606 室

电　　话：010 - 68981288　传真：010 - 68981388

A 公司与汉鼎依照《中华人民共和国仲裁法》《中华人民共和国律师法》及其他相关法律法规，就 A 公司委托汉鼎代理 A 公司与马来西亚 B 公司间就 B 公司炼铁项目设计等工程合同纠纷一案有关事宜，经双方协商后达成如下协议，共同遵照执行：

一、A 公司同意委托汉鼎作为上述案件的仲裁代理人，参与在仲裁机构进行的仲裁。

二、汉鼎同意接受委托，并指派任自力律师及其团队承办此案。

三、汉鼎的代理权限为特别授权，具体以授权书内容为准。

四、汉鼎在整个代理过程中，应完成以下工作：

1. 在了解本案的全部背景情况后，制定出相应的仲裁策略；

2. 与仲裁机构接触，确认本案仲裁程序的合法性；

3. 向 A 公司提供关于本案实体与程序方面的咨询，并就 A 公司应如何在本案仲裁过程中取得有利地位向 A 公司提出建议；

4. 代为指定仲裁员，代为接受相关法律文书，代为与仲裁机构及 B 公司进行沟通，确保仲裁程序的顺利进行；

5. 按时出席本案仲裁审理，依法向仲裁机构提交书面答辩、反请求、代理意见及其他法律文件；

6. 在符合法律与商业道德要求的前提下，利用其在仲裁机构等领域的影响力，力争取得对 A 公司最为有利的裁决；

7. 进行其他有利于 A 公司的代理活动。

五、A 公司保证向汉鼎如实陈述本案背景情况，并向汉鼎提供与委托事项有关的资料和信息，以利汉鼎制订最佳仲裁方案。

六、A 公司同意依法负担在仲裁过程中发生的应由 A 公司支付的仲裁费、鉴定或评估等费用（必要时），并予及时缴纳。

七、A 公司同意按如下方式向汉鼎支付代理费：

1. 基本费用：人民币×××万元（大写：×××万元整），在本协议生效后五日内支付至汉鼎或其指定账户；

2. 胜诉酬金：胜诉金额的×%，在胜诉裁决作出（含争议双方经仲裁机构调解达成和解等结束本案仲裁程序情形）后 60 日内支付至汉鼎或其指定账户；（胜诉金额确定方式：假定仲裁认定 B 公司应支付 A 公司 2 000 万美元，A 公司应支付 B 公司 200 万美元，则胜诉金额为相抵后的 1 800 万美元，以此类推）。

汉鼎同意上述款项为汉鼎代理本案的全部费用，并同意在收到上述款项后五日内向 A 公司提供合法的发票。

八、汉鼎在办理委托事项期间，应严守职业道德，不得泄露任何有关 A 公司的商业秘密与其他秘密；A 公司亦不得泄露汉鼎制定的仲裁策略及工作细节。

九、本协议生效后，若 A 公司擅自解除本协议，汉鼎有权不退还已收取的律师费，并有权追索应付而未付的律师费；若汉鼎擅自解除本协议，应全部退还已收取的律师费。

十、本协议未尽事宜，由双方另行友好协商确定。

十一、本协议自双方签字或盖章之日起生效、至本案仲裁裁决作出（含争议双方经仲裁机构调解达成和解等结束本案仲裁程序情形）并双方权利义务履行完毕之日失效。

十二、本协议一式两份，双方各执一份，具有同等法律效力。

A 公司（公章）

授权代表：（签字）

2014 年 3 月 24 日

北京市汉鼎联合律师事务所（公章）

授权代表：（签字）

2014 年 3 月 24 日

三、律师签订委托代理合同时应注意的事项

虽然律师作为专业法律服务提供者，通常是委托代理合同的提供或起草一方，但并不意味着律师起草的委托代理合同就一定是很严谨的。这也是实践中律师与客户间产生纠纷的原因之一。因此，律师在拟订委托代理合同时一定要高度认真、慎重，一定要结合案件情况具体拟订代理合同，不能随意套用之前或其他案件的合同文本，否则，难免为未来的纠纷埋下隐患。作为拥有 20 多年从业经验的资深律师，笔者认为，一份正式的委托代理合同除了应注意对方当事人的主体资格、签章有效性等事项外，还应注意如下实质性内容的约定。

（1）委托事项一定要清晰明确。比如，律师的职责范围应尽可能明确。当事人通常是想以最少的费用换取律师最多的服务。但律师应明白，诉讼案件分为一审、二审、再审、执行等不同的环节，仲裁案件也分为仲裁与仲裁执行等不同环节，甚至还会存在对方当事人的反请求的问题。一般而言，律师代理的环节越多、代理周期越长、所需投入的精力和时间也越多，相应的风险也就越大。比如，本书第一编中作者所代理的建设工程诉讼案件，一审程序结束用了近 4 年的时间，二审程序用了近 1 年，之后的执行又用了近 2 年，在执行阶段，对方当事人为干扰原告方的执行，又提起执行异议之诉和再审申请，并采取了向巡视组投诉举报等行为，以增加原告获得执行款的阻力，一度使得执行的风险大大增加。而在本书作者代理的国内商事仲裁案件中，本书作者代理客户提出仲裁申请后，对方当事人提出仲裁反申请，甚至在仲裁败诉后又向法院申请撤销仲裁裁决的情形也都存在。在这些情形下，如果律师经验欠缺，或因为疏忽等原因未能在委托代理合同中对委托事项进行明确约定，很容易和客户产生争议。

（2）律师费的支付金额和时间点要约定明确。律师费条款是委托代理合同的核心条款，也是律师提供法律服务的目的所在。在商事争议中，基本费用＋胜诉酬金的取酬方式是比较流行的一种律师费收取方式。① 对于律师而言，基于案件本身的复杂性和案件结果的不确定性，争取早日拿到律师费是控制自身风险的有效方式，比如，下两种约定方式中，第一种约定的风险更小：（1）客户应在签署委托代理合同后 5 个工作日内支付律师费×××元，逾期的每逾期一日按逾期部分加收日万分之三的违约金；（2）客户应在开庭日期确定后 3 日内支付律师费×××元。因为，一则，在委托代理合同签署后、法院或仲裁开庭之前，还可能存在很多变化，比如双方和解了，开庭时间长期确定不下来等（如本章所述

---

① 若采用的是小时费率，则应按照小时费率的收取方式约定好相关事项，比如应约定清楚计费单位、计费标准、计费范围、结算周期等，并应在每天完成工作后及时填写小时单，注明工作内容、花费时间，做好工作日志。

案件，仲裁开庭之前，双方进行了长达 2 年多的和解沟通，这期间律师仍需要提供持续性法律服务并支付大量成本）；二则，第二种未约定客户逾期支付律师费的罚则，一旦出现律师费逾期支付情形，不利于敦促客户支付律师费。

第三节　国际建设工程合同中的"陷阱"条款分析

在前述《委托代理协议》签署生效后，本书作者作为代理律师针对案涉建设工程合同中对当事人（A 公司）不利的条款进行了详细分析，并将相关分析报告提交给当事人，以向其充分揭示风险，如下为本案合同部分条款的分析示例。

本案合同中对 A 公司不利的条款分析

不利条款		不利分析
（1）合同附件 C. 支付条款；（2）附件 I. 安装、调试和验收测试的监理	合同附件 C. 支付条款 第 3.1 条：人日费的费率按照第 3.3 条的规定 31US＄，人日费的支付应始终以第 3.3 条规定的最大人日为限。 第 3.3 条：预估人日下，烧结与高炉安装二环节最大人日数的约定（max）。	（1）本案中，A 公司的最大损失是支出了大量超出人日数（逾 8 万个人日），超出合同约定最大人日部分的人日费应否支付，是双方核心分歧。B 公司始终坚持依据合同上述约定，其有权不支付超出部分人日费。 （2）仲裁庭会否支持 A 公司主张存在较大不确定性。
	附件 I. 安装、调试和验收测试的监理 第 2 条：每个人日的计算不含在途时间，仅指工作日，此费用的费率规定在合同附件 C 中。此费率在项目最终验收之前一直有效。 第 3.2 条：对于烧结区、高炉区预估人日数的描述使用了"capped"（上限）一词。与附件 C 下第 3.3 条的 max 形成呼应。	
10. 变更	10.3　A 公司谨此明确同意无论在什么条件下，A 公司都无权对实施变更引起的利润损失提出索赔。	据此，A 公司无权对变更引起的利润损失提出索赔。

不利条款		不利分析
32. 工期延长	双方明确同意在发生因 B 公司或其顾问公司原因或不可抗力等非 A 公司原因导致工期延误时，A 公司所能寻求的唯一救济方式是延期。	（1）申请延期是合同下 A 公司可不承担违约金责任的唯一救济方式，A 公司在从未申请过延期的情形下，现提出费用索赔，与上述约定矛盾。上述规定，未来会成为 B 公司抗辩 A 公司索赔的主要依据之一。 （2）B 公司会根据此条主张：A 公司在申请延期之外，无权向 B 公司索赔。
33. 延期竣工的违约金	33.2 规定的违约金不应当解释为惩罚性的。此违约金构成 B 公司因 A 公司延误工期导致的、考虑到 B 公司财务成本、生产损失和利润损失等的一个真实预估值，该损失为可仅据延期事实即应支付的和可执行的损失，不需要法律或其他形式或损失的证据。	（1）据第 33.2 条，B 公司可在无须提供实际损失证据的情况下主张合同约定的 1 120 万美元违约金。 （2）据第 33.3 条，B 公司可向 A 公司索赔项目晚投产的生产利润等损失（参见 B 公司律师 7.24. 邮件第 2.2 条）。
	33.3 对违约金的赔付，不能免除 A 公司完成执行合同或履行合同下其他债务的义务。	
补充协议中违约金与测试不达标罚款条款	（1）2008 年、2009 年、2011 年三份补充协议，涉及违约金金额；（2）2008 年，双方间 500 万美元补充协议；（3）2009 年，双方间关于 300 万美元冷测试款的支付；（4）2011 年，双方间就 250 万美元冷试款支付。	从上述 3 份补充协议的实际履行看，A 公司均未能满足约定的付款条件，依约定 A 公司应向 B 公司支付 410 万美元违约金及 550 万美元的欠款。B 公司未来此类主张会严重干扰 A 公司诉求的实现。
附件 H：（验收测试要求）	测试指标不达标的最大罚款额为项目总价格的 8%。	

续表

不利条款		不利分析
致命条款		上述不利条款均属致命条款，会直接影响到双方的延期责任分析结果。这也是未来双方谈判或仲裁无法回避的核心问题。
中标函第 1 条	在正式合同生效之前，本中标函和以下文件构成双方间一份有效的、有约束力的合同。	因中标函系合同的组成部分，故中标函的签发/生效时间 2007 年 12 月 4 日也就成了 A 公司履行合同义务的起始时间。本案总包合同的签订时间是 2008 年 1 月 15 日，中标函与合同书中关于 A 公司提供项目设计图纸的约定一致——均为合同生效日起 3 个月，故中标函决定了双方间合同的生效日与 3 个月的图纸提交周期应从 2007 年 12 月 4 日，而非合同的签署日——2008 年 1 月 15 日开始。这样一来，合同中规定在 2008 年 2 月 28 日之前提交所有必要设计图纸的约定，即等于中方需要在中标函之后 43 天内完成所有图纸的设计，而不能主张图纸的设计周期是从合同签署日的 2008 年 1 月 15 日向后顺延 3 个月，后者是中方自己理解的图纸提交日期。

续表

	不利条款	不利分析
合同书（2008年1月15日）合同书共46个条款中，对A公司明显不利的条款约20个	5. 设计义务，图纸与其他设计文件 5.1. A公司应被视为已经仔细查阅了所有的合同规定和B公司的要求（包括设计的标准和计算，如果有的话）。A公司应该确保工程设计的精确性能满足B公司的要求（包括设计的标准和计算）。 5.5. A公司图纸的提交、安装等义务的履行应遵从马来西亚的法律和规章，以及所有可适用的建设、建筑、环境法律，可适用的该项目产品的法律，和合同文件所规定的，或可适用的法律所定义的、适用于本工程的标准。	图纸、安装等义务的履行标准为马来西亚的法律法规的规定及B公司的要求，A公司不了解。
	5.6. A公司应该准备和保持升级一套完整的"在建"图纸和记录，以执行工程，给出精确的在建工程的位置，尺寸和细节。在"完工测试"开始前向B公司工程师提供两套该图纸的拷贝。在B公司工程师确认收到这些设计文件之前，按第30章规定，工程将不能算作完成，不能签订最终验收。	B公司在投产后的邮件中至少催过2次，要求A公司提交2套完整图纸，否则，不能签发验收证书。
	6. A公司自行获取充分信息的义务 6.1. A公司应被视作已经获得了所有有关于风险，或有费用和其他所有关于工程的信息，并遵从所有的合同条款。 6.2. B公司不保证不管过去、目前或是将来关于工地和工程所提供的任何信息的准确性。如果A公司选择采用任何这类信息，A公司将自行承担风险。从B公司那里得到的任何数据或信息，将不能解除或减轻A公司设计和执行该工程的责任。 6.3. A公司将被视作已经靠自己的责任和费用得到了被认为能够完成合同义务的额外信息。	上述约定排除了B公司信息提供不准确的责任，一切风险责任概由A公司自负，加重了A公司的责任。

续表

	不利条款	不利分析
合同书（2008年1月15日）合同书共46个条款中，对A公司明显不利的条款约20个	7. 履约保函	略
	34. 特约条款－设备及制造工艺 34.1 合同设备和所有工作都应严格按合同规定制造和实施，制造工艺应符合国际公认标准和最新的GP标准，使用技术规范中的质量材料和设备。 34.2 A公司保证： 设备和工程应严格按照B公司的要求、技术规范及合同的全部要求，工艺技术完整，无任何缺陷和不足，符合工程惯例，符合B公司与马来西亚相关主管部门的所有要求。	（1）在工程完成、A公司人员全部离场之后，A公司设计负责人仍不知道上述GP标准是什么意思。A公司只能提供中国国标，却约定了执行自己不懂、也无能力实现的其他标准。 （2）A公司也不可能准确了解马来西亚方主管部门的所有要求。根据上述约定，A公司一开始就使自己陷入非常被动的境地。
	44. 仲裁 44.1 由合同引起的或是与合同相关的任何争议、分歧、矛盾或索赔，或是终止、无效力均应通过吉隆坡地方仲裁中心的仲裁庭仲裁解决。 （a）仲裁法庭由3名仲裁人组成； （b）仲裁地为新加坡； （c）仲裁语言为英语。 44.2 除非B公司同意，仲裁的开始应以消缺证书的签发，根据合同终止与A公司的合同关系，或合同规定的合同终止，以较早发生的时间为准。	仲裁机构、仲裁地、仲裁适用法律及语言、仲裁启动等约定，对A公司均明显不利。

续表

不利条款		不利分析
合同附件中的不利条款	附件 B： 第 2.1（b）条：A 公司应在 2008 年 2 月 28 日之前向 B 公司的顾问公司提交所有必要的设计文件，以使第三方顾问公司能够开始并继续进行第三方工作的设计，包括但不限于基础设计图与荷载图、电路分布图和布线图。否则，按每周 25 万美元支付违约金，最高为 200 万美元。	略
	附件 H：（合同书 291 页） 附件 H 表格最后的注释：测试指标不达标的最大罚款额为项目总价格的 8%。	
次级不利条款	上述不利条款可能会对未来双方谈判或仲裁程序产生一定程度的影响。	

（1）国际建设工程合同的通用条款。就国内建设工程合同的条款而言，一般分为通用条款和专用条款两部分，其中的通用条款通常是指工程建设主管部门或行业组织为合同双方订约便利，针对建设工程领域的共性问题，给订约双方提供的具有通用性的合同条款。通用合同条款通常是作为格式条款，不是由合同双方通过谈判、协商确定的条款。而建设工程施工合同中的专用条款是指订约双方根据工程实际需要，针对合同项下工程项目的具体事项，经过谈判协商而作出的相应约定，是订约双方协商一致的结果。在通用条款和专用条款就同一事项作出不同约定时，应理解为当事人以协商方式对通用条款的约定进行了修改或变更，专用条款的约定优先于通用条款。我国《民法典》中对此也有明确规定，比如，《民法典》第 498 条规定，"格式条款和非格式条款不一致的，应当采用非格式条款"。

但是，就国际建设工程合同而言，通用条款并不必然就是格式条款，如本案中的建设工程总包合同即只有通用条款、而无专用条款，或者说当事人双方通过对通用条款的修改将之转化为双方之间协商后的条款。从国际建设工程的实践情况来看，2019 年 FIDIC 专门出版了其第 1 版的《FIDIC 黄金原则》，明确规定未遵守 FIDIC 黄金原则应用 FIDIC 合同文本则不能称为"FIDIC 合同"（FIDIC Contract），以维护其公平、均衡和广为认可的合同文本的 FIDIC 品牌价值（FIDIC brand）。《FIDIC 黄金原则》规定了编制专用条款的五项黄金原则，其第三项即是不允许改变通用条款设定的风险和回报均衡分配原则。还规定，未经 FIDIC 书面许可，不允许使用者修改其合同通用条款。

（2）国际建设工程合同条款拟订中应注意的问题。首先，对于合同条款的拟订一定要提前介入并充分重视。国际建设工程合同通常建设周期较长、涉及金额巨大，对于国内企业而言，在承建国际建设工程领域虽然整体上拥有一定的竞争力或知名度，但能够在完成建设任务后取得预期收益的比例并不高。这种结果在很大程度上是因为相关企业在合同谈判与条款拟订过程中未能给予必要的重视。尤其是考虑到，国际建设工程领域主要适用的英美法规则，国内企业通常不熟悉，国内能够在国际建设工程领域提供高质量法律服务工作的律师数量也较为有限。很多国内企业在纠纷发生之后，才发现自己签署的施工合同中竟然存在那么多对自己不利的条款，甚至可能是经百般努力之后仍无翻盘可能。因此，在合同签署之前，就应当提前充分介入相关合同条款的拟订。

其次，在仲裁机构的选择上，尽量争取选择中国国内的仲裁机构，比如北京仲裁委员会/北京国际仲裁中心，也可以选择双方当事人所在国之外的第三国仲裁机构。就作者的经验而言，北京仲裁委员会相对于大多数国际仲裁机构，其在仲裁效率、仲裁公正性等方面要强出很多，且仲裁周期、仲裁成本要远低于多数国际仲裁机构。

最后，就本案而言，因中方在合同条款设计阶段没有法律人员介入，导致合同条款中存在诸多对中方非常不利的约定。以仲裁条款为例，双方在合同中约定的仲裁机构为外方所在国的仲裁机构；仲裁语言是英语，虽然合同双方在工作中的语言主要是中文；对中方更不利的是，如果外方（业主方）不签发消缺证书，又不同意诉诸仲裁解决，则中方将无法主动提起仲裁申请，而只能通过请求外方和自己进行沟通协商来解决争议。这些约定在本案争议发生之后使得中方处于非常被动的地位。

（3）国际建设工程合同中的工期条款①。与国内建设工程合同类似，国际建设工程合同也有质量、造价和工期三大要素。在国际建设工程合同中，工期条款是最重要的条款之一，尤其在 EPC 合同下，因为 EPC 合同下雇主的资金多非自有资金而是来自于以项目土地和项目本身抵押获得的银行融资，每延误一天就发生一天的融资费用，一旦出现还款逾期，即可能引发连锁反应，比如不能按计划投产——不能按时归还银行贷款——银行拒绝展期或授信——项目失去资金来源——项目停工——诉讼/仲裁缠身——抵押的财产被拍卖还债等结果。因此，国际建设工程合同的工期条款往往规定得非常严苛，一般都规定较高的误期违约

---

① 朱中华："国际建设工程合同中的工期条款"载新浪博客（http://blog. sina. com. cn/ zhuzhonghualawyer），访问日期：2021 年 7 月 5 日。

金（或称误期损害赔偿金），承包商一旦违约，多会导致雇主的巨额索赔。就承包商自身而言，因其多为跨国经营，项目一旦延期，通常会面临人员窝工、机械设备与材料闲置甚至超过质保期、分包商与供应商的索赔等直接损失。因此，对于国内企业而言，在承包国际建设工程项目时，在合同工期条款的约定上一定要认真研究，全面准确把握合同关于项目工期及其管理的具体约定，避免承担过重的风险，同时应当严格按照合同中关于工期的具体要求按计划完成项目施工，在因业主方原因导致工期延误时，则应按照合同约定及时提出工期索赔主张，以便有效维护自身合法权益。

比如，以 FIDIC 的 EPC 合同范本为例，其通用条款第 8 条用了 12 款详细规定了与工程工期有关的内容，包括开工、竣工、进度计划管理、赶工、延误、承包商延误罚款、暂停与复工等。其中，第 8.1 条规定了工程开工，除非合同另有规定：（a）雇主应在不少于 7 天前向承包商发出开工日期的通知；（b）开工日期应在第 1.6 款［合同协议书］规定的合同全面实施和生效日期后 42 天内。承包商应在开工日期后，在合理可能情况下尽早开始工程的设计和施工，随后应以正当速度，不拖延地进行工程。第 8.2 条规定了工程的竣工时间，即承包商应在工程或分项工程（视情况而定）的竣工时间内，完成整个工程和每个分项工程（如果有），包括：（a）竣工试验获得通过；（b）完成合同提出的工程和分项工程按照第 10.1 款［工程和分项工程的接收］规定的接收要求中竣工所需要的全部工作，即完成合同规定的工作，并达到接收标准。根据这些规定，业主最迟应在合同生效后 35 天内（开工前 7 天）发布开工令；承包商则应当在开工通知后尽快开始工程的设计与施工工作。

第三章

国际商事仲裁的申请与受理

第一节 国际商事仲裁申请程序的启动

一、国际商事仲裁程序的提起

一般而言，争议一方会根据仲裁机构仲裁规则的要求，向仲裁机构提出仲裁申请书，此仲裁申请书的内容通常较为简单，简略列出己方的请求、基本事实，并提交一份含有仲裁条款的合同作为证据即可，不需要随附其他证据性资料。提供含有仲裁条款的合同的主要目的是让仲裁机构了解其是有管辖权的。仲裁机构收到该仲裁申请书后，会在仲裁规则规定的时间内向被申请人一方发出一份仲裁通知，告知申请人已经提出仲裁申请。如果被申请人对该请求有异议，可以向仲裁机构提出管辖权异议。若对管辖权无异议，则可以进行简要的答辩，也可同时提出反请求。

本案中，外方在 2014 年 2 月 14 日提交的第一份仲裁申请书中提出，中方应向其支付 200 万美元逾期提交工程设计图纸的误期损害赔偿费（相当于国内的违约金），并声明其他的争议和索赔金额在进一步的整理中，其系依据合同中约定的仲裁条款提出的仲裁等。

本案的仲裁机构——吉隆坡区域仲裁中心收到外方的仲裁申请书后，于 2014 年 3 月 6 日向中方发出了仲裁通知，并通知双方按照其仲裁规则选定仲裁员。

二、本案合同第 44 条中的仲裁条款

44 仲裁

44.1 与本合同履行有关的任何争议或违约终止或无效均应根据吉隆坡区域仲裁中心，仲裁地为新加坡、仲裁语言为英语。

44.2 除非买方（业主方）同意，仲裁的启动只能在工程消缺证书签发之后。

三、英美法下仲裁申请书的撰写

在英美法系，申请人提起仲裁申请时，只需在仲裁申请书写明案件或争议的框架性内容，对关键事实进行说明，而无须附上证据，也无须列出法律依据，仲裁申请书的目的主要是对案件的范围与性质进行界定。对于证据，无论是文件材料、证人证言、专家证言，或法律依据等，均是从庭审之前的证据开示程序而非请求中获取。证据开示是英美法系诉讼程序中的一个独特制度，通过庭审之前的证据开示，有利于迫使所有当事人交换他们所持有的与案件争议有关证据资料或信息，不论该等证据资料或信息是否有利于他们的请求。

四、国际仲裁中确保仲裁员独立与公正性的"红橙绿色清单"制度

仲裁机构对于本机构的仲裁员都有着公正性和独立性方面的严格要求。因为，仲裁员直接决定着案件的仲裁质量、裁决公正性和仲裁机构的信誉。对仲裁员公正性与独立性的要求，起源于古老的"自然正义"法则，即"任何人不得担任自己案件的法官"。若仲裁员（或法官）与案件存在"利益冲突"，案件裁决的公正性将无法保证。

为确保国际仲裁中仲裁员的独立性与公正性，国际律师协会（IBA）制定有一份《关于国际仲裁中利益冲突的指南》，其第二部分以列举方式将实践中影响仲裁员独立性与公正性的情形进行了区分，即"红橙绿色清单"制度，[1] 具体包括三份清单：红色清单、橙色清单和绿色清单。

红色清单是"从了解相关事实和情况的合理第三人的角度"看存在客观利益冲突的情况的非穷尽列举，凡属于此列举情形，仲裁员必须予以披露，同时又根据严重程度不同分为不可弃权和可弃权两种情形。（1）不可弃权红色清单（Non-Waivable Red List）。该清单的内容是即使仲裁员进行披露也不能消除利益冲突，即只要出现该清单的情形就不得担任或继续担任该案仲裁员。如仲裁员是一方当事人的法定代表人或员工，或对一方当事人或对该案裁决中有直接经济利益关系的实体有控制性影响力；仲裁员与一方当事人或案件的结果有重大经济利益或个人利益。（2）可弃权红色清单（Waivable Red List）。在该清单下，只有在双方当事人知晓此种利益冲突，仍明示同意接受该人士担任仲裁员时，才视为对此情形放弃异议权，仲裁员的选任才不受影响。具体情形如仲裁员曾为一方当事人或该当事人的关联公司提供过法律建议或专家建议；仲裁员的"近亲"（指配

偶、兄弟姐妹、子女、父母、生活伴侣以及其他有亲密关系的家庭成员）对争议结果具有重大经济利益；仲裁员与一方当事人的代理人是同一律师事务所的律师；仲裁员为当事人或该当事人的关联公司提供日常咨询，但该仲裁员和其所在公司并未从中获得重要经济收入等。

橙色清单（Orange List）所列情形属于仲裁员有义务向当事人披露的情形，在仲裁员披露后，若当事人没有及时提出异议，即视为其已接受该仲裁员。具体情形如仲裁员曾在过去 3 年内在其他与本案无关的事件中，担任过一方当事人或该当事人的关联公司的对方当事人的代理人；仲裁员曾在过去 3 年内被一方当事人或该当事人的关联公司指定为仲裁员多于两次；仲裁员的律师事务所曾在过去 3 年内在其他与本案无关的事件中，代表一方当事人或该当事人的关联公司，但该仲裁员并未参与；仲裁员的"近亲"是代表一方当事人的律师事务所的合伙人或员工，但该"近亲"并未参与该争议；仲裁员与另一位仲裁员为同一家律师事务所的律师；仲裁员与一方当事人存在密切的私人朋友关系；仲裁员与当事人的代理人之间存在敌意。

绿色清单（Green List）所列属于仲裁员没有披露义务的情形，因为过度披露反而会加剧当事人对仲裁的不信任。如以下情形：仲裁员曾就仲裁中同样出现的问题发表过法律观点（如在法律期刊文章或公开讲座），但该观点并非针对本案件；仲裁员与一方当事人的代理人曾共同在一起案件中担任仲裁员；仲裁员与另一位仲裁员或一方当事人的代理人，曾同在一家机构或学校任教，或曾在某职业协会或社会团体、慈善机构共事；仲裁员与另一位仲裁员或一方当事人的代理人，曾一次或多次共同在会议中作为演讲者、主持人或组织者，或曾共同参加研讨会和专业、社会、慈善组织的工作组；仲裁员和一方当事人或该当事人的关联公司的经理、董事或监事会成员以及对该当事人及其关联公司有控制性影响力的人，曾作为专家一起工作过，包括在同一案件中共同担任仲裁员等。

虽然《指南》只是行为准则而无法律约束力，但它是在不同法系的法学家在参考各国立法、判例的基础上各方代表积极讨论的结果，对国际商事仲裁中判断仲裁员是否需要披露、披露的关系是否为实质的、重要的关系具有重要的参考作用。①

五、国际仲裁中仲裁员与律师选择中应注意的事项

首先，在仲裁员的选择上，应优先选择在国际仲裁领域有一定经验、专业度比较高，且比较负责的仲裁员作为己方仲裁员。名气过大、头衔过多的仲裁员通

---

① 李婉莹："国际投资仲裁中仲裁员独立性与公正性的问题初探"，载武汉大学 2017 年硕士学位论文。

常并非是合适的人选，因其通常较为繁忙，能够投入案件上的时间与精力较为有限，并可能导致仲裁周期的拖延。虽然在理论上，当事人一方选择的仲裁员也应当从公正裁判的角度参与仲裁审理，并保持公正地位，但若所选择的仲裁员缺乏责任心，或专业素养不足，或者不能给予选任人的意见予以必要的尊重及重视，则会失去选择其作为自己一方仲裁员的实际意义，也不利于当事人与仲裁员之间信任关系的存续。

其次，仲裁员选定后应及时通知仲裁庭。在此方面，一定要严格注意查询并遵循仲裁机构的具体时间要求。比如，在笔者代理的一个在北京贸仲审理的案件中，仲裁规则规定，当事人选定仲裁员的，应在15日内通知仲裁庭。该案件中，对方律师先是提出了管辖权异议，当仲裁庭审查认定其管辖权异议不成立时，仲裁规则规定的选定仲裁员的15日时限已经届满，仲裁机构为推进案件审理程序，遂依据仲裁规则帮对方确定了仲裁员，并指定了首席仲裁员。此时，对方当事人才想起要选定仲裁员，并对仲裁机构帮其指定的仲裁员人选提出了异议。但按照仲裁规则，该异议不成立。这样，对方即丧失了选定己方信任的仲裁员、进而借助合法途径影响仲裁庭裁决的机会。

最后，在律师的选择上，应优先选择国内有一定国际仲裁经验的律师。[①] 因为国外律师的收费通常非常高，且多为按小时计费，而国外仲裁机构审理建设工程案件的周期通常较为漫长，实践中经常出现一个争议额数千万元的案件在经过1～2年的仲裁审理周期（可能还未开过一次庭）双方支付的律师费已经接近甚至高于争议金额的情形。国内律师的收费相对要便宜得多，且母语同是中文，更利于日常的随时沟通。即使是涉及国外法律问题，也完全可以协调国外律师或聘请国外的法律专家提供专项服务。

第二节　国际商事仲裁的答辩与反请求

就国际建设工程纠纷仲裁案件中的答辩而言，简单而言与国内案件并无本质不同，均是要针对申请人的主张或观点提出反驳性意见或主张。但由于不同仲裁机构的仲裁规则中对于答辩提出的时间、内容方面的要求可能会存在不同，故代理律师在撰写答辩意见（也包括提出反请求）之前一定要充分熟悉双方约定的

---

① 因为各方面的限制因素，现阶段国内律师界真正代理过国际建设工程仲裁案件、在建设工程领域拥有较丰富实践经验、同时外语交流无障碍的律师数量非常少，国际建设工程争议的法律服务圈子也非常小，对于很多圈外人士而言，若无内部人士推荐，想找到一位合适的代理律师在很大程度上带有碰运气的成分。

仲裁机构的仲裁规则的具体规定，以避免出现程序或实体上的错误。

本案答辩与反请求示例。

示例1 初步的仲裁答辩与反请求

针对仲裁庭发来的对方提出仲裁申请的通知，笔者作为中方律师进行了初步的回复，此回复即是中方的初步仲裁答辩与反请求书，[①] 核心信息如下：

（1）确认与外方间存在仲裁的约定；

（2）外方提出的200万美元违约金主张缺乏根据；

（3）外方应向中方支付大约2 000万美元的违约金；

（4）中方将提供进一步的证据和法律支持；

（5）中方将按照仲裁规则选定仲裁员；

（6）中方变更后的现名称与地址等。

示例2 进一步的答辩与反请求书

本案中，在中方提出答辩与反请求后，外方向仲裁庭发出了第二份仲裁文件，将其仲裁请求增加为要求中方支付1 200万美元的违约金，针对此仲裁请求，笔者代表中方提出了进一步的答辩和反请求，核心信息如下：

（1）同意将双方的请求与反请求合并审理；

（2）外方无权向中方主张1 200万美元的违约金及其主要理由；

（3）中方向外方主张的索赔金额约3 100万美元及其主要构成。

示例3 中方开庭前提交的最终答辩意见与反请求纲要

A公司开庭前提交的最终答辩意见与反请求纲要

Ⅰ. 答辩主张：4大点

一、B公司主张的200万美元图纸逾期违约金缺乏事实与合同依据。

理由：

1. 根据合同约定，A公司在2008年2月28日之前只需要向B公司提交可借第三方顾问公司开始并进行第三方设计工作的必要的基本设计图纸即可，而没有义务提交全部的基本设计图纸。

2. A公司在2008年2月28日之前向B公司提交了可使第三方顾问公司开始并进行第三方设计工作的所有必要的基本设计图纸。

3. A公司基本设计图纸的提交时间早于B公司土建施工的开工时间平均为9.89个月，A公司的基本设计图纸提交对B公司的土建施工没有产生任何延误。

4. B公司土建施工的严重滞后是B公司自身过错所致。

5. 即使A公司基本设计图纸的提交存在逾期，B公司也无权要求A公司支

---

① 考虑到国内读者更习惯于阅读中文书籍，以及国际建设工程仲裁中不少法律文书的内容较多，本书涉及相关法律文书内容时，主要展示相关英文文件的中文核心内容。在此一并说明。

付该 200 万美元的违约金。因为，根据合同附件 B 第 2.4 条，A 公司只需在 2008 年 11 月 30 日前完成冷测试，即可免除该 200 万美元的违约金。而 B 公司土建施工的严重延误等导致 A 公司在客观上根本不可能在该日期前完成冷测试。（B 公司后续多个版本的网络计划虽然也都标明了竣工时间，但对于该等版本的进一步计划，A 公司从未正式承诺过一定能按标明时间完工，故只是 B 公司单方面的计划而已；并且，在该等后续网络计划实施中，仍然存在 B 公司对 A 公司正常施工的严重干扰——设备保管不善、出库缓慢等，该等干扰本身再次使得新的竣工时间变为自由工期。）

二、B 公司有关 A 公司设备移交逾期 200 万美元违约金的主张缺乏事实及合同依据。

理由如下：

1. B 公司违反了双方的约定，未能及时向 A 公司移交可供设备存放的场地是导致设备逾期发送的直接原因。本案设备数量众多、重量高达数万吨，B 公司负责的施工现场条件和土建施工进度远不能满足设备进场的条件。设备提早进场，只能给 B 公司造成保管、存储等方面费用上的浪费。

2. A 公司作为设备的供货方与安装调试方，根据合同，负有确保设备安装前处于良好状态的义务。在项目现场不具备存放条件的情况下，有责任适当推迟发货时间。这是确保项目顺利竣工的客观需要。设备提早进场，在短时间内不能马上组织安装，对设备的保养，防腐等工作增加难度。

3. A 公司具备按照合同约定时间发货的能力，延迟发货本身给 A 公司增加了额外的费用负担，这种负担应由 B 公司承担。

4. A 公司的设备移交并未给 B 公司造成任何实际损失。A 公司的设备移交时间远远早于 B 公司的土建完工与交接时间，虽有所推后，但并未对项目的设备安装造成任何负面影响，相反却有利于减少设备的锈蚀、损坏程度，有利于加快项目的进程。现场绝大部分项目没有开工，设备的堆放与下一阶段的设备安装没有统筹的合理安排，势必会造成二次倒运的费用增加，也会造成施工现场的秩序混乱。给土建施工带来诸多不便。推迟发货时间是结合现场实际情况，为业主方利益着想而作出的善意调整。

5. 即使 A 公司设备移交有所延迟，B 公司也无权要求 A 公司支付该 200 万美元的违约金。因为，根据合同附件 B 第 2.4 条，A 公司只需在 2008 年 11 月 30 日前完成冷测试，即可免除该 200 万美元的违约金。而 B 公司土建施工的严重延误（土建作业在 2010 年后才陆续完工）等导致 A 公司在客观上根本不可能在该日期前进行设备安装及完成冷试。

6. A 公司推迟发货是基于合同履行的不安抗辩权，B 公司在先应提供存放场地、保管设施，但未提供。

7. A 公司推迟发货是为了减少项目损失。

设备发运概况：合同约定时间为 2008 年 9 月 30 日前。第一批设备发出时间至最后一批设备发出的时间分别是 2008 年 9 月 6 日（上海港）；2008 年 9 月 16 日（天津港）；2008 年 11 月 18 日（上海港）；2008 年 12 月 2 日（京唐港）；2009 年 1 月 3 日（京唐港）；2009 年 2 月 12 日（京唐港）；2009 年 5 月 8 日（京唐港）。

三、B 公司有关 A 公司冷试逾期 620 万美元违约金的主张同样缺乏事实及合同依据。

理由如下：

1. B 公司所负责的土建施工完工是 A 公司进行设备安装与冷试的前置程序，B 公司的土建施工完毕并将工作面交给 A 公司后，A 公司才能进行设备的安装及冷试。

2. 根据合同约定，B 公司的土建施工项目应在 2008 年 10 月 31 日前完成并交付 A 公司，其实际完工交付时间是 2010 年 6 月。A 公司不可能在接受作业面之前进行设备安装，更不可能进行设备的冷试等调试工作。

3. 项目冷试逾期是 B 公司的土建施工严重滞后、设备保管混乱等原因所致，B 公司理应承担全部法律后果。

四、B 公司另外 548.674 218 万美元的损失主张也缺乏事实及法律依据。

1. 153.746 628 万美元费用。此费用是现场发生的 B 公司代为采购材料的款项，本着双方互谅互惠原则，A 公司曾作出过确认表示，尽管就其中部分金额，B 公司并未提供充分的发生依据。除非双方就其他争议能达成一致，B 公司仍需要提供证明此金额款项的实际发生的依据。

2. 206.120 254 万美元费用。就此款项的发生依据，A 公司曾多次要求 B 公司提交，B 公司也曾多次书面或口头承诺提交、以供 A 公司核对，但迄今未提交任何依据。A 公司认为此笔费用缺乏应由 A 公司负担的依据，A 公司拒绝承担。

3. 132.342 646 万美元费用。此款项涉及 6 吨快装锅炉等 3 个未完工项，对于其中第二台冷却水塔，A 公司同意按照合同约定价格支付购置款；对于锅炉等两项费用的发生，是 B 公司过错导致，A 公司不予认可。

4. 56.464 69 万美元费用。此款项 B 公司称系少供的 2 年备件的对应价款，而事实是，A 公司并未少供，而是多供了 20 万美元的备件给 B 公司。B 公司应退还多收的 20 万美元备件款。

Ⅱ. 反请求主张：6 大点

一、工期严重超期导致的额外人日费用本金 29 534 056.68 美元

1. 建设期额外人日费支出本金 28 499 585.68 美元；

2. 保驾护航期额外人日费支出本金 1 034 471.00 美元。

二、应付未付的主合同设备款 315.68 万美元（已扣除 B 公司代买设备款 153 万多美元）

合计收款/美元	49 500 000.00
B 公司代买设备扣款/美元	1 543 200.00
合同总额/美元	54 200 000.00
主合同未收款/美元	3 156 800.00

三、补充合同应付款 375 万美元

收款项目	收款时间	收款金额/美元
B 公司人员完成在唐山培训	2008.06.25	1 250 000.00
合同总额		5 000 000.00
补充合同未收款		2 100 000.00
		1 250 000.00
		400 000.00
	未收款金额合计	3 750 000.00

四、变更增项费用 26.39 万美元

五、拖欠的培训费 25.518 2 万美元

六、上述应收款项拖欠期间的财务利息与保函费用等其他损失

根据合同约定，本案项目在 2011 年 10 月 16 日完成高炉热试，加上三个月的考核期到 2012 年 1 月 16 日，即应视为验收合格。由于 B 公司恶意拖延验收证书的签发，导致 A 公司未能从 B 公司处及时收取大量的欠款。这些欠款的本金及资金占用费合计为：4 334.173 3 万美元（本金）+693.012 2 万元人民币（资金占用费）。具体计算方法（略）

示例 4　中外双方索赔与反索赔要点对比（项目延期竣工原因）

中方观点	外方观点
关于图纸提交：（1）中方只需要提交满足第三方咨询公司图纸转化需要的必要的基本设计图纸、而非全部图纸、更非全部施工图纸；（2）A 公司的基本设计图纸提交未影响 B 公司的土建施工，而是提前了平均 9.89 个月	（1）中方（A 公司）应提交全部必要的、完整的、最终的图纸而非仅仅基本设计图纸；（2）图纸逾期导致了 B 公司的土建延期，进而导致项目的延期

续表

中方观点	外方观点
关于设备逾期：（1）B 公司土建施工逾期、不能及时向 A 公司移交场地，设备存放场地不足及设备保管不善、设备出库缓慢，严重干扰与阻挠并延误了 A 公司的设备安装。（2）A 公司设备移交提前了设备安装时间 10～80 周，设备逾期本身未对设备安装造成任何不利影响	不存在移交场地滞后；设备到港时间存在显著逾期：设备逾期 10 个月，非 B 公司存储设施所致，否则，不应延期 10 个月，应在第一批全部送到（参见《合同书》34.6 条）
关于原料供应：B 公司原料供应不足，是导致项目安装运行与验收逾期的主要原因	不存在原料不足问题，造堆晚及烧结断续测试的原因是 A 公司负责的高炉完工逾期
PCI/TRT 非项目的关键施工线路，不影响项目的整体验收使用	PCI/TRT 是高炉的关键组成部分
关于项目实际投入人日：（1）合同人日数只是一个预估数；（2）项目工期从 15 个月延长到 65 个月，是客观事实，A 公司投入的人日超出合同约定 10 万个也是客观事实；（3）项目逾期及人日数增加主要是 B 公司过错所致	（1）预估人日数是 A 公司提出来的，A 公司应对预估人日数的准确性负责，B 公司相信 A 公司的预估；（2）超出人日发生在 A 公司全部控制的项目上，这些项目不受 B 公司土建的影响；（3）人日超出的过错全在 A 公司
关于违约金（误期损害赔偿费 – LAD）：（1）依据马来西亚合同法，B 公司需要证明其存在实际损失；（2）B 公司自 2012 年 12 月实际接收了整个项目，并占有了该超出人日形成的烧结、高炉生产线并实际享有着其收益，也是客观事实；（3）B 公司有责任赔偿 A 公司的损失	（1）违约金对应的实际损失无须证明，A 公司的主张违反了合同的明确约定。（参见《合同书》第 36～37 条）；（2）B 公司存在大量的损失金额。即使违约金不成立，B 公司根据马来西亚合同法第 74 条仍有权主张实际损失索赔；（3）依据合同第 32.1 条延期是 A 公司的唯一救济。即使存在 B 公司违约，A 公司也不享有索赔权

示例 5　中方对外方第二份仲裁通知的答辩

对 B 公司第二份仲裁通知的答辩要点

作为 A 公司的律师，我们仅就 B 公司 2014 年 9 月 29 日的仲裁通知答辩如下：

1. 我们同意将 B 公司 2014 年 9 月 29 日第二份仲裁通知中所提出的新争议和

诉求作为其 2014 年 2 月 28 日仲裁诉求的一部分并由仲裁庭合并审理。

2. 若仲裁庭将上述 B 公司新仲裁请求作为一项新的、独立的仲裁申请，本答复构成对该新仲裁申请的独立答辩与反请求。

3. 我们认为 B 公司无权主张其所新增提交的 820 万美元违约金及其他诉求。

3.1 B 公司存在土建施工严重滞后、未按时提供施工场地等违约行为，该等行为使得合同中有关设备移交与冷试证书签发的约定已归于无效。如在合同约定的冷试证书签发日期 2008 年 11 月 30 日，申请人的土建施工尚未完成，被申请人不可能在该日期前完成设备安装并进行冷试。

3.2 申请人新通知第 3.2 条中所主张的款项除去双方已达成一致意见的外，均缺乏基本事实和证据支持；

3.3 申请人新通知第 3.4 条中所主张的超付款项与事实不符。

4. 申请人的各种违约行为给被申请人造成了巨大的损失，包括但不限于：

4.1 工期严重超期导致的技术服务费本金 2 402.18 万美元；

4.2 应付未付的主合同设备款 315.68 万美元；

4.3 补充合同应付款 375 万美元；

4.4 变更增项费用 26.39 万美元；

4.5 应付培训费 2.5 万美元；

4.6 上述资金的利息与保函费用等其他损失，我方仍在计算中。

4.7 申请人的违约行为使得合同工期已成为自由工期，被申请人在合理时间内履行了全部合同义务，项目工程已由申请人实际接收并运营逾 2 年，申请人有义务向被申请人支付上述款项。

第四章

国际仲裁审理中的特殊程序规则

在国际仲裁中，具体的审理程序可能存在较大差异。一般而言，由来自大陆法系的仲裁员组成的仲裁庭，通常会倾向于采用大陆法系的民事诉讼程序规则；反之，由来自英美法系的仲裁员组成的仲裁庭，则多倾向于遵循英美法系的民事诉讼程序规则。对于中国企业及律师而言，熟悉英美法系民事诉讼程序规则的人比较少，这也是国内很多律师代理国际仲裁案件的弱点所在，故本章内容以对英美法系下的仲裁程序规则进行介绍为主。

第一节　庭前程序令

仲裁庭采用庭前程序令的目的主要是保证开庭效率（避免当事人进行证据突袭或实施其他拖延仲裁程序的行为），提前确定一些与开庭有关的事项，具体包括但不限于如下事项：

（1）明确争议各方及仲裁机构的联系地址、电话、联系人；

（2）明确争议各方提交证据资料的具体要求；

（3）敦促争议各方在庭前充分披露相关证据材料，证明案件事实及争议和主张的依据；

（4）充分告知争议各方相关风险及后果，避免当事人因误解而错失或滥用程序权利；

（5）明确仲裁地、准据法、仲裁语言；

（6）明确仲裁程序的具体时间安排等。

示例：本编所涉国际建设工程仲裁案中，仲裁庭发布的暂定时间表和1号程序令（规定了双方提交证据等文件的时间）：

IN THE MATTER OF ARBITRATIONS UNDER

THE KLRCA ARBITRATION RULES

OF THE KUALA LUMPUR REGIONAL CENTRE FOR ARBITRATION

依据吉隆坡区域仲裁中心仲裁规则

之仲裁相关事宜

(REVISED IN 2013)

(2013 年修订版)

KLRCA/INT/ADM – 214 – 2014 And KLRCA/INT/ADM – 270 – 2014

BETWEEN

仲裁双方如下：

马来西亚 B 公司 （申请人，Claimant）

地址：略

A 公司 （被申请人 – Respondent）

中国×××

仲裁员：×××先生 （首席仲裁员）

　　　　×××教授 （共同仲裁员）

　　　　×××先生 （共同仲裁员）

PROVISIONAL TIME-TABLE AND DIRECTIONS NO. 1

暂定时间表和 1 号指令

1　Consolidation of Arbitrations

合并仲裁

1.1　By letter dated 28 February 2014, the Claimant, B Company (the "Claimant") gave the first Notice of Arbitration to the Respondent, A Co. Ltd (the "Respondent")

申请人 B 公司 （以下简称申请人） 通过注明日期为 2014 年 2 月 28 日的信函向被申请人 A 公司 （以下简称被申请人） 发出首次仲裁通知。

1.2　The arbitration was registered by the Kuala Lumpur Regional Centre ("KLRCA") with reference no. KLRCA/INT/ADM – 214 – 2014 (the "First Arbitration").

吉隆坡区域仲裁中心 （以下简写为 KLRCA） 对该仲裁进行受理登记，备案号为 KLRCA/INT/ADM – 214 – 2014 （以下称首次仲裁）。

1.3　By letter dated 30 March 2014, the Respondent issued the first Response to the Notice of Arbitration to the Claimant.

通过注明日期为 2014 年 3 月 30 日的信函，被申请人首次向申请人发出了仲裁答辩书。

1.4　By letter dated 29 September 2014, the Claimant gave the second Notice of Arbitration to the Respondent. The Claimant proposed that the Arbitration be consolidated with the First Arbitration in the interest of saving time and cost.

通过注明日期为 2014 年 9 月 29 日的信函，申请人向被申请人发出第二份仲裁通知。申请人提议，为节约时间和成本，将此次仲裁与首次仲裁合并处理。

1.5　The arbitration was registered by the KLRCA with reference no. KLRCA/INT/ADM‒270‒2014 (the "Second Arbitration").

该仲裁由 KLRCA 受理登记，备案号为 KLRCA/INT/ADM‒270‒2014（以下称第二次仲裁）。

1.6　By letter dated 27 October 2014, the Respondent issued the second Response to the Notice of Arbitration to the Claimant. The Respondent agreed with the Claimant's proposal that the Second Arbitration be consolidated with the First Arbitration.

通过注明日期为 2014 年 10 月 27 日的信函，被申请人向申请人发出了第二份仲裁答辩书。被申请人同意申请人将第二次仲裁与首次仲裁合并处理的提议。

1.7　By letter dated 4 November 2014, the KLRCA confirmed that the Second Arbitration was consolidated with the First Arbitration.

通过注明日期为 2014 年 11 月 4 日的信函，KLRCA 确认，第二次仲裁与首次仲裁合并处理。

1.8　By consent, the First and Second Arbitrations are hereby consolidated.

经同意，第一次仲裁和第二次仲裁特此合并处理。

The Tribunal, by consent of the Parties, hereby makes the following directions

仲裁庭经双方同意，特此作出以下指令：

2. Submission of Written Statements

提交书面请求

2.1　The Claimant shall file and serve within [30] days from the date hereof its Statement of Claim setting out in full detail：

申请人应自本函日期起［30］天内提交和提供其仲裁请求，详细说明如下内容：

2.1.1　a statement of facts supporting the claim；

陈述支持仲裁申请的事实情况；

2.1.2 the legal grounds or arguments (together with authorities) supporting the claim; and

支持仲裁申请的法律依据或权威论述；和

2.1.3 the relief claimed together with the amount of all quantifiable claims.

要求的救济，附所有可量化索赔的金额。

The Statement of Claim shall be accompanied by all documents relied upon by the Claimant.

仲裁请求应附上申请人所依据的所有文件。

2.2 The Respondent shall file and serve, within [30] days from the date of service of the Statement of Claim, a Statement of Defence to the Statement of Claim setting out its full defence, including without limitation, the facts and contentions of law (together with authorities) on which it relies. The Statement of Defence shall also be accompanied by all documents relied upon by the Respondent. Where the Respondent has a Counterclaim, the Statement of Defence shall state the Counterclaim and such Counterclaim shall comply with the requirements of paragraph 2.1 above.

被申请人应自仲裁请求送达之日起［30］日内就仲裁请求提交答辩书，全面陈述其答辩意见，包括但不限于，其所依据的事实和法律论点。答辩书还应附上被申请人所依据的全部文件。当被申请人提出反请求时，答辩书应陈述反请求，且该等反请求应符合上述2.1条要求。

2.3 If the Claimant wishes to file a Statement of Reply and Defence to the Counterclaim, it shall do so within [21] days from the date of service of the Statement of Defence and Counterclaim.

若申请人希望针对反请求提交答辩书及回复，其应自答辩书和反请求送达之日起［21］日内提交。

2.4 If the Respondent wishes to file a Statement of Reply to the Claimant's Defence to the Counterclaim, it shall do so within [21] days from the date of service of the Statement of Reply and Defence to the Counterclaim.

若被申请人希望针对申请人的反请求抗辩提交答辩意见，则其应自反请求答辩和抗辩送达之日起［21］日内提交。

2.5 The Claimant's Statement of Reply and Defence to the Counterclaim and the Respondent's Statement of Reply to the Claimant's Defence to the Counterclaim shall be accompanied by all documents relied on by the party, which have not been previously submitted or disclosed by the party.

申请人的反请求答辩和抗辩书以及被申请人针对申请人的反请求抗辩提交的答辩书应附上各方所依据的全部文件，包括各方之前未提交或披露过的文件。

3　Document Production

文件提供

3.1　Within [21] days after the expiry of the period referred to in paragraph 2.4 above, each of the parties shall provide to and exchange with the opposing party copies of all documents on which it intends to rely, to the extent that these documents have not already been disclosed to the opposing party.

在上述 2.4 条所述期限结束后 [21] 日内，各方应向对方当事人提供和与对方当事人交换其各自计划依据的所有文件的副本，只要这些文件尚未向对方当事人披露。

3.2　Each party may thereafter request the opposing party to disclose within [14] days, any additional documents, sufficiently identified by documents or category of documents, which the party wishes the opposing party to produce.

此后，各方可以要求对方当事人在 [14] 日内披露该方希望对方当事人提供的任何附加文件，并按文件或文件类别进行充分识别。

3.3　The party on receipt of any such request shall, within [14] days of receipt, either comply with the request or submit a reasoned written objection to the production of the documents requested. Thereafter, the requesting party may, within [14] days of receiving any such objection, refer the request to the Tribunal for determination, and thereupon the Tribunal shall make the determination as quickly as is reasonably practicable on the basis of the parties' written submissions.

一方在收到任何该等要求时，应在收到要求后 [14] 日内遵守要求或针对所要求的文件提交合理的书面异议。此后，要求方可以在收到任何该等异议后 [14] 日内将要求提请至仲裁庭裁定，仲裁庭应依据双方的书面提交材料在实际合理的情况下尽快对此作出裁定。

4　Testimony of Witnesses of Fact

事实证人证言

4.1　The parties shall no later than [45] days from the expiry of the period referred to in paragraph 3.1 above exchange signed written statements of the witnesses of fact.

双方应在上文 3.1 条所述期限结束后 [45] 日内交换已签字的事实证人的书面证言。

4.2　The parties may no later than [21] days from the expiry of the period referred to in paragraph 4.1 above exchange signed written statements of any witness in reply to any statements of witnesses initially exchanged.

双方可以在上文4.1条所述期限结束后 [21] 日内交换已签字的书面证人证言，作为对初次交换的任何证人证言的答辩。

4.3　Each such witness statement shall be admitted as the witness' evidence-in-chief at the hearing. All witnesses, who have given written statements, shall be available for cross-examination and re-examination at the hearing, at which their evidence will be heard. If a witness fails or refuses to attend the hearing and to be available for cross-examination, his written statements, if not agreed to by the opposing party, shall not be accepted as evidence, unless the Tribunal decides otherwise.

各证人证言应被确认为证人在庭审时的主要证据。提供书面证言的所有证人应能够在开庭时接受盘问和再询问，他们的证据将在开庭时被听证。若证人未能或拒绝出席庭审且接受交叉询问，则当其书面证言未获对方当事人认同时，不应被作为证据，除非仲裁庭另有裁决。

4.4　Each witness statement shall:

各证人证言应：

4.4.1　contain the name and address of the witness, his or her relationship to any of the parties (past and present, if any) and a description of his or her qualifications;

包含证人的姓名和地址，他或她与双方中任何一方的关系（过去及现在，如有）并说明其资格；

4.4.2　contain a full and detailed description of the facts, and the source of the witness' information as to those facts, sufficient to serve as that witness' evidence in the matter in dispute;

包含对事实、证人关于事实的信息来源的全面和详细描述，足以用作该证人对争议事项的证据；

4.4.3　contain an affirmation of the truth of the statement;

包含对证言陈述真实性的确认；

4.4.4　be signed by the witness and give the date and place of signature; and

由证人签字，注明签字日期和地点；和

4.4.5　identify with specificity any document or other material relied on and, if not already provided in the document exchange, attach a copy of the document or other material relied on.

证言所依赖的文件的副本或其他材料，若该等文件在文件交换时未提供。

5　Testimony of Expert Witnesses

专家证人证言

5.1　The provisions of paragraph 4.3 and 4.4 of this Order shall be applicable, mutatis mutandis, to expert witnesses, unless otherwise indicated. The parties shall no later than [45] days after the expiry of the period referred to in paragraph 4.1 above exchange signed written statements of the expert witnesses. The expert shall identify his or her area of expertise. Each party will be confined to one expert per discipline. The expert's report will contain the expert's opinion including a description of the method, evidence and information used in arriving at the conclusions.

本指令第4.3条和第4.4条的规定应在加以必要变通后适用于专家证人，另有说明的除外。双方应在第4.1条所述期限结束后 [45] 日内交换已签字的专家证人的书面证言。该专家应确定其专业领域。将限制各方在各学科有一名专家。专家的报告将包含该专家的意见，包括说明得出结论所采用的方法、证据和信息。

5.2　The parties' expert witnesses shall within [21] days from the date of expiry of the period referred to in paragraph 4.2 above, meet to prepare list of issues upon which they are agreed and upon which they remain in disagreement.

双方的专家证人应在第4.2条所述期限结束后 [21] 日内会面，列出他们达成一致和仍有分歧的问题清单。

5.3　The Tribunal may determine any issue as to the relevant law on the basis of the written submissions of the parties and of the legal authorities submitted by the parties to the Tribunal without the need for either party to call expert evidence on the law.

仲裁庭可以依据双方的书面材料和双方向仲裁庭提交的法律权威论述或先例对任何相关法律问题作出裁定，而无须任一方提出法律上的专家证据。

6　Hearing

庭审

Soon after the expiry of the time stated in paragraph 4.1 hereof a direction hearing shall be held on a date, convenient to all parties, at which the dates for the hearing of the Arbitration shall be fixed, and further directions may be made for the further conduct of the Arbitration.

在本指令第4.1条所述时间结束后不久，会在双方都方便的时间举行庭审，确定仲裁庭审的日期，将对仲裁的进一步执行作出进一步指令。

7　Costs

费用

The costs of or relating to the Provisional Time-table and Direction shall be the costs of the Arbitrations.

与暂定时间表和指令相关的费用应计为仲裁费用。

Dated this　day of May 2016

日期：2016 年 5 月　日

×　×　×

Presiding Arbitrator

Signed on behalf of the Tribunal

首席仲裁员

代表仲裁庭签字

本书作者作为北京仲裁委员会/北京国际仲裁中心管辖的某国际程序案件的首席仲裁员，签发的程序令示例如下。

北京仲裁委员会/北京国际仲裁中心

（2021）京仲案字第×××号仲裁案

中国建筑第×工程局有限公司

（申请人）

与

中国××财产保险股份有限公司

（被申请人）

第一号程序令

（根据自 2019 年 9 月 1 日起施行的《北京仲裁委员会仲裁规则》作出）

仲裁庭：王××、秦××、任自力（首席）

2021 年 6 月 29 日

一、通知及通信

1. 按下述方法所发的所有的通知及通信将被视为有效地送达到相关方：

（A）至申请人中国建筑第×工程局有限公司（以下简称申请人），发送至申请人代理人：

北京××律师事务所：姜××律师　刘××律师

联系地址：山西省太原市晋源区谐园路化建大厦×层

联系电话：××××

（B）至被申请人中国××财产保险股份有限公司（以下简称被申请人），发送至被申请人代理人：

北京××律师事务所：×××律师、×××律师

联系地址：××××

联系电话：××××

（C）至仲裁机构及仲裁庭，发送至：

北京仲裁委员会/北京国际仲裁中心：××先生

联系地址：北京朝阳区建国路118号招商局大厦16层

电话：010 - ××××××

2. 本案中当事人文件的提交应以书面文件为准，当事人的文件均应一式六份提交至本会，并由当事人或委托代理人签字或盖章。当事人应同时将包括但不限于仲裁申请书、变更仲裁请求申请书、答辩书、反请求申请书（如有）、代理意见、证据材料清单、各类程序申请等文件的 WORD 版本通过电子邮件（×××@ bjac. org. cn）提交至仲裁庭。

二、仲裁地

3. 仲裁规则第二十七条第（一）款规定："除非当事人另有约定，本会所在地为仲裁地。本会也可以根据案件具体情况确定其他地点为仲裁地。"根据上述规定，本会结合本案实际情况确定本案的仲裁地为中华人民共和国北京市。

三、本案适用法律

4. 申请人与被申请人签订的《××高速公路（R12 +635. 81 - k89 +510）段土建工程第8至第21合同段工程一切险及第三者责任险保险合同》第五十一条约定："与本保险合同有关的以及履行本保险合同产生的一切争议，适用中华人民共和国法律（不包括港澳台地区法律）。"

5. 根据当事人的上述约定，本案应适用中华人民共和国的法律规定（不包括港澳台地区法律）。

四、仲裁语言

6. 因当事人未约定仲裁语言，根据仲裁规则第七十二条，结合本案上述协议的书写语言以及各方当事人的往来通信，仲裁庭决定本案以中文作为仲裁语言。

五、程序时间表

7. 除非仲裁庭有进一步的指示，各方当事人应按照本程序令所附的程序时间表进行仲裁程序。

8. 如当事人仍有支持各自请求与/或答辩的证据材料但尚未提交的，请各方按照程序时间表的期限一式八份向仲裁庭提交。此期限并非最后的证据提交期限，但当事人已经掌握或可以收集到的证据，仲裁庭希望各方在此期限内提交。

9. 如当事人申请证人出庭作证，亦请按照程序时间表的期限提交证人证言及证人出庭作证申请（需注明证人身份、证明目的）。

10. 各方当事人提交的全部证据材料应连续编号、列明证据名称及证明目的。证据材料应逐页连续标明页码；补充证据（如有）应在已经提交证据的基础上接续编码。

11. 为了保持程序的推进，仲裁庭可以根据有关情况，对所规定的程序时间表进行调整，各方当事人也可以协商共同申请延期，但需通知仲裁庭。

12. 任何一方当事人于本程序令之后、本案开庭之前再行提交文件的，需向仲裁庭说明其不能按照程序时间表提交的具体理由及合理性，并附必要的支持性材料。仲裁庭有权拒绝接受当事人逾期提交的文件，由此造成的不利后果，由当事人自行承担。

六、开庭

13. 仲裁庭决定于 2021 年 ×× 月 ×× 日 14：30 在北京仲裁委员会第 10 仲裁厅开庭审理（地址：北京市朝阳区建国路 118 号招商局大厦 15 层）。请提前十分钟到达该仲裁厅所在楼层的当事人休息室填写"出庭人员签到表"，将到庭人员的姓名、职务及出庭身份等报告本案秘书。

14. 依据本会仲裁规则，当事人如有正当理由请求延期开庭，应在开庭五日前书面向本会提出。申请人无正当理由不到庭，可视为撤回仲裁申请；被申请人无正当理由不到庭，仲裁庭可以进行缺席裁决。

15. 请携带证据材料原件到庭以便核对。

七、其他事项

16. 上述 1（A）、1（B）即当事人在本案中使用的通信方式如有修改，应立即通知仲裁庭。

17. 如当事人就仲裁庭确定的仲裁语言有不同意见，应于收到本程序令后的七日内提交书面意见。

18. 本程序令可以由仲裁庭修改或补充。

19. 本程序令由仲裁庭委托本会发出。

盖章处

北京仲裁委员会/北京国际仲裁中心
程序时间表

	事项	负责方	提交时间
1	（1）关于仲裁请求及其计算依据的具体说明，包括但不限于起算时间及计算标准等合同依据和事实依据 （2）变更仲裁请求（如有） （3）补充证据材料（如有）	申请人	2021 年 8 月 15 日或之前
2	（1）答辩书（针对仲裁请求和事实主张，明确表示肯定、否定或其他主张） （2）证据材料（如有）	被申请人	2021 年 8 月 15 日或之前
3	当事人各方对有关程序的申请（如证人出庭作证申请、鉴定申请等）	申请人、被申请人	2021 年 8 月 15 日或之前
4	开庭 特别提示：针对申请人变更的仲裁请求（如有）进行的答辩和所需的证据，以及针对被申请人答辩中提出的新事实所需的反驳证据，最迟不晚于开庭前提交。	申请人、被申请人以及仲裁庭	2021 年 8 月 28 日

续表

事项	负责方	提交时间
5 庭后程序安排 特别提示：（1）除非各方同意且仲裁庭明确接受，庭后仲裁庭不接受除各方和解的任何仲裁请求（含反请求）的变更或任何新的事实主张；（2）所有证据原则上均应在前述1~4项规定的时间内提交；（3）庭后可能提交新证据的例外情形主要包括：针对如第4项特别提示中所称的新事实、新证据若不能当庭回应者，或因重要原因与正当理由须庭后提交且不会明显拖延仲裁程序的，或经各方当事人及仲裁庭共同商定可以提交的其他证据。	申请人、被申请人	［待定］

第二节　庭前会议

庭前会议，德国称为中间程序，法国称为预审程序，英美称为庭前会议，日本、中国台湾地区称为庭前整理程序。不同国家或地区就此程序的规定略有差异，但总体而言，庭前会议的主要内容是确定庭审的重点，包括对回避人员、出庭证人的名单提前确定，对非法证据予以排除等。庭前会议常见于案情比较复杂的仲裁案件审理中，是仲裁庭在庭审前根据案件的复杂程度或者其他需要召集争议各方了解事实与证据情况、听取各方意见，整理争点，为庭审安排进行的准备活动。本案中，仲裁庭也召开了庭前会议，会议讨论确定的内容主要是双方开庭时的时间分配，核心为证人的交叉盘问问题，以及仲裁文件的制作提交规格等。

第三节　证据披露

本案中，本书作者作为中方A公司的代理律师，针对外方提供的初步证据及案件需要，向仲裁庭提出了如下证据披露申请：

（因中方在工程施工过程中未保留相关施工记录、验收申请与报告等可用以支持中方仲裁请求的必备资料①，故律师需要借助于证据开示程序要求外方提交相关证据，进而从中收集对中方有利的证据资料或信息，后续的仲裁过程也印证了律师此建议的专业性和重要性。）

Application for Document Copies Submission and Documents Disclosure 文件副本提交与文件披露申请	
Lawyer of the respondent is Han Ding United Lawyers, with address of Room 606, Building D International Finance & Economy Center, No. 87 North Xiasanhuan Road, Haidian District, Beijing, China (Reference No. DLF – INT – ARB – 2014 – 015) 被申请人律师为汉鼎联合律师事务所，地址位于中国北京市海淀区西三环北路 87 号国际财经中心 D 座 606 室	Lawyer of the Claimant is × × × × , with address of 18th Floor Wisma Sime Darby Jalan Raja Laut 50350, Kuala Lumpur (reference No. chI. 850347. chI. Ipc) 申请人律师为× × × × ，地址位于吉隆坡× × × ×

Application forDocument Copies Submission

and

Documents Disclosure

文件副本提交与文件披露申请

Ⅰ. 根据程序令（PPT）第 3.1 条，被申请人特此申请由申请人提交其文件清单所列示的所有文件的副本，具体包括：

1. 申请人于 2016 年 8 月 18 日提交的文件清单 part 1 – 3 中列明的所有文件的副本。

2. 申请人于 2017 年 3 月 22 日提交的文件清单中的所有文件的副本。

Ⅱ. 根据 PPT 第 3.2 条，被申请人特此申请由申请人披露如下文件：

1. 本案项目三个厂区（原料场、烧结、高炉三厂区）全部土建子项的开工

---

①　这是中方缺乏合同意识、忽视合同约定、施工严重不规范的体现之一，也是导致中方在仲裁中处于被动地位的主要原因。中方投标及履约过程中均缺乏专业的法务及合同管理人员，施工人员撤场时将几乎所有的施工原始记录均留在马来西亚项目现场，几年后当需要进行仲裁时才发现那些可用于证明自己费用支出、外方原因导致工期延误的许多证据均已被自己当作垃圾丢弃。而不论是仲裁还是诉讼，在缺乏相关直接证据的情况下，想让仲裁庭采信自己一方的主张，必然非常困难。本案中，虽然中方通过律师提交的文件披露申请从外方处获得了相当一部分证据，但仍有不少关键事实缺乏直接证据支持，进而导致相关仲裁请求未能得到仲裁庭支持。

证书（应载有土建打桩、土建基础的具体开工日期）。

目的：证明申请人负责的土建项目是否及时开工及具体开工日期。

2. 本案项目三个厂区（原料场、烧结、高炉三厂区）全部土建子项的验收合格证书和移交证书（移交记录）。

目的：证明申请人负责的土建施工是否按时完工、报验、通过验收及交安装日期，及是否影响被申请人的设备安装进度。

3. 本案项目原料场的设备的冷试证书、热试证书。

目的：证明申请人负责的原料场的设备安装的冷试开始与完成时间、热试开始与完成时间。

4. 本案项目烧结的热试报告（2011 年 11 月下旬或 2011 年 12 月）。

目的：证明烧结热试结果是否合格。

5. 本案项目高炉的测试报告（2011 年 11 月下旬或 2011 年 12 月）。

目的：证明高炉测试结果是否合格，是否达产。

6. 本案项目高炉投产后 3 个月内的全套完整生产记录（2011 年 10 月 16 日至 2012 年 1 月 15 日）。包括但不限于该期间：

6.1 原料、燃料质量及供应量；

目的：验证是否满足烧结、高炉考核保证值对其的要求。

6.2 原料车间、烧结车间、高炉车间、炼钢车间、轧钢车间等全厂生产单元的总生产调度表；

目的：验证是否因申请人调度不畅，造成烧结、高炉无序生产，不能达到考核保证值。

6.3 烧结车间、高炉车间各岗位操作人员资质证书，各岗位人员工作时间表；

目的：验证是否因申请人人力资源不力，工作劳动时间不足造成烧结、高炉生产不能达到考核保证值。

6.4 烧结车间、高炉车间所有设备的日常点检维护记录单；

目的：验证是否因申请人对设备点检维护不力，造成烧结、高炉生产不能达到考核保证值。

6.5 申请人炼钢的日铁水消化量（从高炉开炉直到现在）；

目的：验证是否因申请人炼钢炉不能正常接收铁水，造成高炉压产、停炉等无序的生产组织，形成烧结、高炉生产不能达到考核保证值。

6.6 申请人公司产品销售情况；

目的：验证是否因申请人产品销售不力原因，造成高炉压产，不能达到考核保证值。

6.7 烧结车间、高炉车间所需介质（例如：鼓风、电、水、压缩空气、氮气等）的计量供应记录单；

目的：验证是否因申请人对烧结车间、高炉车间所需介质供应不足，造成烧结、高炉生产不能达到考核保证值。

7. 本案项目高炉投产后，申请人每年铁水外销与自用的数据（根据设计要求，申请人每年应有15万吨铁水外销，35万吨自用炼钢，请提供2011—2016年间的统计数据及所依据的主要文件副本）。

目的：证明本案项目投产后申请人预先确定的产品销路是否具备。

8. 冷却塔等4个未完工项共计132万美元的招标文件、合同文件与实际付款证据。

目的：证明该等款项是否真实发生、付款条件等。

9. 申请人所主张的现场搁置费用的实际发生及应由被申请人负担的具体依据。

目的：证明申请人所主张的现场扣款应否由被申请人负担。

10. 本案项目整个施工期间申请人对被申请人现场服务人员所做的每天的考勤表。

目的：证明被申请人实际投入的现场技术人日数量及具体构成。

11. 本案项目原料场主要土建子项施工的分包商与主要设备安装施工的分包商的技术服务费费率与具体付款依据。

目的：证明被申请人31美元/人日的合同形式费率是否偏离了正常费率标准。

12. 申请人的实际损失证明文件（上列文件中已含有的除外，但请标明已含有的文件名称或编号）。

目的：申请人的LAD等损失主张是否成立。

第四节　国际仲裁庭审程序之展开

一、国际仲裁机构与国内仲裁机构在庭审程序上的主要不同

仲裁程序的展开主要有英美法系和大陆法系两种模式，这两种模式在具体审理程序上存在巨大差异。在国际建设工程领域，英国法的影响非常深远，体现之一是现有的著名国际仲裁机构在庭审时（尤其建设工程项目所在地国家为英美法系国家时）采用的多为英国法做法。其具体程序安排与国内做法存在显著差异。对于较少接触国际仲裁业务的国内律师而言，因不熟悉相关程序差异而出现代理疏漏或输掉案件的例子并不罕见。

1. 国际仲裁机构与国内仲裁机构在庭审程序基本构成上的差异

在英美法系模式下，仲裁庭审程序主要可分为三个环节：（1）当事人进行简要的开庭陈述（先申请人，后被申请人）；（2）双方律师对证人（包括事实证人和专家证人）的询问和交叉询问；（3）双方代理律师的庭审陈词（先申请人、后被申请人），双方对审理过程中所出示或收集到的证据进行扼要总结，相当于国内程序中的辩论环节。

在大陆法系模式下，以中国为例，仲裁程序与诉讼程序比较接近，一个仲裁案件的庭审通常按照如下程序展开：（1）申请人陈述仲裁请求及事实理由；（2）被申请人进行答辩；（3）申请人举证、被申请人质证；（4）被申请人举证，申请人质证；（5）庭审调查；（6）庭审辩论；（7）庭审调解（若双方同意调解）；（8）最后陈述。庭审之后，双方代理律师可以提交进一步的书面补充代理意见、质证意见等。对证人的审理属于举证、质证环节的一部分。

2. 国际仲裁机构与国内仲裁机构在开庭时间安排上的不同

国内仲裁机构与国际仲裁机构在仲裁庭审时间安排上的做法存在明显不同。国内仲裁机构开庭，不论是国内案件（适用国内案件程序）还是国际案件（适用国际案件程序），每个案件每次开庭的时间很少有超过一天的，多为半天左右。

国际仲裁机构的开庭时间要长得多，通常是一个可能持续数天甚至数周的不间断的审理过程。国际仲裁案件的开庭时间一般会提前数月甚至更长时间就需确定，因为案件中的仲裁员和律师通常都很忙，案件本身所涉及的证人数量较多，甚至可能在不同的国家工作，跨国参与庭审多需提前办理出入境证件及签证手续等，比如本书作者代理的在新加坡开庭的某建设工程仲裁案件中，中外双方的证人合计有近 20 位，且很多证人分别是不同国家、不同建设项目中的核心人员，其出席庭审前不仅需要提前准备好事实证言，还需要提前安排好工作衔接相关事宜，故仲裁开庭时间需要早做安排，且一旦确定后即不应再轻易变动。

二、国际仲裁与国内程序在庭审中缺少的主要环节

1. 举证、质证环节。国际建设工程仲裁庭审中，没有单独的举证质证环节，如果你对对方的证据的真实性等有异议，可以在你的书面意见中发表，但没有一个单独的书证质证环节。国内仲裁实践中对于证据"三性"的要求也并非决定证据可接受性的标准。庭审中，如果你需要结合证据来发表观点时，可以对某个证据发表意见，但由于庭审中没有单独的举证质证环节，故你在庭审中对相关证据的意见必须和对证人的询问结合起来。从这个意义上，当事人双方的举证、质证主要是通过对证人的询问和交叉询问来完成的。因为庭审的过程主要是一个双方对证人进行询问的过程，双方的文书证据等其他证据均需要通过证人证言来引出来。

2. 庭审调查环节。仲裁庭对案件争议事实的调查主要是在听取双方律师对证人的询问及交叉询问过程中穿插进行的，但仲裁庭也有权在其他环节，比如开庭陈词或结案陈词环节进行调查询问。

3. 庭审调解环节。仲裁庭一般认为，争议各方之所以走到仲裁这一步，正是因为已经无法进行调解。当然，在庭审程序进行中，若双方有进行调解的意愿，可以随时私下进行。但仲裁庭大多不会主动进行调解。

4. 证据原件及授权文件原件等的核对环节。在国际建设工程等仲裁案件中，涉及的证据资料数量通常非常大，在开庭时逐一核对会需要大量时间，故仲裁机构一般不会在开庭时安排证据原件的核对。从实践来看，除非一方对对方的证据真实性提出质疑，仲裁庭一般会推定双方证据的原件与复印件是一致的。与此相关的是，仲裁庭一般也不会审核双方律师的资格或授权文件，仲裁庭通常认为双方代理人能够出席庭审即足以说明双方代理人已取得了当事人的授权，无须再验证其授权文件。对于跨境取得或提交的证据文件，是否需要在取得国进行公证、认证的问题，通常是由仲裁庭来决定，仲裁庭一般不会提出相关要求，除非一方当事人对该等证据的真实性提出合理质疑。

三、国际仲裁庭审程序之具体展开

（一）宣布庭审开始

庭审由首席仲裁员宣布开始。首席仲裁员首先会核对每一方的出庭情况，并记录所有参加庭审的人的名字、地址以及职位。

（二）开庭陈词（opening submission）

开庭陈词，即双方当事人在开庭后先对案件进行简单的要点总结。在双方进行开庭陈词之前，通过对当事人提交的书面意见、证据文件、誓词或证人证言的阅读，仲裁庭通常对案件已经有了实质性的了解。因此，双方当事人的代理律师进行开庭陈词的时间一般较短。在大多情况下，每一方进行的开庭陈词不会超过2 个小时。开庭陈词构成对一方当事人所提出的意见之理由、优点与长处的概括性陈述，其随后应当由证人陈述来佐证。在国际商事仲裁中，开庭陈词与大陆法系的律师们在最后的仲裁庭审中作出面面俱到的口头意见毫无可比性。在庭审中，律师们运用诸如 PPT 陈述以及图表展示等音像手段来支撑其口头辩护乃常见之举。只要他们不在其中纳入新的证据并且将与其对应的硬拷贝提供给对方当事人与仲裁庭，那么，运用这种展示手段是被允许的。在此阶段，双方均可展示若干关键证据（不能是新证据，必须是已经在庭前提交过的，否则，对方律师通常会提出异议），也可将相关可视化图表等对已提交证据的总结或浓缩性文件在仲裁庭宣布开庭前提交仲裁庭及对方，以便于在陈述中援引。

开庭陈词的内容在开庭之前通常已以书面形式提交给仲裁庭及对方当事人。书面的开庭陈词一般应包括4个方面的内容：（1）有关事实背景及案件本质的陈述或精确说明；（2）将要具体针对的有关事实与法律的争议的分析，包括核心证据；（3）当事人对于案件的意见与看法，如律师陈述的主要思路，以方便仲裁员在稍后将证据对应适用于该方当事人的观点中；（4）在事实基础上引用法律观点（如对合约条文的权威解释或先例）说明当事人要求的救济是合理的。一般应避免将争论写得过长，开庭陈词的篇幅一般不要超过50页。开庭陈词的提纲（outline opening submission）实质上多可作为当事人的论点大纲。

示例：本案中中方律师开庭陈词的主要内容

尊敬的仲裁庭：

本案争议的本质是项目完工后业主恶意隐瞒已验收合格事实、拒绝签发验收证书，并拒绝支付工程尾款和应付报酬。

一、案件基本事实

1. 2007年12月4日，A公司中标B公司炼铁项目，拿到授标函，并就合同条件达成一致。

2. 2008年1月15日，双方签署项目合同。合同约定：

（1）A公司作为总包方，负责项目的设计、设备供货、安装、培训、保驾护航等。总工期15个月，从2007年12月1日起至2009年2月18日止。

（2）合同设备款总额5 420万美元，固定金额；预估技术服务费金额364.892 8万美元，并约定了烧结与高炉部分的安装人日数预估的上限（合计80 496人日）。

（3）A公司应分别在2008年2月28日前提交必要的基本设计图纸，在2008年9月30日移交全部设备，在2008年11月30日前获得冷试证书，在2009年2月28日前实质完工并获得竣工证书，否则，对应的违约金依次为200万美元、200万美元、620万美元、0美元。

（4）若A公司能在2008年11月30日前获得冷试证书，则基本图纸逾期违约金、设备逾期移交违约金可以免除；A公司应付违约金的总额最高为1 120万美元。

3. 2008年4月21日，双方就合同价格修改签署一份《补充协议》，约定B公司新增500万美元，按如下方式支付：

（1）A公司在2008年12月1日前完成烧结与高炉的安装与热试，支付210万美元。

（2）250万美元作新增培训费，其中50%由B公司在完成其人员在A公司的培训后支付，另50%在B公司签发验收证书后支付。

（3）40万美元在高炉产量达到3.2吨/天/m³并B公司签发验收证书后

支付。

4. 在项目施工过程中，由于 B 公司的严重干扰和阻碍行为（包括：B 公司图纸管理方面的严重混乱与图纸转化的严重滞后、土建施工的严重滞后、不能及时向 A 公司移交施工场地、不能提供妥善的设备存储场所、设备保管严重不善及设备出库缓慢等），导致项目工期严重超期，实际工期约 5 年，超期 53 个月；导致 A 公司被迫实际投入人日 218 412 个，超出合同中预估的最大人日愈 11 万个。2011 年 10 月，项目整体投产并移交 B 公司。2012 年 1 月，项目按合同约定通过热试，不再需要进行任何测试。2012 年 9 月，高炉附属系统完工。2013 年 7 月，A 公司人员全部撤场。

5. 因双方就 6 吨快装锅炉、煤气柜电梯、余热回收系统等 4 个辅助系统的子项目存在争议，B 公司在项目已实质完工并验收测试合格的情况下、拒绝就整个工程项目出具验收证明，并拒绝支付剩余款项。

6. 2012—2014 年，A 公司多次向 B 公司催要剩余工程款及超出预估部分人日报酬，未果。

7. 2014 年 2 月 28 日，B 公司依据合同约定，以 A 公司基本设计图纸逾期、应付 200 万美元违约金为由先行提出仲裁申请。后仲裁请求额增加至约 1 700 万美元。

8. 2014 年 3 月 30 日，A 公司提出答辩，同时提出反申请，向 B 公司索要剩余工程款与服务费等共约 2 000 万美元。2014 年 10 月 28 日，仲裁反请求额增加至约 3 000 万美元。

9. 2014 年 4 月 10 日，B 公司提出和解动议，之后双方约定暂停仲裁程序，进行和解协商。其间，双方进行过多次文件交换和一次当面协商，但因分歧较大，协商未果。

10. 2016 年 1 月 21 日，A 公司申请恢复仲裁程序，并将反索赔金额明确为 4 400 万美元，指定了×××先生为仲裁员。

二、对有关事实与法律争议的分析

本案中，双方间的争议主要包括以下 20 点：

1. A 公司是否存在基本设计图纸逾期、交货逾期、冷试逾期？A 公司过错是否逾期原因及 A 公司应否承担合同规定的违约金（200 万、200 万、620 万，共 1 020 万美元）？

2. 6 吨快装锅炉等 3 个未完工子项的未完工责任在哪一方，以及 B 公司提出的 132 万美元重新购置费应否由 A 公司承担？

3. B 公司主张的现场搁置费用是否成立？（按即时费率计算的搁置费用金额？）

4. B 公司主张的 2 年备件漏供情况及金额是否成立？

5. B 公司主张的其他逾期竣工损失是否成立？

6. B 公司应否就超出部分人日投入向 A 公司支付报酬？（超出合同约定的"预估最大人日"外的约 10 万个人日、B 公司应否付酬？）

7. 若应付酬，B 公司应按合同中载明费率（31USD/人日），还是按合同实际费率 150 美元，或更高的市场费率支付？（合同中就合同工期外的人日投入应否付酬及费率有无明确规定？）

8. 500 万美元的补充协议是否生效及履行？B 公司应否支付余款 375 万美元或 A 公司应付退还已收取的 125 万美元？

9. A 公司主张的 B 公司应付主合同剩余设备款 315.68 万美元是否成立？

10. A 公司主张的 B 公司应付的变更增项费用 26.39 万美元、培训费 2.5 万美元是否成立？

11. A 公司主张的履约保函费用和拖欠款项利息（资金占用费）是否成立？

12. A 公司 500 万美元履约保函及质保函的责任应否解除或终止？

13. B 公司的土建施工是否逾期，是否干扰了 A 公司的正常施工，以及是否项目竣工逾期的主要原因？

14. B 公司在设备保管与出库方面是否存在过错，以及是否干扰了 A 公司的正常施工，及是否项目竣工逾期的主要原因？

15. B 公司的土建等违约行为，是否导致合同工期进入自由工期状态？

16. 合同项目是否已实质性完工？

17. 合同项目是否已实质性验收通过？

18. B 公司应否向 A 公司签发完工验收证书或实质性完工证书？

19. B 公司应否支付 A 公司所主张的未收款项的逾期利息与保函等资金占用费？

20. A 公司是否已经履行了项目工程的保修责任及 B 公司应否解除 A 公司的保函责任？

三、A 公司对于案件的意见与看法

（一）对 B 公司仲裁申请的答辩要点

1. A 公司在基本设计图纸提交上不存在逾期；设备交货虽有迟延，但原因是 B 公司未能及时移交场地所致，责任在 B 公司；也不存在冷试逾期，B 公司所提出的 LAD 主张缺乏事实和法律依据。A 公司不应承担该等 LAD（共 1 020 万美元）。

1.1 图纸问题。（1）根据合同约定，A 公司只需要在 2008 年 2 月 28 日前提交必要的基本设计图纸供 B 公司所聘请的第三方顾问公司开始并继续进行图纸的转化，无须提交全部基本设计图纸。B 公司在 2008 年 2 月 28 日前提交的基本设计图纸完全满足了第三方顾问公司进行图纸转化的需要，并完全满足了 B 公司土建施工的实际需要。(2) 即使有所逾期，也未对 B 公司的土建施工造成任何不利影响。(3) 即使有所逾期，并对 B 公司的土建施工有影响，根据合同附件 B 第 2.4 条，A 公司也无须承担 LAD 责任。

1.2　设备交货问题。(1) 交货存在逾期，但主要是 B 公司原因造成的。因 B 公司未能按照合同约定的义务及时向 A 公司移交货物存放场地，缺乏设备保管条件。(2) 虽有逾期，但不应承担 LAD 责任，因并未给 B 公司造成任何实际损失。无实际损失，依法谈不上赔偿。

1.3　冷试逾期问题。冷试时间虽然晚于合同规定时间，但系 B 公司土建工期严重延误所致，B 公司应对此承担全部责任。

2. 6 吨快装锅炉等 3 个未完工子项的未完工责任主要在 B 公司，B 公司提出的 132 万美元重新购置费不合理，远远超出市场合理价格。A 公司只能同意按照双方过错比例承担相应的合理价格的份额。

3. B 公司主张的现场搁置费用、除双方已共同确认过的外，均不成立，应由 B 公司自负。

4. B 公司主张的 2 年备件漏供情况及其他损失均缺乏证据支持。

(二) A 公司的反索赔主张要点

1. 超出合同约定的"预估最大人日"外的约 10 万个人日、B 公司应当付酬。付酬的费率标准应以双方约定的合同实际费率 150 美元为基础，另考虑物价与工资上涨幅度等因素确定，费率标准应高于 150 元的合同实际费率。

2. 500 万美元的补充协议已生效，B 公司应支付余款 375 万美元。

3. 其他。略。

四、在事实基础上引用法律观点（如对合约条文的解释与一些权威的先例）说明当事人要求的救济是合理的。

(一) 项目延期竣工的原因

1. B 公司土建工期延误是客观事实。

2. A 公司的基本设计图纸提交未影响 B 公司的土建施工，而是提前了平均 9.89 个月。

3. B 公司未能及时移交场地及准备设备存放后的防护设施，是客观事实。A 公司具备按时移交设备的能力和条件。

4. A 公司设备移交提前了设备安装时间 10～80 周，设备逾期本身未对设备安装造成任何不利影响。

5. B 公司土建施工逾期、不能及时向 A 公司移交工作面，是导致 A 公司设备安装期顺延，及项目竣工延期的直接原因。

6. B 公司设备保管不善、设备出库缓慢，严重干扰与阻挠并延误了 A 公司的设备安装。

（二）合同条款的解释

1. 合同文本系由 B 公司聘请的律师制作提供的。证据：（1）合同书中的印记，Ref. cwm. 763958. chl. lpc ID：\ cwm \ ajrb \ 763958 \ 03H \ cwm ［与 B 公司律师所有来函中的后缀 Our Ref：chl. 850347. chl. lpc］高度一致。（2）A 公司的母语是中文，非英语，对英语表达不熟悉。（3）B 公司前法律顾问与董事谢总的电邮。

2. 项目工期从 15 个月延长到 65 个月，是客观事实，A 公司投入的人日数超出合同约定 10 万个也是客观事实。

3. B 公司自 2012 年 12 月实际接收了整个项目，并占有该超出人日数形成的烧结、高炉生产线并实际享有着其收益，也是客观事实。

（三）违约金的支付条件（略）

（四）自由工期（略）

（五）相关先例与法律依据清单（略）

（三）对事实证人的询问

1. 事实证人作证的方式：书面证言 + 出庭接受询问

在国际仲裁中，事实证人主要是通过向仲裁庭提交书面证言（WITNESS STATEMENT）并在开庭时接受对方律师询问的方式来作证。按照国际商事仲裁领域的公认规则，除非有仲裁庭认可的合理理由，已提交书面证言的事实证人必须出庭接受询问，否则其证言不被采信。但随着网络信息技术的普及，国际仲裁中，事实证人经仲裁庭许可可以在线方式出庭并接受询问的情形在日渐增多。

2. 事实证人的人数、证言制作及交换

（1）事实证人的人数。在国际建设工程仲裁中，需要多少位事实证人出庭作证，完全取决于需要证明的案件事实及律师的建议，仲裁机构一般不会施加限制。从实践情况来看，考虑到出庭作证本身的成本，让每个了解案件事实的人都作为事实证人是不必要的。通常只需要选择部分律师与当事人认为重要的、能够证实自己一方索赔或抗辩事实的人员作为证人即可。除非必要，重复证明同一个事实的证人不需要都出庭，证明的事实与索赔或抗辩事实无关或者作用很小的证人也没必要出庭。律师需要在和委托人充分沟通了解案件整体情况的基础上，初步确定出庭证人的名单，之后再认真考虑每一份证人证言的制作。以作者代理的本编所涉案件为例，双方的事实证人合计近 20 位，故仲裁庭安排的为期 11 天的开庭中，有 9 日多用于对事实证人的交叉询问，事实证人证言的制作也是双方证据准备中的核心内容之一。

（2）书面证言的制作。事实证人书面证言的制作通常是由律师帮助其完成的。这里面存在一个律师如何对证人进行辅导的问题，律师应当明确告知相关事实证人，其在书面证言中只能就案件相关事实进行说明，不能发表自己的看法或推测性意见，其在出庭作证时的发言内容原则上不能超出书面证言的范围。否则，很可能引发对方律师的质疑，产生负面影响，甚至可能降低整份证人证言的可信度。在证人证言的具体内容上，应注意两个方面：一方面，形式上应当符合仲裁庭的格式要求；另一方面，证言所述应和其他证人证言保持一致，所涉相关案件事实或证据应当与案件索赔或抗辩主张存在关联性。

（3）书面证言的交换。按照仲裁庭确定的时间，争议双方可以通过仲裁庭交换书面证人证言，之后，双方均可就对方的书面证人证言提出反驳或补充意见，并进行进一步的书面意见交换。

（4）证人证言的采信。仲裁庭通常会结合事实证人的证言内容、其当庭陈述与表现、交叉询问的结果、证言与其他证据如书证（文件证据）的关系等，来确定证人证言的真实性及其证明力大小，并决定是否采信该证人证言作为裁决依据。

3. 事实证人出庭作证的基本要求

（1）事实证人出庭前的准备。很多案件在仲裁开庭前，都需要对证人进行针对性的培训或演练。比如，可以带证人提前熟悉一下仲裁庭的情况，告知其作证的通常流程，以及接受对方律师交叉询问或仲裁庭询问时的回答技巧，以防止其届时心理压力过大而表现失常。

（2）事实证人出庭作证的时间及顺序。此类问题通常会在开庭前几周的某一时间点被确定下来，一般是在仲裁庭发出的程序令或程序时间表中被明确下来。如果当事人一方希望某一证人出庭作证，而其不愿意出庭作证，则该当事人可以请求仲裁庭采取法律措施（通常是向有管辖权的法院发出传唤该证人出庭作证的申请）迫使该证人出庭作证。

（3）事实证人在庭审中发言的程序及原则。按照英美法传统，每一位出庭作证的事实证人都会被要求说出其姓名、住址、目前与曾经的工作，以及他与案件当事人曾经或现在的任何关系，部分仲裁机构会要求事实证人履行宣誓程序。事实证人作证的一个基本原则是，其只能就其知道（最好是直接看到、听到的）的案件事实出具证言，而不能发表推测性或判断性的非事实性意见，否则该等证人的可信赖性通常会受到对方律师的质疑与否定。

4. 对事实证人进行询问的基本程序

对事实证人的询问程序主要包括三个环节：第一，律师先对己方的事实证人进行主询问或直接询问（examination in chief）；第二，对方律师对该事实证人进行盘问；第三，律师对己方事实证人进行再询问（或称补充询问）。

庭审中，对双方事实证人的询问一般按照如下顺序进行：

（1）申请人律师对申请人一方的事实证人进行主询问或直接询问。如果该证人的书面证言已经提交，则直接询问或主询问通常会很简单，比如"你作证的内容与你提交的书面证言是否一致？"该事实证人回答"是"或就其证言进行简短陈述。

（2）被申请人的律师对申请人的事实证人进行盘问，盘问的内容（设计的问题）不能脱离证人已提交的书面证言的内容。

（3）申请人律师再结合己方证人被盘问情况，对己方证人进行再询问，以进一步明晰己方的观点或相关事实。

（4）在事实证人出庭期间，或双方律师盘问事实证人的过程中，仲裁庭可随时对证人进行提问，或要求证人对某个事实问题进行说明。

（5）申请人一方的事实证人出庭完毕之后，则由被申请人一方的事实证人出庭接受申请人律师的盘问和被申请人律师的再询问，询问顺序同上。

（6）事实证人在出庭作证期间，有权要求查看双方律师询问时所针对的某一特定文件，以确保回答的准确性。

（7）对于双方律师而言，应当避免提出诱导性问题，即以引诱的方式提出问题。当一方提出诱导性问题时，另一方通常会提出异议。异议是否成立，则由仲裁庭来认定。

（8）事实证人作证结束后，其责任即履行完毕。除非某些事实证人之间在后续程序中有对质的需要，或者经过对方同意，或者事实证人本身是当事人的代理人，否则，事实证人作证结束后即应马上离开仲裁庭，不能旁听庭审。这主要是为了避免其影响其他事实证人的作证，或者其受到其他参与庭审人员发言的影响。另外，庭审期间，事实证人之间原则上也不能与其他未出庭的事实证人进行交流。

5. 律师对事实证人的盘问技巧

与国内仲裁不同，在国际仲裁中，律师对事实证人进行询问（盘问）的目的，不是查清案件事实，而是向仲裁庭说明对方主张的不成立，或者削弱对方证人证言的可信赖性等（国内很多律师不了解此规则）。因此，律师对对方事实证人的盘问应当遵循一个基本原则：不清楚答案的问题不要问。具体操作上有以下盘问技巧可以参考：

第一，律师需要在充分熟悉案情、熟悉双方证据的基础上，提前对问题进行精心设计，不能随意发问。

第二，问题应当是封闭性的，证人只能选择回答"是"或"否"（"yes" or "no"），尽量避免证人进行进一步的解释或说明。

第三，若是开放性问题设计，必须有充分的备案，如果对方不按预想回答，要有应对方案，以有效控制对方证人的发言及其不利影响。

第四，需要分专题设计问题，问题之间不要跳跃太快，否则，对方证人及仲裁庭可能反应不过来。

第五，可设计若干专题，每个专题包含若干具体问题，每个专题围绕一个核心问题展开。

第六，盘问问题可不受对方证人证言的顺序限制，可针对其证言中的任一段落发问，但不宜跳跃性太强，否则可能影响仲裁庭对你提问目的的理解。

第七，本方证据的展示需要结合相关问题来设计，以便自然引出本方证据。

第八，律师在盘问对方事实证人过程中，若出现对方证人的回答有部分内容对本方不利或者对案件事实的表述不清晰情形，此时，律师需要在对本方事实证人进行再询问时予以及时的纠正或补充，相关再询问的问题设计就需要围绕这些需要再度澄清或明确的内容进行。

示例：本案中方律师盘问外方事实证人时的部分问题

背景说明：

下面 9 个问题的提问目的是让该事实证人确认外方在约定的图纸提交日之前已经收到了中方提交的部分图纸，否定其证言及外方证据中主张的中方在约定交图日期前未向外方提交任何图纸的观点。同时，向仲裁庭说明，依据合同约定，中方提交的图纸还需要由外方聘请的第三方 P 公司转化为施工图纸，以及中方提交相关图纸的时间均未影响土建施工，土建施工延误是因外方聘请的第三方 P 公司图纸转化逾期所致。这些提问最终服务于否定外方的第一项仲裁请求，即中方存在图纸提交逾期之违约行为，应承担 200 万美元的违约责任（即图纸逾期误期损害赔偿金）。从交叉询问的结果上来看，也确实收到了预期效果。本案最后裁决时并未支持外方关于中方图纸逾期的主张，帮助中方守住了抗辩的第一道防线。

问 1：根据项目合同，验收证书应该在 2009 年 2 月 2 日签发，是吗？

答：是的。

问 2：所有的土建施工都是马来西亚方负责的，是吗？

答：是的。

问 3：马来西亚方证据显示所有土建施工应该最迟在 2008 年 11 月 1 日完成，是吗？

答：是的。

问 4：你的邮件中提到中方负责的土建图纸部分是直接邮寄给你的，对吗？

答：是的，绝大部分图纸都是中方直接寄给我的。

问 5：你认为土建工期延误是因为图纸逾期，是吗？

答：是的，图纸有很多问题。

问 6：你只需要回答"是"或"不是"，不需要解释。

答：是。

问7：如果土建施工方不能及时从P公司（按合同约定，P公司负责将中方图纸转化为外方可直接使用的施工图纸）收到图纸，会延误土建施工，是吗？

答：不是，实际上图纸都是中方提供的。[①]

问8：在你的证言第28段中，你要求P公司制作了一份从中方收到图纸的时间对比表，按照该表，在2008年2月28日之前项目所需的258套图纸中方尚未移交一份，对吗？

答：按照P公司所列表格，是这样的。

问9：那么请你看一下中方证据的第3390—3399页。按照这份证据，在2008年2月28日之前，马来西亚方已经收到了9套图纸。

首席仲裁员：当这些图纸送达时有谁签字了吗？

中方答：这是双方往来邮件中的文件，马来西亚方在给中方的邮件中确认收到了这些图纸。

……

（四）对专家证人的询问

对于专家证人，两大法系的传统存在明显差异。普通法传统下，每一方当事人提供各自的专家证人，当事人与仲裁庭均有权向专家证人提出问题，并对专家证人得出的结论提出质疑。大陆法传统下，委托专家提供意见通常是仲裁庭的责任。但随着国际仲裁中两大法系间做法的融合，大陆法系国家的当事人就案件所涉技术或法律等专业问题向仲裁庭提交专家证人的情况也日益常见。在国际建设工程仲裁案中，通常会涉及两个方面的专家证人：一是工程工期延误与索赔方面的专家，就工程延误原因等提供专家证言；二是法律方面的专家，因国际建设工程合同的当事人与仲裁庭成员通常来自不同的国家，施工方及部分仲裁庭成员对于业主方所在国的法律规定未必熟悉，此时，由施工方聘请业主所在国的法律专家就争议所涉具体法律的含义或适用等提供专业建议，更便于仲裁庭进行公正的裁判。与事实证人不同，专家证人既可以说案件事实也可以发表意见，并且专家证人的意见通常是希望说服仲裁庭接受其观点。

对专家证人的询问通常是在对事实证人询问完毕之后。对专家证人进行询问的具体方式及顺序和针对事实证人的询问规则一样。在双方或不同专家证人出具的意见存在明显矛盾或不一致情形时，仲裁庭决定让专家证人进行当面对质也比较常见。必要时，仲裁庭也可能会另行委任一名独立专家来发表意见。当事人不认同独立专家的意见时，享有向仲裁庭提交书面补充意见进行回应的权利。

[①] 这一问，作者本希望外方事实证人回答"是"，但其回答了"否"。故下一问，本书作者直接引用了其证言中的一段记载，来说明其刚刚回答"否"的虚假性，以此削弱其证言的可信性，否定外方关于中方图纸逾期主张的可信性。

（五）结案陈述与审后意见书

1. 结案陈述

在对事实证人、专家证人进行询问之后，双方的代理律师可以发表结案陈述（或称"结案陈词"），也可以在庭后提交书面的结案陈述。作结案陈述时，律师可以在整个仲裁程序中，特别是在盘问证人过程中所收集到的证据为依据，对其主张进行总结。英美法系的律师所做的最后陈述通常比较简短且聚焦于案件的事实，而大陆法系的律师情况正相反，他们结案陈述的焦点更多是集中于案件的法律问题。

2. 审后意见书

让当事人提交一到两轮审后意见书的实践现在正变得越来越常见。这种意见书的目的在于让当事人对在询问证人的过程中所收集到的证据作评论，或者让他们通过最后的单个文件对在整个仲裁程序中已被书面和口头陈述出的所有事实和法律意见作总结。审后意见书通常在庭审结束几周后由双方当事人同时提交。仲裁庭可以对审后意见书的篇幅长度及范围作出限制。

3. 宣布庭审结束

在双方律师的结案陈述发表完毕之后，仲裁庭通常便会结束庭审。首席仲裁员会对案件相关程序性问题进行安排，比如，提交审后意见书的日期、关于仲裁费用分摊的意见、预计出裁决的时间等。首席仲裁员最后会对所有在场者（律师、翻译与仲裁庭报告员）表示感谢，接着便宣布庭审结束。

（六）本案中方部分事实证人证言示例

1. 事实证人李某的证言

事实证人李某的证言

证人姓名：李某（男）

住　　　址：中国河北省××市天源骏××楼××门×××号

出生日期：××××年××月××日

专业资格与职务：项目经理，A公司工程管理部

工作地点：河北省××市建华西道1号

雇主名称：A公司

马来西亚B公司炼铁工程我之所见所闻

按照A公司的指示安排，我于2009年8月31日抵达马来西亚B公司炼铁工程现场担任现场项目经理，2013年7月撤回国内，在将近4年的时间里亲身经历了马来西亚B公司炼铁工程的建设、生产过程，下面就我本人的所闻所见做一下回顾。

一、初到工程现场时的现场状况

整个 B 公司炼铁项目按照设计功能不同分为 3 个区：原料区、烧结区、高炉区。A 公司负责工程项目的总体设计（包括绝大部分的基本设计和详细设计，土建部分例外——原料、烧结、高炉三个区域土建部分的基本设计由 A 公司负责，详细设计有约 50% 由 B 公司负责，详见合同附件 D——分交表，第 157 页。）、主要设备的采购供应，以及烧结区、高炉区的设备安装调试，指导 B 公司原料区的设备安装调试工作。B 公司负责工程项目的供水、供电、供气、给排水以及全部项目的土建施工和原料区的设备安装调试工作，热试投产的原材料供应、项目产品（铁水）的去向等。

作为项目经理，我到达现场后于 2009 年 9 月初对整个 B 公司炼铁项目的施工现场进行了实地察看，发现：（1）原料区正处于土建施工阶段，大部分项目的土建施工还没有出地面，一些项目（比如转运站、皮带通廊的基础、结构、混匀料仓等）的土建施工还没有开始，整个区域还没有设备安装而且短期内还不具备进行设备安装的条件；（2）烧结区土建项目正在施工，其中一些土建分项虽然没有彻底完成但已经有一些设备开始安装，如烧结机、机头除尘器主体等，其他大部分分项还处于土建施工阶段，不具备设备安装条件；（3）高炉区热风炉基础土建已经施工完，热风炉炉壳正处于安装阶段，其他分项还处于土建施工阶段，很多分项还没有开始土建施工（见附件 1：高炉布袋除尘已安装，而高炉风机房、出铁场除尘器区域土建还未开工）。

从总体到各个分项看，B 公司土建的施工人员很少，进度缓慢。

由中国运到现场的大部分设备露天堆放在原料区现场，防雨防水措施基本没有，设备锈蚀比较严重。

从与 A 公司现场人员和 B 公司现场人员的交流得知，B 公司聘请了 7 名中国技术人员分别是：主管炼铁生产工艺的李××、张×、王××、赢××、张×军和分管机电设备的工程师陈×峰、顾×杰，B 公司其他人员缺乏炼铁工程管理经验，而且大部分是新入厂的人员。

本项目的工程监理是从中国聘请的大环监理公司，监理人员当时有总监季×林、监理工程师孙×才、夷×林等三人。

二、土建施工进展缓慢，迟迟不能交付进行设备安装导致整个项目拖期严重

按照合同要求，B 公司负责土建施工：原料区应在 2008 年 10 月 31 日施工完交付 A 公司进行设备安装，烧结区应在 2008 年 10 月 31 日施工完交付 A 公司进行设备安装，高炉区应在 2008 年 8 月 31 日施工完交付 A 公司进行设备安装。但实际上，2009 年 2 月 B 公司完成第一个土建分项——高炉区热风炉基础，此后一直到 2012 年 3 月，土建的主要项目才陆续完成并交付 A 公司进行设备安装。（见附件 2，《土建交接时间统计表》）

B 公司聘请的当地分包商技术素质低，装备水平差，人员少，效率低下，根本不能满足 B 公司炼铁工程对土建施工的需要，很多项目迟迟不能开工，即使开工后有的项目也只有几个施工人员，有的项目长时间停顿无人施工，迫使 B 公司更换分包商，如烧结区成品筛分室，合同要求 2008 年 8 月 1 日完成土建施工，实际上 2009 年 5 月 30 日处于土建施工阶段（见附件 3，烧结成品筛分室施工），但长时间无人施工，直到 2010 年 11 月 16 日才完成施工交给 A 公司进行设备安装；再比如高炉区矿焦槽项目，合同要求 2008 年 6 月 20 日完成土建施工，2009 年 6 月 17 日就处于土建施工阶段（见附件 4，高炉矿焦槽施工），直到 2010 年 5 月 14 日土建才施工完交给 A 公司设备安装；还比如 TRT 发电厂房合同要求 2008 年 8 月 20 日完成土建施工，2009 年 5 月 31 日土建就处于施工阶段（见附件 5，TRT 厂房施工），直到 2010 年 8 月 16 日才施工完交付 A 公司进行设备安装，其他如高炉区水泵房、风机房、整个厂区的通廊基础等也大多是这种情况，长时间看不到施工进展，经我与 B 公司总监助理陈某忠了解，原因是 B 公司与土建承包商有合同纠纷，分包商拒绝继续施工，因此 B 公司不得不更换承包商，而这一更换过程常常需要长达几个月的时间。

三、自然环境因素对整个工程进度的影响

马来西亚地处赤道附近，常年高温酷暑，晴天紫外线强烈，大大降低了施工人员的劳动效率；工程现场紧邻海边，地下水位很高，要进行地下工程的施工必须花费大量的人力物力和时间来处理地下水，施工一处地下工程甚至一条电缆沟、管沟常常是前边开挖完后边就被地下水充满，不得不边施工边抽水；雨季漫长，整个工地常常是雨水遍地泥泞不堪，这些都给工程施工带来非常大的影响。（见附件 6，现场施工环境）。

四、B 公司管理基础薄弱，管理水平低下，给项目建设带来不利影响

B 公司炼铁项目是马来西亚第一个建成投产的高炉炼铁项目，B 公司从管理层到执行层在管理和运行现代化冶金企业方面的经验均严重不足，人员、设备、材料、制度、环境等基础管理都处于刚刚开始的阶段，非常薄弱。

在炼铁项目建成之前，B 公司是以一座 90 吨电炉炼钢辅以两条小型线材生产线为主的小型炼钢、轧钢企业，而炼铁项目建成以后，B 公司将形成原料场、烧结矿、高炉炼铁、电炉炼钢、轧钢为一体的联合性钢铁企业，企业规模成倍扩大，如此仅仅依靠原来的管理人员和管理能力是远远不能满足要求的，项目建设期间，B 公司仅仅从中国聘请了 7 名有过在冶金企业从事过管理工作的基层管理人员，在马来西亚聘请的大部分管理人员要么是新就业的年轻人，要么是毫无冶金企业管理经验的人员，具体的操作人员几乎全是没有任何实际工作经验的新人，而且，这些人员还要经常更换，很多在 B 公司工作了一年两年刚刚积累了一点工作经验就辞职去了别的企业比如主管设备资料的张某勇、主管烧结区域设备

安装的谢某杰、主管高炉区域设备安装的刘某伟、主管电器设备安装的蔡某珊、项目总监助理陈某忠等这些骨干都先后辞职离开了B公司，迫使B公司不得不再招聘新人补充进来，对员工的培养又从头再来。甚至到了工程后期，从中国聘请的主管生产工艺的李某广、主管机电设备的陈某峰、顾某杰也辞职去了别的企业。B公司在一些基础管理上没有明确的管理制度，管理混乱，比如项目建设的图纸、设备图纸说明书等资料A公司都是按要求提供了的，双方办理了移交，但当工程需要再去找这些图纸、资料时却发现很多已经遗失，这些不仅会给项目建设带来不便，而且也给B公司以后的设备运行、管理带来不利影响。

五、B公司设备、物资管理混乱，没有合格的设备物资保管库房、场地，致使设备腐蚀严重、出库缓慢

B公司炼铁设备在中国港口装船以后到达B公司现场安装之前的保管工作应由B公司负责，由于B公司没有合格的库房保存这些设备、物资，除了少数精密设备仪器和电器配电柜，其他设备、物资全部露天堆放在B公司厂区，缺乏起码的防雨、防潮设施，致使很多设备物资发生了锈蚀（见附件7，设备存放锈蚀）。特别是随着工程的进展原来堆放物资的场地要被占用，这些物资被反复倒运，后期的设备物资大部分被杂乱无序地堆放在公路边甚至草丛中（附件8，设备存放混乱），B公司管理不到位、人员更换等原因，使安装单位领出这些设备需要耽误很长的时间，有的甚至超过两三周，而那些因保管不善造成损坏的设备大部分在马来西亚当地又买不到，不得不再从中国采购，所需要的时间甚至长达数月。比如高炉区鼓风机增速器属于项目的核心设备，价格昂贵，2010年10月在库区倒运时被B公司人员摔坏，不得不从中国原来的设备制造厂重新订货采购，直到2011年10月才采购回来。造成原计划一次性完成两台风机安装调试的工作不得不分两次完成，既耗费了安装单位和设备厂家大量的人力物力，也给工程项目的施工组织造成很大困难，而且还拖延了工期。还有很多设备、零件由于长时间保管不当造成锈蚀、老化失效，在安装需要时不得不重新采购，这些都给项目的建设带来极其不利的影响（见附件9，设备损坏、锈蚀、老化失效）

六、关于项目的冷测试

该项目的建设需经历土建施工→安装施工→冷测试→投产→竣工测试。

该项目的所有土建施工由B公司负责。

原料区的安装施工和冷测试是由B公司委托第三方承包商完成，我方予以指导、协助；我方负责烧结、高炉区的安装施工和冷测试，B公司予以配合。整个项目的投产竣工测试在我方指导下完成。

我方负责的安装施工区域（烧结区、高炉区）按区域、功能不同划分成多个分项，各个分项在安装过程中都要向B公司聘请的第三方监理工程师提出报验申请，报验申请中包含了安装工程的技术数据、冷测试的结果等内容，监理工

师现场检验合格后签字，则冷测试通过；对监理工程师检验中发现的不合格项由我方进行整改，直至监理工程师检验合格为止。

由于整个安装施工包含了金属结构安装、耐火材料施工、机械设备安装、电气设备安装、电气化仪表安装以及自动化系统安装调试等多个专业，因此，整个项目的冷测试是随着施工的进展逐步进行的，也就是，施工完成一个分项就要对这个分项进行报验并完成该分项的冷测试。监理工程师对这些分项报验资料进行了汇总（见附件10《B公司资源有限公司450m³高炉工程报验资料总目录》（项目监理公司编制），附件11《B公司炼铁450m³高炉工程个系统联调试车》）。

烧结区的报验、冷测试工作于2011年4月完成，2011年5月23日烧结区投产，进入热试车阶段。

高炉区的报验、冷测试工作于2011年9月完成，2011年10月15日高炉区投产，进入热试车阶段。

对于项目中的一些附属分项是在高炉投产后完成并报验合格的：煤气柜项目2011年12月完成，2012年1月投产；喷煤项目2012年3月完成，2012年3月投产；2号鼓风机2012年6月完成，作为1号鼓风机的备用；TRT发电项目2012年9月完成，2012年9月10日投产。

七、关于投产竣工测试的情况

按照B公司炼铁项目的工艺要求，原料区的设备应当先行完成冷测试，同时生产原料（铁矿石、铁精粉、焦炭、白灰等）贮存足够的量完成"造堆"以后热试投产，确认可以向高炉区、烧结区供料以后烧结区开始投产热试（一般要提前烧结区三到五周时间），烧结区投产热试合格并生产一定量的合格烧结矿后高炉区热试投产（一般烧结区要提前高炉区三到五周投产），最后是公辅区的喷煤系统、TRT发电系统投入运行，这一过程是生产工艺流程所必需也是双方讨论过并取得一致的。

2010年10月21日，A公司庄某副总在B公司现场项目部办公室传达他与B公司总经理林某泰开会的会议精神时说，双方已经决定先集中力量使高炉炼铁早日投产，喷煤、TRT发电系统往后安排。

但是，当2011年5月份A公司负责的烧结区具备热试条件时，B公司负责的原料区还没有完成冷测试及投产工作，热试车用的生产原料如铁矿石、焦炭、白灰等也没有按要求的数量采购进场。为了不使烧结区热试投产时间再往后拖，不得已B公司采取了用F301仓加临时皮带机的运料方式给烧结区供应原料；（正常流程应为汽车运到原料场—堆料机造堆—混匀取料机—混匀矿仓—皮带机方式供料），如此才保证了烧结区于2011年5月23日开始热试投产，生产出烧结区的产品——烧结矿。

原料区2011年7月29日具备条件开始"造堆"，同年8月15日开始向烧结区供料。

由于受到原料场不能正常向烧结区供料和高炉区没有投产，烧结区的产品——烧结矿没有去向的影响，烧结区在 2011 年 5 月至同年 8 月只能是断续试生产。

高炉区于 2011 年 10 月 15 日点火，并举行了点火仪式，2011 年 10 月 16 日生产出本项目的产品——铁水。

B 公司炼铁项目的高炉炼铁能力设计是利用系数 3.2，也就是日产量 1 440 吨，但是由于 B 公司的炼钢能力所限，不能完全消化掉全部生产出的铁水，致使高炉系统始终处于限产状态，日产量 1 000 吨至 1 300 吨，因此也无法按合同要求对高炉系统进行竣工测试。

按照项目建设之初"项目说明"（见附件 12，项目建设说明 1.2.1 项目建设内容、规模及其发展规划），B 公司炼铁项目一期生产出来的铁水的主要去向是供应 B 公司炼钢生产，另一部分是直接外销。但是，铁水外销 B 公司始终没能实现。这也直接制约了高炉不能按要求满负荷生产，致使高炉区竣工测试工作无法进行。

竣工测试是一项很复杂的系统工作，涉及原材料的供应，生产岗位人员的操作，外界各种介质（包括风、水、电、气等）的正常供应，生产产品的物流运输以及消化，原料和产品的物理化学实验分析、质量判定等，这些都是由业主，也就是 B 公司管理和控制的，A 公司只是在系统操作过程中给予指导及负责主要岗位的操作，因此，整个系统测试的主导权是掌握在 B 公司手中的，B 公司不积极、不协助，A 公司作为承包商根本不可能独自进行测试。

在 A 公司的催促下，双方在 2011 年 11 月 25 日、26 日对烧结系统进行了指标测试，从测试的结果看，完全达到了合同规定的指标要求；高炉系统由于铁水消化的制约始终处于限产状态生产，尽管如此，B 公司也在 2011 年 12 月根据当时的原料品位、送风量、日产量等对高炉的生产指标作出了综合评估，据 B 公司负责此项工作的高级经理王某彬在我的现场办公室跟我讲：经过测算，高炉各项生产指标完全达到了设计能力。

在烧结区、高炉区完成生产指标测试后，我 2011 年 12 月底专门到办公室找 B 公司生产总监容某明索要相关的测试报告，容某明告诉我，测试情况很好，但他不能给我测试结果报告。无奈，我向当时负责烧结区测试工作的 A 公司生产负责人高某利索要了一份"烧结区生产测试报告"，该报告显示：烧结区测试结果完全符合合同约定的各项标准（见附件 13《烧结测试报告》）。

2012 年 9 月，在 B 公司二楼会议室，A 公司庄副总和我与 B 公司容某明总监、B 公司董事谢副总、总监助理陈某忠一起开会时，庄某副总又向 B 公司提出索要"测试报告"。容某明表示，烧结区已经做了测试，测试报告已经出来，高炉区测试采用连续采集当时的各项生产数据并进行了测算，结果已经整理好，而且从测算结果看没什么问题，但按照 B 公司老板的指示他不能向 A 公司提供这份报告。此后，据我所知庄某副总多次向 B 公司索要测试报告，但 B 公司始终未给。

按照合同附件 H 的规定，项目竣工测试要在投产后 90 天之内完成，否则视为测试通过，不再进行其他测试。

八、A 公司生产人员迟迟不能撤离使"保驾护航"人日数大大超过预期

A 公司生产人员的入场主要是为了与 B 公司一起进行投产热试工作，并对 B 公司各岗位生产人员进行培训指导。由于 B 公司缺乏管理高炉炼铁生产的实际经验，生产人员又基本上全部是毫无经验的新入厂人员，因此培训工作都是从最基本的操作开始，反复教导、训练，而且这些人员经常更换，使培训工作不得不重复进行。这一培训过程经历了漫长的时间。各区域生产热试之后，甚至超出了合同约定的"热试以后 90 天"的期限，A 公司多次要求让这些人员回国，但 B 公司迟迟不同意，最终造成了"保驾护航"人日数大大超过了合同中的预期。合同预估的人日数是 5 580 人天，实际计入考勤的人日数是 9 544 人天。

自 2011 年 10 月 16 日高炉系统投产以后，直到 2013 年 7 月 A 公司人员离开 B 公司之前，烧结区、高炉区始终处于稳定运行状态之中。此后至 2014 年年底前，我多次给 B 公司负责生产的杜某军厂长打电话了解，B 公司炼铁项目生产状态稳定正常。

九、关于现场发生采购费用核对情况的说明

在项目建设期间，A 公司在 B 公司施工现场委托 B 公司采购了项目中的一些设备、物资，对于此种情况，我方现场项目部在请示了公司领导同意后向 B 公司开具了工作联系单委托其在马来西亚代为采购，工作联系单中明确了需要采购的物品名称、规格、型号、数量、技术要求等，所发生采购费由 B 公司代为支付，从工程款中扣除。B 公司同意后，根据工作联系单的要求进行采购，并开具报价单，报价单取得我方项目部同意并由我签字同意后，B 公司开始采购并开具"采购单"，设备、物资采购进场后经过我方验收合格后接收用于工程项目。

2013 年 4 月，我方和 B 公司就"现场采购扣除工程款事项"进行了核对。

1. 核对的内容。项目建设开始以来到 2013 年 3 月为止，我方开具的委托 B 公司代为采购的"工作联系单"、B 公司开具的"可能扣除我方费用的工作联系单"以及针对这些"联系单"开具的"报价单""采购单"。

2. 双方参加核对的人员：我方：李某、顾某英，B 公司：陈某忠、陈某发。

3. B 公司共计提供了三份扣款明细表，分别是"150 多万美元""200 多万美元"和"新加后期项"。

4. 针对这些明细表中的内容，双方逐条、逐项核对相关的"工作联系单"

"报价单""采购单"，对其中我方认为事实清楚、确实应扣除我方工程款且手续齐全的项目进行了确认，涉及总的采购金额 4 867 128.84 马币（报价单、采购单采用货币为马币）。

5. 明细表中剩余的项目，其中部分项目没有相关的"工作联系单"、部分项目没有我方的确认签字，还有部分项目我方认为属于 B 公司应当承担费用，因此，对于这些项目我方没有同意扣除我方工程款。

6. 核对完后双方口头约定对我方没有确认的项目交双方的上级领导商定。

（核对后的情况见附件 14）

以上是我在 B 公司炼铁项目中的亲身经历。

我确认在我证人证言中所说之事实真实可靠。

事实证人签字：李某
年　月　日

李某证言附件清单：（略）

序号 SN	文件名	日期	对应的 A 公司证据总序号
1	风机房土建未开工	2009 – 03	39.5.1
2	B 公司土建交安装时间表	2009.5 – 2010.11	38/57
3	附成品筛分土建施工		39.5.2
4	矿槽土建施工	2009.5 – 2010.5	39.5.3
4	矿槽土建施工 1	2009.5 – 2010.5	39.5.3
5	TRT 土建施工	2009.5 – 2010.8	39.5.4
6	高土 104	2009 – 08	39.4.5
7	现场施工环境部分照片（1 张）	2009 – 10	40.1
8	设备锈蚀严重部分照片	2010 – 10	60
9	设备存放混乱部分照片	2010 – 10	59
10	设备锈蚀、老化失效的部分联系单		42
10.1	工作联系单高 322 顾冲渣池抓斗吊电刷弹簧失效	2011 – 06 – 11	42.2
10.2	工作联系单高 349 连生眼镜阀密封圈老化建议更换	2011 – 07 – 02	42.3
10.3	工作联系单高 417 冶建矿槽拉绳，拉绳开关，接近开关采购	2011 – 08 – 11	42.4

序号 SN	文件名	日期	对应的 A 公司证据总序号
10.4	工作联系单高 419 冶建铸铁机烤包器卷扬抱闸锈蚀损坏	2011 – 08 – 13	42.4
11	刘某伟邮件		43
12	热风炉液压站		44
13	B 公司报验总目录		76
14	各系统试车时间		70
15	B 公司项目开工报告		16
16	烧结热测试报告		72
17	现场采购扣款核对结果		97

2. 事实证人李某的补充证言示例

事实证人的补充证言

在双方就事实证人的证言进行第一轮交换之后，均可针对对方事实证言中的表述进行第二轮的事实证人证言的交换，如下为本案中中方事实证人李某、顾某英分别针对马方部分证人证言出具的补充证言。

李某补充证言

A. 对容某明证言的回应：

1. 该证言第 8 段的陈述不符合客观事实，不成立。比如，在安装施工中，存在大量设备不能及时出库、严重影响 A 公司安装施工的延误事件。这些事件所致延误显然不属于 A 公司责任。

2. 该证言第 12、16、17 段有关材料准备的观点不成立。该证言对 A 公司的指责是不公正的。如此大规模的建设工程，部分小材料在当地采购符合建设工程施工惯例，也是项目建设经济效率原则的基本要求。A 公司委托 B 公司采购的材料基本都是提前安排的，并未影响工程施工。况且，B 公司也存在委托 A 公司协助其在中国国内采购相关材料的客观事实。对这些事实，A 公司证人庄某证言之 4（pp. 15 – 19），李某证言之 4、5（pp. 65 – 69），高某利证言之 3、4（pp. 410 – 439），李某勤证言之 4、5（pp. 367 – 373），刘某光证言之 3、4、5、6（pp. 680 – 691）等均有明确记载。

3. 该证言第 14、15 段所述扣款事项，在我方李某证言 10（pp. 80 – 83），庄某证言 9（pp. 30 – 31），顾某英证言 9 及其附件（pp. 308 – 309；A 公司证据 97（pp. 1967 – 2024）中已有详细描述。

4. B 公司作为扣款的主导方，也是采购的主导方，在主张 A 公司承担费用时理应提供相关款项实际发生且应由 A 公司承担的证据。B 公司无权将自己应承担的费用转嫁到 A 公司头上，或其自认为某些款项应由 A 公司承担。

5. 该证言第 18 段陈述不成立。B 公司雇佣的大环监理 2012 年 9 月出具的工作总结中明确记载有"工程质量合格的目标已经达到，工程结构安全。""第七节　工程评定……6. 工程质量：B 公司高炉顺利投产，且设备运转正常，生产情况很好……""第八节　工程总结……6. 高炉主体工程经过近一年的运行，各方面状态良好，充分表明工程质量合格，工程结构安全，工程功能基本完善。"（B 公司证据 pp. 695，703）这些记载足以说明 A 公司负责的工程质量合格、项目运行正常。

6. 该证言第 18、19、20、21 段所述事项，并未对项目进度造成实质性影响。相关瑕疵已经按照要求整改完毕，并未影响项目的正常运营。同期，存在的大量 B 公司延误事件是导致工期延误的主要原因。其中所称瑕疵部分属于安装施工中的正常临时措施，只需移交时合格即可。

7. 该证言第 22、23、24 段所述不成立。其中所述问题大多是由 B 公司延误事件导致。且 B 公司所雇佣的大环监理也明确承认项目质量合格。该证言提到的事项均属于项目投产后的消缺事项，对项目运行无实质性影响，已按要求处理完毕，且其中不少消缺事项属于 B 公司的责任范围。关于 B 公司土建延误事件、B 公司土建缺陷，李某勤证言之 5（pp. 372 - 373），田某光证言之 4（pp. 685 - 687）中均有明确记载。

8. 对于监理工作总结中的不公正表述内容，我方对此进行了具体梳理（A 公司证据 117，pp. 6902 - 6932）。在此仅提请注意一点，B 公司雇佣的大环监理对本案工程分项等级评定上的标准是明显扭曲和自相矛盾的，在其提交给 B 公司的工作总结中："质量很好、非工期延误主因的土建工程"（B 公司负责、B 公司很满意）的等级是 B +，其笔下"工程设计不完整、不完善，严重影响工期"的图纸设计（A 公司负责、B 公司不满意）的等级也是 B +（B 公司证据，pp. 672 - 673）。

9. B 公司提供的部分高炉生产数据（pp. 14885 - 14897）显示：从 2012 年 1 月开始，铁水产量开始攀升到 1 200t 以上，接近设计产能，然后逐渐增加到 1 300t，1 400t 以上，我们的设计产能是日产铁水 1 440t（按利用系数 3.2 计算），生产报表中最高日产能达到 1 439t，这足以证明我们的高炉能够实现设计产能。（A 公司证据 120 - B 公司铁水产能分析，pp. 6933 - 6945）

10. 高炉的测试考核指标能否顺利实现，与一系列的外部因素有着直接连带关系，比如铁矿石等原料的品位、湿度、生产操作人员的熟练程度以及送风的温度、压力、流量等因素。在 B 公司举证证明相关制约因素均合格、均满足设计要求之前，B 公司主张高炉不达产的任何主张都是不专业、不成立的。

11. 该证言第 43—44 段所述现场扣款事宜，在 B 公司提供相关扣款实际发生且该等扣款应由 A 公司来负担的具体证据之前，我认为是不能成立的。对此，我上一份证言及我公司顾某英、李某等人的证言中已有详细回应。

B. 对陈某珍证言的回应

12. 该证言第 51 段的陈述是不真实的。

12.1　该证言第 51.1 段中有意回避了在 2009 年 3 月 23 日，B 公司移交给 A 公司的高炉土建只是高炉安装所必需的土建工程的一个局部而远非所需满足安装之全部，B 公司不应该进行局部或后续的零碎交付，否则，A 公司无法组织起全面的高炉安装施工。该段证言所表述的观点要么是对高炉安装工艺的不了解，要么是对客观事实的有意歪曲。

12.2　该证言第 51.1 - 51.2 段所述不真实。正是由于 B 公司现场设备保管不善（包括储存空间缺乏导致的设备反复倒运等）与土建工期的严重滞后，导致了相关设备的锈蚀、损坏与丢失问题，进而严重干扰了 A 公司的安装施工。

13. 该证言第 55 段的观点是错误的。我认为：（1）B 公司未在合同约定时间内全部移交土建；（2）土建零散移交后，由于 B 公司原因又发生了很多影响 A 公司安装的事件；（3）TRT 的施工时间是双方领导经过协商达成共识的；（4）从工艺顺序上 TRT 必须在高炉投产并稳定运行后才能投入；（5）B 公司对 A 公司安装过程中的严重干扰必然导致 TRT 安装调试工作的延误。因此，TRT 与整个工期的延误责任应由 B 公司承担。

以上所述全部是我个人亲自了解到的情况。

我确认在我证人证言中所说之事实真实可靠。

事实证人：李某

2017 年 9 月 6 日

3. 事实证人顾某英的补充证言示例

事实证人顾某英的补充证言

1. 关于现场扣款

1.1　针对 B 公司人员证言当中列出的扣款项，我经过逐一核对，整理成表格，并在表格当中作出了注解（见 A 公司证据第 97 号，pp. 1968 - 2024）。

1.2　我方对扣款的核对结果概要如下：

扣款分类	金额（马币）	项目数量
A 公司认可扣除金额	5 206 955.86	459
明显不属于 A 公司责任的金额	878 520.62	30
B 公司证据无法证明属于 A 公司责任的金额	5 088 604.00	356

2. 关于备件

2.1 针对 B 公司人员证言及 B 公司证据中列出的未供备件项，我进行了反复认真核对，并在 B 公司提供的原版备件表格的基础上，将有争议项和我方认可的未供项做了单独列出。核对结果已在我方证据第 100 号中列出，不再一一回应。（见 A 公司证据第 100 号，pp. 2031 – 2054）。

2.2 针对 B 公司证言，我这次补充了部分主要的备件验收记录，这些验收记录连同我方上次提交的证据 100 中所列的验收记录，足以证明 B 公司关于备件的主张是错误的。（A 公司证据 128 – 备件验收记录补充）。

2.3 我方对备件的核对结果如下：

A 公司超供备件总金额 405 955 美元，少供备件总金额 240 006 美元；二者冲抵后，B 公司应向 A 公司支付多收备件款总金额 165 949 美元。

3. B 公司证据中提到的相关具体事项

3.1 B 公司证据第 14091 – 14115 页事项。内容是关于锅炉蒸汽管线没有按照 A 公司的图纸施工，B 公司找了一家被当地安全局认可的供应商，重新进行了施工。这个事情的发生是在 A 公司全部人员回国之后，B 公司没有与 A 公司沟通过，A 公司完全不知道这件事的发生，所以 A 公司不能确认是否是事实。并且，此项内容应该是早已通过监理验收的事项。此费用发生时间为 2015 年 12 月—2016 年 4 月，距离高炉热试投产（2011 年 10 月 16 日）及合同规定的应视为验收通过的时间（2012 年 1 月 15 日）已逾 4 年。A 公司作为承包商的质保期责任只有 1 年，B 公司无权要求 A 公司对其控制下的项目承担永久责任或无限责任。

3.2 B 公司证据第 14155 – 14158 页事项。陈总的观点是错误的。2009 年 3 月 23 日 B 公司移交 A 公司的高炉本体土建只是 A 公司进行高炉正常安装所需土建工作面的一部分而非全部，A 公司无法安排正常的高炉安装，只能先安排其他设备的安装事宜，绝非陈总所称系因部分材料未运到不开工。

3.3 B 公司证据第 14159 – 14165 页事项。陈总的观点是错误的。A 公司的设备发运是根据 B 公司现场的土建进度安排的，设备逾期移交的主要原因是 B 公司土建进度滞后太多，且现场不具备设备存储保管条件。过早到达现场，设备会因日晒雨淋等发生锈蚀损坏，并影响 A 公司的正常安装。B 公司提出的 2008 年年底只收到高炉不足一半的设备以及捣打料晚到及部分施工材料晚到问题，A 公司承认，但该等设备或材料的晚到时间非常有限，并未对整个工期的逾期造成什么影响。在高炉具备安装条件时，虽然高炉设备没有全部到场，但已经到场的设备是完全可以满足安装施工所需的。2008 年年底大量设备已经到货，比如鼓风机、煤气柜、TRT 发电机组、振动筛、输送机、电气开关柜等这些重要设备均已到场，但现场根本不具备安装条件，A 公司整理的设备到货与土建交接时间横道图对比结果（见 A 公司证据第 56 号，pp. 1232 – 1238），将设备到货时间与 B 公司土建交接时间做了很清楚的标注，B 公司所提部分施工设备或材料晚到的情况，对整个项目工期拖延造成的影响与 B 公司负责的大部分设备土建基础晚交接对工期拖延造成的影响相比是微不足道、可以忽略不计的。

以上所述全部是我个人亲自了解到的情况。

我确认在我证言中所说之事实真实可靠。

事实证人：顾某英

2017 年 9 月 5 日

第五章

国际建设工程合同中的若干专题

第一节 国内律师陌生的几个英美法下的惯用语

一、without prejudice to（不损害）

在国际建设工程争议中，在合同文件或外方律师起草的法律文件中经常会出现"without prejudice to"这个术语，国内很多人不知道其到底是什么意思。此词语可以翻译为"无损权益""无损害""不损害""在不影响……的情况下"等。比如，without prejudice to the existing rights（在不影响既有权利的情况下）。含有此术语的常见条款有很多，列举如下：

（1）Each right or remedy of party A under this contract is cumulative and without prejudice to any other right or remedy of Party A whether under this contract or any law.（本合同项下 A 的每项权利或救济是累积的，且不影响 A 在根据本合同或法律享有的任何其他权利或救济。）

（2）Without prejudice to Clause 9.1, party A shall be entitled to terminate this Agreement if party B fails to remedy a material breach within 10 days of receipt of a formal notice containing this invitation to perform, to be sent by fax.

（在不影响第9.3条规定的前提下，如果 B 在收到以传真方式发出的包含履约邀请的正式通知后 10 日内未能纠正其实质性违约行为，A 即有权终止本协议。）

二、privilege（特权）

部分境外律师制作的法律文件首页经常会有一个签章，签章的文字内容是"without prejudice to the Privilege"，中文意思是"不损害特权"。这个"Privilege"（特权）也是一个英美法下的特有用语，中国法下没有此概念，其具体是指部分可以不进行披露的特权保护文件或信息。特权保护在国际仲裁中是受到普遍认可的，特权保护多数跟律师相关。在英美国法下的特权之一是法律意见特权，即 legal advice privilege，或称 attorney-client privilege，即律师和客户之间的特权，二者之间的沟通信息属于特权信息，依法可免于披露。从程序法角度看，"特权"保护属于英美法下文件披露规则的例外。按照文件披露规则，即使是对本方不利的材料，也需要向对方或法院/仲裁庭披露，但如果相关材料属于特权材料，就可以不用披露。从英美法实践来看，无论是书面还是口头的 without prejudice to the Privilege 作为一种权利声明，无论是采用书面还是口头方式，其目的主要是促进双方间的坦诚沟通。比如说在无损我法律权利的情况下，我方提出一个建议，咱们和解吧。① 当然，without prejudice to the Privilege 也可适用于其他领域，比如，证据原则上应以原件的方式完整提交，但如果有证据涉及商业秘密，比如一份供货合同中的价款信息等，你是我的竞争对手，我想保护这个商业秘密，即可提出特权保护，将价款信息隐去。

三、Subject to（以……为准，受制于……）

在与境外律师或客户进行谈判时，若对方在文本中动辄加入一个诸如"Subject to the Contract"（以合同为准），或者"Subject to the Engineer"（受制于项目工程师）之类的表述时，需要特别予以注意，因这种"Subject to"类的表述，从法律效果上相当于国内合同法上的"附条件"。一旦未予注意或存在理解偏差，很可能会导致你对于对方承诺或双方合意事项的内容产生重大错误。本案的建设工程总包合同中也存在很多处此类表述，中方因在合同谈判及签署环节缺乏法律人员的介入，故直至争议发生、诉诸仲裁之后，才发现自己对于合同条款含义的理解竟然长期存在误区，原因之一即是合同的部分关键条款中有"Subject to"的限制性内容。

本案合同中含有"Subject to"的部分条款示例：

22.1　The Contractor shall proceed in accordance with the approved Contractor's Work Programme, subject to his other obligations under the Contract.

承包商应按照项目的网络计划进行施工，并遵守其在合同下的其他义务。

30.1　The Contractor shall commence the performance of the Works from the date of the Contract. Subject to Clause 32, the Works shall be completed on or before the Date for Practical Completion set out in the Project Schedule.

承包商应自合同规定日起开始工作，根据合同第32条，合同工程应在或早于项目进度表上规定的实际竣工日完成。

---

① 本案在双方和解期间，外方律师发给中方的文件首页也都有这么一个声明"without prejudice to the Privilege"。

Annex C. 3. 1. The amount of the service fee shall be measured and determined based on the rates in Clause 3. 3 below and the relevant Contract Documents, subject always to the maximum Man-days stated in items 3 (i) and (ii) of Clause 3. 3.

合同附件 C 的第 3.1 条：项目服务费应当根据如下第 3.3 条中的费率和相关合同条款来计算、确定，并应始终以第 3.3 条（i）（ii）款规定的最大人日数为准。

第二节　国际建设工程索赔中的按劳付酬制度

国际建设工程的索赔通常须以合同条款为依据，但实践中可能出现，某些索赔事件发生时，承包商可能尚未与业主或分包商订立合同，或者合同条款中没有约定该类情形。此时，承包商索赔虽然缺少合同依据，但其可以利用英美法中的按劳付酬制度来主张业主或分包商应向其支付报酬。

一、按劳付酬的含义及主要适用情形

按劳付酬（quantum meruit）是英美法中的概念，其中 quantum meruit 是拉丁语的表达，对应的英语表达是"as much as he deserved"，在合同法中，quantum meruit 意为"reasonable value of services"（提供服务的合理价值）。在包括中国在内的大陆法系国家立法中没有按劳付酬制度，但有不当得利（unjust enrichment）制度。二者在功能上具有类似性，处理的主要都是当事人在没有合同关系情况下所产生的权利和义务问题。在英美法下，按劳付酬制度的主要目的是避免一方因另一方提供的服务而获得不当得利，其法理基础是恢复原状的有关规定。

按劳付酬主要适用于以下两种情况：（1）在当事人之间没有协议规定如何补偿时，一方雇用（默示地或明示地）另一方为其工作，法律默示一项来自雇主的许诺，即他将为另一方提供的服务支付他应得的足够的报酬。（2）在当事人之间存在约定金额和补偿方式的明示合同时，原告不能放弃合同而根据一项默示的承担向他人付款的承诺为基础，按照按劳取酬原则要求赔偿。然而，如果合同对价完全失效，原告有权选择解除合同并可以按劳取酬原则索偿。

可能产生按劳取酬的有关事项如下：（1）当事人之间没有合同，但一方的行为已使另一方获得了利益。（2）当事人之间存在合同，但合同中没有约定价格。（3）准合同，如意向书。（4）合同之外的工作。（5）合同被宣布无效、被撤销或被终止时。

二、英国法下按劳付酬的经典判例

在英国，按劳付酬制度是通过一系列的司法判例确立起来的。如下是两个经常被援引的判例。

1. William lacey 诉 Davis［1957］2 All ER 712 案

该案中，原告 William 针对属于被告的一栋被战争破坏了的建筑重建工程进行投标，被告使原告相信他将得到这个合同。应被告要求，原告开始计算修复建筑所需的木料和钢材数量，并为被告准备了用于和战争赔偿委员会谈判的各种计划和估价。后来，被告通知原告他将雇用其他建筑商进行该项修复工程，事实上，被告已将该建筑物变卖给他人。原告遂以被告违反合同为由要求赔偿损失，以及按照按劳取酬的原则索取他已做的有关修复工程内容的报酬。法院最后判决：虽然当事人之间不存在有约束力的合同，但存在一项默示的承诺，即被告可能向原告所提供的服务给付一定的合理价格，故判决被告支付原告 250 英镑。

2. British Steel Corporation 诉 Cleveland Bridge & Engineering Co Ltd，Queen's Bench Division，(1981) 24 BLR 94 案

该案中，被告参与了沙特阿拉伯一间银行的建设项目，建筑中需要提供一种铸铁节点，为此，被告与原告就此项供货进行了谈判，并向原告发出了供货意向书，要求原告开始准备工作，并保证向原告提供正式分包合同格式。原告据此按照被告的技术要求和设计开始生产，并分批向被告交付货物。但被告始终没有向原告递交分包合同格式，也没有支付货款。原告遂依据双方已存在合同或按劳付酬原则要求被告支付 23 万英镑的制造费用。法院最后认定，根据意向书和原告的履约行为，当事人之间不存在合同关系，但原告有权依据按劳付酬原则得到给付。

第三节　国际建设工程合同中的误期损害赔偿费

一、误期损害赔偿费的含义

误期损害赔偿费（liquidated damages，LD），是一个在国际建设工程领域被经常提及的概念，又称约定违约金、预定违约赔偿金等，有时表述为 LAD，即 Liquidated Ascertained Damages for Delay。

作为一个英美法下的概念，其相当于大陆法下的违约金概念，但与大陆法下的违约金又有不同，具体是指当事人双方在订立合同时，可以预先估计一方当事人违约所可能造成的损失，并在合同中规定违约方应支付给守约方赔偿金的确定

数额。一旦双方就违约金的数额达成协议，则无论违约所致实际损失高于或低于该数额，违约方均应按该数额向守约方支付损害赔偿金。LD 的目的在于确定代替履行的金额。如果该支付金额是出于对履行合同的威慑，或是对违约的惩罚，则其通常会被认为属于罚款。合同中对罚款的约定通常不能强制执行，在罚款规则下，无过错一方必须证明损失的大小，才能取得相应的损失赔偿，而不能根据合同条款中确定的罚款金额来得到补偿。认定一个条款是违约赔偿金条款还是罚款条款，是一个法律问题，应由法院或仲裁庭来认定。传统上，除下列情形外，法院或仲裁机构通常会认定相关条款为违约金条款：（1）约定金额大大超过违约可能造成的损失；（2）同一金额被约定适用于或轻或重的任何不同种类的违约；（3）单纯的履行迟延也被列入违约。①

二、误期损害赔偿费的约定方式及其与罚款等的区别

在国际建设工程领域，误期损害赔偿费经常被定义为在竣工被延误的情况下，业主就可能遭受的损失的合理预估金额。如承包商因其自身过失造成了工程的延误、且未获得业主的工期延长批准，则业主可以从应付给承包商的价款中扣除该笔误期损害赔偿费。在建筑和土木工程施工合同中，一般均在投标附录中规定误期损害赔偿费金额，表述方式可为：（1）一个具体金额。（2）一个具体的百分比。（3）一个具体的计算公式。

在英美等国，误期损害赔偿费与罚款存在重大区别：（1）误期损害赔偿费是一项对可能违约的一项公平的估价，罚款是当事人任意规定的违约金额，目的在于阻止或惩罚对方违约，罚款金额往往很高，超出了违约所造成的损失。（2）误期损害赔偿费为法律和法院所允许，是当事人的一项合法的权利，而罚款约定通常不为法律和法院所支持。

误期损害赔偿费与一般的损害赔偿（damages）不同，其主要区别如下：（1）误期损害赔偿费是合同当事人事先约定的，而一般的损害赔偿是当事人违约后估价的。（2）误期损害赔偿费是一笔固定的金额，而一般的损害赔偿是不确定的费用，须依当事人具体违约情形决定损失金额的大小。（3）在当事人一方对误期损害赔偿费进行追索时，无须提供其遭受损失和费用的证据。而对一般损害赔偿的追索则需要追索一方提供有关损失和费用的证据。

---

① 薛波：《元照英美法词典》，法律出版社 2003 年版，第 853—854 页。另外，针对如何区分误期损害赔偿费和罚款，法官在 Dunlop Pnematic Tyre Co. Ltd. v. New Garge and Motor Co Ltd（1915）案中提出了如下检验标准："（1）与造成的最大损失金额相比，如果规定的金额是'过分的和不合理的'，则此规定的金额属于罚款。（2）如果违约不涉及金钱的给付，并且规定的金额过大时，则此规定的金额属于罚款。（3）如果为不同的违约事项规定支付同一款项，则可以推定此款项属于罚款。（4）在准确预估的可能损害未发生时，依据此事实不能将合同规定归为误期损害赔偿费。"

三、FIDIC 合同范本中关于误期损害赔偿费（LAD）的规定

FIDIC 合同 1999 年版《施工合同条款》第 8.7 款（误期损害赔偿费）：

"如承包商未能遵守第 8.2 款［竣工时间］的规定，承包商应为其违约行为依照第 2.5 款［业主的索赔］的要求，向业主支付误期损害赔偿费。误期损害赔偿费应按投标附录中规定的每天应付的金额，以接收证书注明的日期超过相应竣工时间的天数计算。但根据本款计算的赔偿总额不得超过投标附录中规定的误期损害赔偿费的最高限额（如有）。

除在工程竣工前按照第 15.2 款［由业主终止］的规定终止的情况外，误期损害赔偿费应是承包商为此项违约应付的唯一的损害赔偿费。损害赔偿费不应解除承包商完成工程的义务，或合同规定的其可能承担的其他责任、义务或职责"。

四、本案合同中关于误期损害赔偿费（LAD）的条款示例

"Key Events Attracting LAD" shall mean the key events specified in the Project Schedule where liquidated damages for delay may be imposed for failure to achieve such key events within their respective key dates. Where the context requires the "Key Dates" for achieving the "Key Events Attracting LAD" shall include such Key Dates as extended in accordance with the terms of the Contract.

"Key Events Attracting LAD" 代表在项目进度中出现的重要工程节点（或称"里程碑"），如果未能按照相应的关键日期完成，就要对延期进行损害赔偿。"Key Events Attracting LAD" 包括根据合同条款延期后的关键日期。

33. LIQUIDATED DAMAGES FOR DELAY IN COMPLETION

延期竣工的误期赔偿

33.1　If the Contractor fails to achieve any Key Event Attracting LAD by their respective Key Dates the Contractor shall pay to the Purchaser liquidated damages for such default in respect of every day of delay.

如果承包商没有在节点日期完成关键事件，承包商应按天向买方支付违约金。

33.2　The liquidated damages payable by the Contractor to the Purchaser as provided for above are not, nor shall they be construed to be, punitive in nature. It is expressly agreed that such liquidated damages shall constitute a genuine pre estimate of the damages that the Purchaser shall suffer due to delay caused by the Contractor having regard to inter-alia the Purchaser's financing costs, loss of production and loss of profits and shall be so payable and enforceable by the sole fact of the delay, without legal or other formality or proof of damage.

以上规定的违约金不应当解释为惩罚性的。此违约金构成买方因承包商延误

工期导致的、考虑到买方财务成本、生产损失和利润损失等的一个真实预估值，该损失为可仅据延期事实即应支付的和可执行的损失，不需要法律或其他形式或损失的证据。

33.3 The payment of liquidated damages hereunder shall not relieve the Contractor from its obligations to complete the execution of the Works or from any other of its obligations and liabilities under the Contract.

对违约金的赔付，不能免除承包商完成执行合同或履行合同下其他债务的义务。

第四节　国际建设工程合同中的保险条款

一、国际建设工程合同中保险条款的重要性

保险的主要功能在于实现风险的转移。在建设工程领域，保险的目的是将工程建设中的风险转移给保险公司，以较小的保费支出换取较大的潜在风险保障。相对于国内建设工程，国际建设工程本身会涉及更多的风险，故通过购买相关保险产品来转移风险、减少损失是各大工程承包商的惯常做法。业主也通常会对承包商提出各种购买保险的明确要求，保险条款通常为建设工程合同中的标配条款。这些保险可统称为建设工程保险，是指针对建设工程项目建设过程中可能出现的自然灾害或意外事故造成的损失或依法应对第三人的人身伤害和财产损失承担赔付责任的一种综合性保险。

一般而言，一项建设工程从其立项、设计、施工、移交、运营的全过程中都有可能遭受财产或人身损害风险，工程保险即是为这些风险提供保障的综合性保险解决方案。承包商在购买建设工程保险之前，通常需要对相关保险需求进行分析评估，包括项目风险情况、合同规定或业主要求、法律要求等。下表中为几种常见国际建设工程合同条件中关于保险的条款。

不同合同条件下的保险条款

合同条件	保险条款
FIDIC1999	18.1 有关保险的总体要求（General Requirements for Insurance） 18.2 工程和承包商的设备的保险（Insurance for Works and Contractor's Equipment） 18.3 人员伤亡和财产损害的保险（Insurance against Injury to Persons and Damage to Pproperty） 18.4 承包商人员的保险（Insurance for Contractor's Personnel）

合同条件	保险条款
NEC	84 保险范围（Insurance Cover） 85 保险单（insurance Policy） 86 如果承包商未投保（If the Contractor does not insure） 87 业主的投保（Insurance by the Employer）
ALA	11.1 承包商职责内的保险（Contrator's Liability Insurance） 11.2 业主职责内的保险（Owner's Liability Insurance） 11.3 项目管理防护责任险（Management Protective Liability Insurance） 11.4 财产保险（Property Insurance）

本案中，A 公司作为工程总包商，按照合同约定购买了多种保险，但也存在疏漏，如其未给每一位外派技术人员购买足够的意外伤害保险。在工程施工过程中，有一名技术人员发生坠落事故导致重伤，前后花费了治疗费上百万元人民币，但保险只涵盖了其中一小部分，其他大部分费用均由 A 公司自行负担，并构成 A 公司项目费用超支的一项。

二、本案合同中的部分保险条款示例

40. Contractor's Insurances 承包商保险

40.1　In respect of the execution of the Works the Contractor shall effect and maintain the policies of insurance set out in Annexure P in the name of both the Purchaser and the Contractor.

考虑到项目的落实，承包商应同时以业主和承包商的名义持有合同附件 P 列出的生效保险单。

40.2　All policies of insurance required to be effected by the Contractor must be procured and be in effect by 28ᵗʰ February 2008 or such later date as the Purchaser may specify.

所有由承包商购买的保险单必须在 2008 年 2 月 28 日或业主规定的之后的日期生效。

40.3　If the Contractor fails to effect and keep in force the policies of insurance referred to in the Contract or to produce any premium receipt within a reasonable time of being required to do so then in such case, the Purchaser may effect and keep in force any such insurance and pay such premium or premiums as may be necessary for that purpose and from time to time deduct the amount so paid from any monies due or which may become due to the Contractor or recover the same as a debt due from to the Contractor.

如果承包商没有按照合同规定来购买并维持保险单的效力，或者拖欠保险费时，业主可以缴纳保费等方式维持该等保险单的效力，但费用将转化为承包商对业主的债务。

40.4 If the Contractor fails to comply with the conditions imposed by the insurance policies effected pursuant to the Contract, the Contractor shall indemnify the Purchaser against all losses and claims arising from such failure.

如果承包商未能遵守合同规定的保险要求，承包商应赔偿由此给业主造成的所有损失。

三、建设工程合同中常见的保险条款

建设工程保险的险种设置应与工程风险相对。针对工程中可能出现的风险，需要考虑的保险险种主要包括：工程一切险、工程责任险、工程质量险、工程保证险、雇主责任险、雇员意外伤害险、产品或设备责任险、施工机具险、出口信用保险、预期利益损失险、机动车辆保险、货物运输险、承运人责任险及相应的再保险等。

（1）建筑/安装工程一切险（简称工程一切险）。FIDIC 施工合同规定，保险方应为工程、永久设备、材料以及承包商的文件投保，实践中往往强制要求投保建筑/安装工程一切险，其中，建筑工程一切险（Construction All Risks，CAR），简称建工险，责任范围包括施工期间工程本身、施工机械、建筑设备所遭受的损失以及因施工导致的第三者人身财产损失，被保险人在建设项目施工过程中因自然灾害或意外事故导致的一切经济损失均由保险人负责赔付。安装工程一切险（Erection All Risks，EAR），简称安工险，责任范围为机器设备安装、企业技术改造、设备更新等安装工程项目的物质损失和第三者责任，项目安装、调试期间发生的保险事故所致损失由保险人负责赔付。建工险主要转移自然灾害风险，安工险主要转移非自然灾害风险。工程一切险可以由业主或承包商投保，被保险人可以包括业主、承包商、分包商、工程师以及贷款银行等相关方。

实践中，不少保险公司开发有可同时涵盖建工险与安工险两类风险的工程综合保险，这样即可把这两类风险纳入一个保单中进行投承保。当然，保险人也可以通过设计附加险的方式来对保险基本条款进行扩展或明确，以使得保险方案更贴合项目实际需要。常见的工程一切险的附加险条款包括：罢工、暴乱及民众骚动责任扩展条款、震动、移动或减弱支撑扩展责任条款、内陆运输责任扩展条款、设计师风险扩展条款、工地外存储物特别条款、工程图纸与文件特别条款、专业费用或特别费用扩展条款、清污费用扩展条款、建筑材料特别条款、施工机

具特别条款、地震地区建筑物特别条款、埋管查漏费用特别条款、实践调整特别条款等。

（2）工程责任险。是以建设工程中各相关建设主体（勘察设计、施工、监理、业主）依法应承担的赔偿责任为保险标的的保险。赔偿责任是指相关建设主体（勘察设计、施工、监理、业主）因疏忽行为或过失行为损害他人财产和人身而依法应对受害人承担的民事损害赔偿责任。因责任主体不同，具体可分为包括勘察责任险、设计责任险、施工责任险、监理责任险等职业责任保险；因保险责任领域不同则可分为雇主责任险、安全生产责任险等安全生产类责任保险。在建设工程领域，需要投保职业责任险的专业人员包括设计师、各种专业工程师、咨询工程师等，保险范围包括设计错误、工作疏忽、监督失误等原因给业主或承包商造成的损失。建设工程领域的职业责任险多采取期内索赔式的承保方式，即保险人仅对在保单有效期内提出的索赔负责，不论该索赔对应的保险事故是否发生在该保单有效期内，保单有效期通常始于专业合同的生效至合同责任结束。

（3）工程质量险。分为广义和狭义的两种，广义的工程质量保险，是指由保险公司对工程质量损坏予以赔偿、维修或重置的保险，包括工程质量潜在缺陷保险、工程质量保证保险等与工程质量有关的保险。狭义的工程质量保险，仅指工程质量潜在缺陷保险。

（4）工程质量潜在缺陷责任险（国外称 IDI）。是指工程建设单位投保的，在竣工验收时未能发现的，因勘察、设计、施工、监理及建筑材料、建筑构配件和设备等质量原因造成的不符合施工图设计文件、工程建设标准和合同要求，并在正常使用过程中暴露出的工程质量缺陷。IDI 的被保险人通常是建设工程的所有权人，其承保通常采取共保模式，共保体由首席保险公司和至少三家成员保险公司组成，共保体成员统一保险条款、统一保险费率、统一理赔流程、统一分配份额。其保险责任范围主要包括"地基基础与主体机构工程""保温与防水工程"两部分。其中，地基基础工程和主体结构工程的责任范围如：①整体或局部倒塌；②地基产生超出设计规范允许的不均匀沉降；③基础和主体结构部位出现影响结构安全的裂缝、变形、破损、断裂；④阳台、雨篷、挑檐、空调板等悬挑构件出现影响使用安全的裂缝、变形、破损、断裂；⑤外墙面脱落、坍塌等影响使用安全的质量缺陷；⑥其他地基基础和主体结构部位出现的影响结构安全的工程质量潜在缺陷。保温和防水工程的责任范围如：①围护结构的保温层破损、脱落；②地下、屋面、厕浴间防水渗漏；③外墙（包括外窗与外墙交接处）渗漏；④其他有防水要求的部位渗漏。按照国内现行规定，工程地基基础和主体结构工程的保险期限为 10 年，保温和防水工程为 5 年。保险责任开始时间自建设工程竣工验收合格 2 年之日起算。但在以下三种情形下，保险人可免于承担责任：①业主责任，如擅自拆改房屋承重结构；②第三方造成的质量问题；③不可抗力造成的质量问题。

（5）工程保证保险。是一种工程担保机制，是由保险公司作为保证人，为建设工程领域的当事人提供保证担保的险种。保险公司作为保证人，一旦被保证人无法履行合同义务造成权利人受到经济损失，保险公司承担相应赔偿责任，同时可以在赔偿后向被保证人进行追偿。工程保证保险可有效减轻建筑企业的资金压力，帮助市场主体回避和转移风险。国内目前的工程保证保险主要有工程投标保证保险、工程履约保证保险、工程质量保证保险、农民工工资支付保证保险、业主合同款支付保证保险和预付款保证保险等。截至 2016 年，工程保证保险在美国、加拿大、韩国、丹麦、意大利等国家皆占据了工程担保市场的一半以上。这一险种在 2015 年左右被引入国内，目前已经在全国范围内实施。在建设工程领域，建设企业通常要缴纳各种名目繁多、数额巨大的现金保证金，这些保证金通常构成建设企业的沉重负担。比如，以一项造价 1 亿元、工期 1 年的工程为例，建设企业在建设过程中需要缴纳 40 万元投标保证金、1 000 万元履约保证金、300 万元农民工工资保证金以及 300 万元质量保证金，合计 1 640 万元，占造价的 16.4%。这会导致建设企业大量资金被长期无偿占用，从而抬高其施工成本。工程保证保险的应用，可显著降低工程项目各方主体的经营负担，降低工程建设中的履约风险，实现政府、业主、施工企业等多方共赢。

参考文献

1. ［美］加里·B. 博恩.《国际仲裁法律与实践》［M］. 白麟，陈福勇，李汀洁，等译. 郑若骅等，审校. 北京：商务印书馆，2015.

2. 王秉乾，谭敬慧. 英国建设工程法（English Construction Law）［M］. 北京：法律出版社，2010.

3. 王秉乾. 英国建设工程合同概论［M］. 北京：对外经济贸易大学出版社，2010.

4. 袁华之. 建设工程索赔与反索赔［M］. 北京：法律出版社，2016.

5. 谭敬慧. 建设工程疑难问题与法律实务［M］. 北京：法律出版社，2016.

6. 于健龙，王红松，冯小光，等. 中国建设工程法律评论（第 1 – 5 辑）［M］. 北京：法律出版社，2011 – 2017.

7. ［英］Roger Gibson. 工期索赔.［M］. 崔军译. 北京：机械工业出版社，2011.

8. 张水波、吕文学译. 工期延误与干扰索赔分析准则（英国工程法学会）［M］. 北京：北京交通大学出版社，2012.

9. ［美］文森特·R. 约翰逊. 美国侵权法（第五版）［M］. 赵秀文，等译，北京：中国人民大学出版社，2017.

10. 刘俊颖，李志永. 国际工程风险管理［M］. 北京：中国建筑工业出版社，2013.

11. 周吉高. 建设工程专项法律实务［M］. 北京：法律出版社，2008.

12. 王兆俊. 国际建筑工程项目索赔案例详解［M］. 北京：中国海洋出版社，2007.

13. 杨良宜. 损失赔偿与救济［M］. 北京：法律出版社，2013.

14. 杨良宜，莫世杰，杨大明. 仲裁法：从开庭审理到裁决书的作出与执行［M］. 北京：法律出版社，2010.

15. 北京市中伦律师事务所. 建设工程业务［M］. 北京：法律出版社，2013.

16. 朱中华. FIDIC EPC 合同实务操作——详解、比较、建议、案例［M］. 北京：中国建筑工业出版社，2013.

17. 何宝玉. 合同法原理与判例 ［M］. 北京：中国法制出版社，2013.

18. 马特，李昊. 英美合同法导论 ［M］. 北京：对外经济贸易大学出版社，2009.

19. 李德智. FIDIC 合同原理与实务 ［M］. 北京：化学工业出版社，2013.

20. 杨桢. 英美契约法（第四版）［M］. 北京：北京大学出版社，2007.

21. 王利明. 法律解释学导论 ［M］. 北京：法律出版社，2010.

22. ［美］杰弗里·克里维斯，娜奥米·勒克斯.《遇/预见未来的法律人——美国 30 名顶尖调解人的成功路径》［M］. 许捷译. 北京：法律出版社，2017.

23. ［英］H. G. 比尔. 奇蒂论合同法（Chitty on Contracts，第 30 版）［M］. 北京：商务印书馆，2012.

24. Stephen Furst. Keating on Construction Contracts（9TH edition）［M］. The Estate of Donald Keating and Sweet & Maxwell，2012.

25. Julian Field. Emden. Construction Law ［M］. LexisNexis，2011.

26. Julian Bailey. Construction Law（Volume I – II）［M］. Routledge Taylor & Francis Group，2011.

27. Atkin Chambers. Hudson's Building and Engineering Contracts（12th edition）［M］. Sweet & Maxwell，2010.

28. Robert Hogarth，Insurance Law for the Construction Industry ［M］. Alexandra Anderson，& Simon Goldring，Oxford University Press，2012.

29. John A. K. Huntley. Contract cases and Materials ［m］. W. Greens/ Sweet & Maxwell，1999.

30. Steven L. Emanuel. Contracts（7th edition）［M］. Aspen Publishers，2003.